megan kelso

the squirrel mother

stories

vi

英文精読教室

第4巻

性差を考える

柴田元幸 編・訳・註

研究社

英文精読教室
第 4 巻
性差を考える

はじめに

　今年の４月に『英文精読教室』第１・２巻を刊行したところ、幸い多くの読者を得ることができ、こういう本が欲しかった、という趣旨のコメントをあちこちでいただきました。原文で英語の小説を読む楽しみを味わいたいけれど、独力で読むのはちょっと厳しい、という方が実はかなりいらっしゃるのではないかという、僕と研究社の憶測は、そう外れていなかったようです。

　１・２巻を作るにあたって、意識したことが二つあります。ひとつは、詳しい註はつけるけれど、文法用語は極力使わず、「これは分詞の主語と主節の主語が一致しない懸垂分詞構文である」といった言い方は避け、文の構造はもちろんきちんと考えつつ、言葉の響きやニュアンスから意味に入っていけるように註を作成する（少なくとも目標としては）。もうひとつは、邦訳の紹介はいっさいせず、とにかくここにある英文がすべてであるかのようにふるまう。

　今回もこの方針をほぼ踏襲しましたが、加えて、辞書からの例文は１・２巻より増やしました。「こんな例文、わざわざ辞書を見なくたって、インターネットで見つかるじゃないか」と思われる方もいらっしゃるかもしれませんが、辞書に載っている例文はほぼみんなそれなりに適切であるのに対し、ネットで見つかる情報は例文の質としては玉石混淆であり、どれが適切かを判断するにはそれなりの語学力が必要です。学習途上の皆さんが（まあ本当は誰もが学習途上なんですが）よい辞書をていねいに読むことは、ネット時代でも十分意味があります。そのことを間接的にアピールできればと思ったのです。

第3・4巻も、まずは編者がこれまで読んだり訳したりしてきたなかで、とりわけ面白いと思った短篇小説を選び、それぞれひとつのテーマに沿って作品を並べてあります。第3・4巻は「口語を聴く」と「性差を考える」。シリーズ第1巻から順に読む必要はありません。ご自分が惹かれるテーマから手にとっていただければと思います。各巻、まずはウォームアップ的にごく短い作品を据えたあとは、時代順に並んでいますが、これも順番に読む必要はありません。各作品の難易度を1〜3で示してありますから(1が一番易しい)、読む際の目安にしてください。ご自分の読みが妥当かどうかを確認してもらえるよう、右側のページには対訳を盛り込みました。少し語学的に敷居が高い、と思える作品に関しては（あるいは、原文だけで読むのはまだ少ししんどい、という場合は）、まず対訳を読んでもらってから原文に向かう、というやり方もあると思います。

　それぞれお好きな形で楽しみ、あわよくばついでに学んでいただけますように。

編訳註者

英文精読教室
第 4 巻
性差を考える

目次

The Story of an Hour
Kate Chopin

一時間の物語

ケイト・ショパン

難易度 2
★ ★ ☆

ケイト・ショパン
(Kate Chopin, 1851-1904)

1890 年代に執筆活動に携わったアメリカの作家。『ボヴァリー夫人』アメリカ版とも言うべき *The Awakening*（1899）が不道徳だという非難を受け、以後出版ができなくなったが、20 世紀後半、フェミニズムの視点から再評価され、いまでは *The Awakening* はアメリカ文学の古典とみなされている。短篇は短いなかにかっちりストーリーがあるものが多く、1894 年に発表された本作 "The Story of an Hour" はわずか 1000 語の中に実質ある物語があり、フェミニズム的発想も込められていて、ショパン短篇最良の一例と言える。

Knowing that Mrs. Mallard **❶**was afflicted with a heart trouble, great care was taken to **❷**break to her as gently as possible the news of her husband's death.

It was her sister Josephine who told her, **❸**in broken sentences;
5 **❹** veiled hints **❺**that revealed in half concealing. Her husband's friend Richards was there, too, near her. **❻**It was he who had been in the newspaper office when **❼**intelligence of the railroad **❽**disaster was received, with Brently Mallard's name leading the list of "killed." **❾**He had only taken the time to **❿**assure himself of
10 its truth by a second telegram, and had hastened to **⓫**forestall any less careful, less tender friend in **⓬**bearing the sad message.

⓭She did not hear the story as many women have heard the same, **⓮**with a paralyzed inability to accept its significance. She wept at once, **⓯**with sudden, wild abandonment, in her sister's
15 arms. When the storm of grief **⓰**had spent itself she went away to

---

❶ was afflicted with ...: 〜を患っていた
❷ break to her ... the news: break the news to ... で「〜に（悪い）ニュースを知らせる」という定型で、ここでは to ... の部分が先に来ている。
❸ in broken sentences: 切れぎれのセンテンスで
❹ veiled hints: 直訳は「ベールのかかったほのめかし」。遠回しの曖昧な言い方ということ。
❺ that revealed in half concealing:「なかば隠すことにおいて明かしていた」。reveal、conceal はともに他動詞で目的語（〜を）を伴うが、ここでは目的語を抜いている。
❻ It was he who had been ...: 現代では "It was he, It was she ..." という形を堅苦しいと感じ、"He was the one who ..." と言う人が多いだろうが、この時代の書き言葉としては普通。
❼ intelligence: 報道、情報
❽ (a) disaster: 大惨事
❾ He had only taken the time to ... and had hastened to ...: 彼（リチャーズ）

マラード夫人が心臓を患っていることはみんな知っていたので、夫の死を知らせるにあたって、極力穏やかに伝えるよう細心の注意が払われた。

姉のジョゼフィーンが、切れぎれのセンテンスで伝えたのだった。なかば隠すなかで明かす、ベールのかかったほのめかし。夫の友人リチャーズもそばにいた。彼が新聞社にいたときに、列車事故の報せが届き、ブレントリー・マラードの名前が死亡者リストの一番上に見えたのである。二通目の電報で、情報が正しいことだけ確認すると、リチャーズはただちに、もっとぞんざいで無神経な知人が先に悲しいメッセージを伝えてしまわぬよう、急いでやって来たのである。

これまで何人もの女性が、同じ報せを聞いて、その意味を受け容れられず麻痺状態に陥ってきた。だがマラード夫人の反応はそれとは違っていた。聞いたとたん、姉の腕の中で激しく、抑制もなく泣き出した。悲しみの嵐が尽

は〜する時間だけ取って、急いで〜した

❿ assure himself of ...: 〜を確かめる

⓫ forestall: 〜に先んずる、〜を出し抜く

⓬ bear(ing): 〜を届ける

⓭ She did not hear the story as many women have heard the same: つまり She did not hear it / in the way many women have heard it ということ。ではこれまで多くの女性たちはどのようにこういう知らせを聞いてきたかが、以下 with a paralyzed inability ... で具体的に示される。

⓮ with a paralyzed inability to accept its significance: 精神が麻痺してしまって（paralyzed）、その意味（significance）が受け入れられない状態で

⓯ with sudden, wild abandonment: 突然の、荒々しい奔放さで

⓰ had spent itself: 精力が尽きた。spend oneself は嵐や風が「収まった」というときによく使う。このあとの p. 12, l. 2 の "a child who has cried itself to sleep" も同じ発想。

her room alone. ❶She would have no one follow her.

There stood, facing the open window, a comfortable, ❷roomy armchair. Into this she sank, pressed down by ❸a physical exhaustion that ❹haunted her body and seemed to reach into her
5 soul.

She could see in the open square ❺before her house ❻the tops of trees that ❼were all aquiver with the new spring life. The ❽delicious ❾breath of rain was in the air. In the street below ❿a peddler was ⓫crying his wares. The ⓬notes of a distant song which ⓭some one
10 was singing reached her faintly, and countless sparrows were twittering in ⓮the eaves.

There were ⓯patches of blue sky ⓰ showing here and there through ⓱the clouds that had met and piled one above the other in the west facing her window.

15 She sat with her head ⓲ thrown back upon the cushion of the

---

❶ She would have no one follow her: この would ははっきりと意志を示す。「〜しようとした」

❷ roomy: 広々とした。名詞の room は無冠詞で「空間、スペース」の意。

❸ a physical exhaustion: 肉体の疲労

❹ haunt(ed): 〜に取り憑く

❺ before her house: このように before を、時間的ではなく空間的な意味での「前」に使うのは、現在ではやや古風。

❻ the tops of trees: 木のてっぺん、梢

❼ were all aquiver with the new spring life: 直訳は「新たな春の生命でもってどこも震えていた」。

❽ delicious: 香りのよい

❾ breath of rain: breath は気配、きざしということだが、このあたり全体にいくぶん詩的な表現なので、そのまま「息」と訳してしまってもいいと思う。

❿ a peddler: 行商人

⓫ crying his wares: ware（売り物）はしばしばこのように "cry one's wares"

きると、自分の部屋に一人入っていった。誰もついて来させなかった。

　開いた窓の向かいに、ゆったりと座り心地のいい肱掛け椅子があった。体に取り憑いて魂にまで届くように思える肉体的な疲れに押され、夫人は椅子に座り込んだ。

　家の前の広場に生えた木々の梢が、春の新たな命を帯びて揃ってうち震えているのが見えた。雨のかぐわしい息があたりに漂っていた。下の通りでは行商人が売り物の名を叫んでいた。誰かが遠くで歌っているメロディがかすかに夫人の耳に届き、軒下では無数の雀たちがさえずっていた。

　青い空が雲間から切れぎれに見えて、雲は窓が向いている西の方に集まって重なりあっていた。

　夫人は頭をうしろに倒して椅子のクッションに載せていた。体は動いてい

（売り物を呼び売りする）という形で使われる。

⓬ note(s): 歌の一音一音のこと。

⓭ some one: 現代では someone が普通。

⓮ the eaves: ひさし

⓯ patch(es): なかば日本語になっているにもかかわらず案外訳しにくい言葉だが、「全体の中の、周囲と違って見える一部分」ということ。*We finally found a patch of grass to sit down on.*（やっと草の生えた座れる場所が見つかった。『ロングマン英和辞典』）p. 12, ll. 6-7 の "one of those patches of blue sky" も同じ。

⓰ showing here and there: show は「見せる」ではなく「見える」。

⓱ the clouds that ...: the clouds / that had met and piled / one above the other / in the west / facing her window と切る。pile(d): 積み重なる

⓲ throw(n) back: 頭や体を「のけぞらせる」と言うときによく使う表現。*On hearing the story, Bill threw himself back in his seat and roared with laughter.*（その話を聞くと、ビルは座ったまま体をのけぞらせ、大笑いした。『動詞を使いこなすための英和活用辞典』）

chair, quite motionless, except when a sob came up into her throat and shook her, as a child who **❶**has cried itself to sleep continues to sob in its dreams.

She was young, with a **❷**fair, calm face, whose **❸**lines **❹**bespoke
5 repression and even a certain strength. But now there was a **❺**dull stare in **❻**her eyes, whose gaze was fixed away off yonder on one of those patches of blue sky. It was not **❼**a glance of reflection, but rather indicated **❽**a suspension of intelligent thought.

There was something coming to her and she was waiting for it,
10 fearfully. What was it? She did not know; it was **❾**too subtle and elusive to name. But she felt it, creeping out of the sky, reaching toward her through **❿**the sounds, the scents, the color that filled the air.

Now her **⓫**bosom rose and fell **⓬**tumultuously. She was
15 beginning to recognize **⓭**this thing that was approaching to possess

---

❶ has cried itself to sleep: 泣き疲れて寝てしまった。子供を it で受けるのは現代では少し冷たい感じがすることもある。第 1 巻、Ursula K. Le Guin, "The Ones Who Walk Away from Omelas," pp. 130-40 では子供を it で呼ぶ言い方の極端な、異様な例がくり返し出てくる。

❷ fair: 色白の

❸ line(s): (顔の) 皺

❹ bespoke repression: 抑圧を物語っていた。bespoke <bespeak

❺ dull: すぐ前の a certain strength という肯定的な要素とは対照的に「愚鈍な」という感じ。

❻ her eyes, whose ...: her eyes, / whose gaze was fixed / away off yonder / on one of those patches of blue sky と切って読むといい。「彼女の目/そのまなざしは注がれていた/向こうの方に/青空の一片に」。

❼ a glance of reflection: 熟考の眼差し。この glance は前行の stare, gaze の

なかったが、時おりすすり泣きが喉に上がってきてその身を揺すぶり、泣き疲れて眠ったものの夢の中でもまた泣きつづけている子どものように見えた。

夫人は若く、色白で穏やかな顔付きで、顔に浮かぶ皺は何かが抑えつけられていることを、さらにはある種の力がひそんでいることを物語っていた。だがいまその目付きは茫然として虚ろで、まなざしは遠くの、切れぎれの青空の一片にじっと注がれていた。それは何かを考えている目ではなく、むしろ知的な思考が中断されたことを物語っていた。

何かが夫人の許に訪れようとしていて、夫人はそれを恐れとともに待っていた。何なのだろう？　わからない。名づけるにはそれはあまりに微妙で捉えがたかった。だが夫人はそれが空からじわじわと出てくるのを感じた。出てきて、空を満たす音、香り、色を通ってこっちへやって来るのだ。

いまや夫人の胸は荒々しく上下していた。近づいてきて、自分に取り憑こうとしているものが何なのか、夫人は気づきはじめていて、意志の力でそれ

更なる言いかえと見て差し支えない。

❽ a suspension of intelligent thought: 知的思考の停止

❾ too subtle and elusive to name: あまりに微妙（subtle）で捉えどころがない（elusive）ので言葉で言えない

❿ the sounds, the scents, the color that filled the air: "that filled the air" は the color だけでなく the sounds, the scents にもかかる。

⓫ bosom: 胸（現在ではやや古めかしい。/búzəm/ と読む）

⓬ tumultuously: 騒然と

⓭ this thing that was approaching to possess her: 彼女に取り憑こうと（possess）近づいてくるこのもの。前段落の There was something coming to her ... の something の話が依然続いている。

her, and she **❶**was striving to beat it back with her will — **❷**as powerless as her two white slender hands would have been.

When she **❸**abandoned herself a little whispered word **❹**escaped **❺**her slightly parted lips. She said it **❻**over and over **❼**under her
5 breath: "free, free, free!" **❽**The vacant stare and the look of terror that had followed it went from her eyes. **❾**They stayed keen and bright. Her pulses beat fast, and the **❿**coursing blood warmed and relaxed every inch of her body.

⓫She did not stop to ask if it were or were not a monstrous joy
10 that held her. **⓬**A clear and exalted perception **⓭**enabled her to **⓮**dismiss the suggestion as trivial. She knew that she would weep again when she saw the kind, tender hands folded in death; the face that **⓯**had never looked save with love upon her, **⓰**fixed and

---

❶ was striving to beat it back with her will: 意志の力 (her will) でそれを追い払おうとあがいていた

❷ as powerless as her ...: powerless (無力) なのは、すぐ前の her will。意志の力なぞ、「彼女の白い両手が (もし同じ立場に立たされたら) 無力であったろうと同じくらい無力だった」ということ。

❸ abandoned herself: この abandon oneself は、p. 8, l. 14 の "with sudden, wild abandonment" の abandonment と同じ発想で、感情などに身を任せてしまうこと。

❹ escape(d): 言葉や笑みなどが思わず「漏れ出る」。

❺ her slightly parted lips: わずかに開いた口

❻ over and over: 何度も何度も

❼ under her breath: ひっそりと、小声で

❽ The vacant stare and ...: The vacant stare は前ページ ll. 5-6 にあった "a dull stare" のこと。このセンテンスは ... followed it までが主語。the look of terror がそのあとに生じたとははっきり書かれていなかったが、fearfully (前ページ l. 10) などの言葉はあったので唐突ではない。動詞部の went from

14

を追い返そうとあがいていた——が、その二本のほっそりした白い手と同じく、意志はまったく無力だった。

　あがくのをやめて少し気を抜くと、わずかに開いた口から、ささやかれた言葉が漏れ出た。そっと小声で、何度も言った。「自由、自由、自由！」。虚ろなまなざしと、そのあとに続いた恐怖の表情が目から消えていった。鋭さと輝きを目は湛（たた）えていた。体内を流れる血が体を隅々まで暖め、安らがせた。

　いま自分を包んでいるのはおぞましい喜びなのか、そうではないのか、立ちどまって問うたりはしなかった。透徹した、高められた認識が訪れて、そんな問いは取るに足らない、と葬り去ることができた。あの優しい、思いやりある両手が死に包まれ組まれているのを見たら、また泣くだろうとはわかっていた。いつもかならず愛の表情で彼女を見ていたあの顔が、動かず、

---

her eyes は文字どおり「彼女の目から消えた」。

❾ They stayed keen and bright: さっきまで彼女の目の描写に使われていた dull, vacant などとは正反対の形容。

❿ coursing <course: （液体が）勢いよく流れる

⓫ She did not stop to ask if it were ...: ask した（自問した）内容を直接話法に直せば、"Is it, or is it not, a monstrous joy that holds me?" となる。monstrous: 極悪非道の

⓬ A clear and exalted perception: 澄んだ、高められた認識。ふだんは持てないほどクリアで深い認識が一時的に訪れている。

⓭ enabled her to ...: ～する力を彼女に与えた

⓮ dismiss the suggestion as trivial: 直訳は「その提案を些末なことだと退けた」。the suggestion はすぐ前の自問のこと。

⓯ had never looked save with love upon her: save は except の意。had never looked / save with love / upon her と切る。「彼女を見るそのまなざしに、愛がこもっていないことは一度もなかった」

⓰ fixed and gray and dead: the face の形容。

gray and dead. But **❶**she saw beyond that bitter moment a long procession of years to come that would belong to her absolutely. And she opened and spread her arms out to them in welcome.

❷There would be no one to live for during those coming years; she would live for herself. **❸**There would be no powerful will bending hers in that blind persistence with which men and women believe they have a right to impose a private will upon a fellow-creature. **❹**A kind intention or a cruel intention **❺**made the act seem no less a crime **❻**as she looked upon it **❼**in that brief moment of illumination.

And yet she had loved him—sometimes. Often she had not. What did it matter! **❽**What could love, the unsolved mystery,

---

❶ she saw ...: she saw / beyond that bitter moment / a long procession / of years to come / that would belong to her absolutely と切ればわかりやすい。「その苦い瞬間の向こうに〜が見えた」。a long procession: 長い行列。years to come: 来たるべき年月

❷ There would be no one to live for: She would live for no one ということ。なおこれは *Vogue* 誌初出 1894 年バージョンに従っている。翌 1895 年 *St. Louis Life* 誌に転載されたときには no one to live for のあとに her が挿入された。her が入ると意味はまったく変わり、「来たるべき年月、彼女のために生きる人間は誰もいない。彼女自身が、自分のために生きるのだ」となる。夫が彼女のために生き、(このあとで論じられるように) それによって彼女の意志を押しつぶしてしまう、ということである。要するに her がなければ彼女の自立の話であり、her があれば彼女に対する抑圧の話になる。ショパンがどちらを意図したかは不明であり、どちらも有効だが、文章の力強さを考えて、ここではない方のバージョンを選んだ。

❸ There would be no powerful will ...: There would be no powerful will / bending hers / in that blind persistence / with which / men and women believe / they have a right / to impose a private will / upon a

灰色で、死んでいる。だが、その苦々しい瞬間の向こうに夫人は、長い年月が、絶対的に彼女のものとなる年月が列をなしてやって来るのを見た。そして彼女は、それを歓迎して両腕を開いて広げた。

　来たるべき年月、彼女にとって、この人のために生きる、という人間は一人もいない。自分のために生きるのだ。人間は男も女も、自分の意志を相手に押しつける権利があるのだと、盲目の執拗さとともに信じる。でももうこれからは、強力な意志が彼女の意志を曲げたりはしない。つかのまの啓示が訪れたいま、意図が親切であろうが残酷であろうがその行為を等しく犯罪にしてしまうことを彼女は見てとった。

　とはいえ夫人は、夫を愛してはいたのだ——時おり。愛さない時も多かった。もうどうでもいいことだ！　自分を肯定するということ、これこそ自分という人間の核にある最大の衝動だと彼女はいまにわかに悟った。これを手

fellow-creature と切る。「今後はもう強い意志が／彼女の意志を曲げはしないだろう／あの盲目的な執拗さ（persistence）で。／その執拗さでもって／男も女も信じている／自分たちには権利があると／個人の意志を押しつける（impose）権利が／同胞（a fellow-creature）に対して」。もうここでは、女に対する男の横暴、という次元を超えて、人はみな自分の意志を押しつけあっている、というところまで話が広がっている。

❹ A kind intention or a cruel intention: 親切な意図だろうが残酷な意図だろうが

❺ made the act seem no less a crime: （親切でも残酷でも）その行為を等しく（no less）犯罪だと思わせた。the act は前のセンテンスで言っていた、人が自分の意志を押しつけて他人の意図をつぶしてしまう行為。

❻ as she looked upon it: as は now that と書き換えるとわかりやすいか。

❼ in that brief moment of illumination: そのつかのまの啓示の瞬間に。前ページ l. 10 の "A clear and exalted perception" がまだ続いている。

❽ What could love, the unsolved mystery, count for: 愛という、解かれざる神秘が、どれだけの意味を持ちえよう？　count for ...: 〜の価値がある。*His promises don't count for much.*（彼の約束は大して当てにならない。『ロングマン英和辞典』）

count for **❶**in the face of this possession of self-assertion which she suddenly recognized as **❷**the strongest impulse of her being!

"Free! Body and soul free!" she kept whispering.

Josephine was kneeling before the closed door with her lips to
5 the keyhole, **❸**imploring for **❹**admission. "Louise, open the door! I beg; open the door — you will make yourself ill. What are you doing, Louise? **❺**For heaven's sake open the door."

"Go away. I am not making myself ill." No; she was **❻**drinking in **❼**a very elixir of life through that open window.

10 Her **❽**fancy was **❾**running riot along those days **❿**ahead of her. Spring days, and summer days, and all sorts of days that would be her own. She **⓫**breathed a quick prayer that life might be long. It was only yesterday **⓬**she had thought with a shudder that life might be long.

15 She arose **⓭**at length and opened the door to her sister's **⓮**importunities. There was **⓯**a feverish triumph in her eyes, and

---

❶ in the face of this possession of self-assertion: 直訳は「この、自己肯定 (self-assertion) の所有を前にして」。自分を肯定するというこの宝物を手に 入れたいま、という感じ。

❷ the strongest impulse of her being: 自分という存在の最大の衝動

❸ imploring <implore: 熱心に頼む

❹ admission: 入るのを許すこと（許されること）

❺ For heaven's sake: お願いだから

❻ drink(ing) in ...: ～を吸収する

❼ a very elixir of life: 不老不死の霊薬そのもの

❽ fancy: 空想

❾ running riot along those days ...: run riot は「暴れ回る」ということだがこ こは文字どおり「奔放に走っていく」というイメージ。along those days ...

にしたいま、愛などという、解きようもない謎など、どれほどのものだというのか！

「自由！　身も心も自由！」夫人は何度も小声で言った。

　閉じたドアの前でジョゼフィーンはひざまずいて、唇を鍵穴に持っていき、入れてくれとせがんでいた。「ルイーズ、開けてちょうだい！　お願い、開けて。あなた、体を壊してしまうわ。あなた、何してるの？　ルイーズ？　頼むから開けて」

「あっちへ行って。私、体を壊したりしない」。とんでもない。私はいま、この開いた窓を通して、生（せい）の霊薬そのものを飲んでいるのだ。

　目の前に控えた日々を、思いが駆けめぐっていった。春の日々、夏の日々、あらゆるたぐいの日々、すべて自分のもの。長い人生でありますように、と彼女は口早に祈った。つい昨日は、人生が長いかも、と考えてゾッと身を震わせていたのに。

　夫人はようやく立ち上がり、姉のしつこい嘆願に応えてドアを開けた。目には熱っぽい勝利がみなぎり、その物腰は我知らず勝利の女神のそれになっ

は「日々にそって」というよりは「日々を」。

❿ ahead of her: 眼前に控えた

⓫ breathe(d): 〜をそっと口にする。第 1 巻 p. 62, ll. 10-11 の "frantically breathed his third and last wish" と同じ。

⓬ she had thought with a shudder that life might be long: 身震いとともに、人生が長いかもしれないと考えていた。すぐ前のセンテンスの "a quick prayer that life might be long" の might にははっきり「祈願」の意味がこもっていたが、こちらは形はまったく同じでも、祈願の意味は少しもない。

⓭ at length: at last

⓮ importunities:（複数形で）しつこい要求

⓯ a feverish triumph: 熱っぽい歓喜

she ❶carried herself ❷unwittingly like a goddess of Victory. She
❸clasped her sister's waist, and together they descended the stairs.
Richards stood waiting for them at the bottom.

　　Some one was opening the front door with ❹a latchkey. It was
5 Brently Mallard who entered, a little ❺travel-stained, ❻composedly
carrying his ❼grip-sack and umbrella. He had been far from the
scene of accident, and did not even know there had been one.
He stood amazed at Josephine's ❽piercing cry; at Richards' quick
motion to ❾screen him from the view of his wife.

10　　But Richards was too late.

　　When the doctors came they said she had died of heart
disease — of joy that kills.

---

❶ carried herself <carry oneself: ふるまう。物腰について言うことが多い。
　She carries herself gracefully.（彼女は物腰が優美だ。『コンパスローズ英和
　辞典』）
❷ unwittingly: 知らず知らず、無意識に
❸ clasp(ed): 〜をぎゅっと抱く
❹ a latchkey: 玄関の鍵
❺ travel-stained: 旅で汚れた
❻ composedly: 落ち着いて
❼ (a) grip-sack: 旅行鞄
❽ piercing: 突き刺すような
❾ screen him from the view of his wife: 彼を妻の視界から隠す

ていた。夫人は姉の腰に腕を巻きつけ、二人で一緒に階段を下りていった。階段の下でリチャーズが立って待っていた。

　誰かが表玄関を、鍵を使って開けようとしていた。入ってきたのはブレントリー・マラードだった。若干旅疲れした様子だが、落着いた顔で旅行鞄と傘を提げている。彼は事故の現場から遠く離れたところにいたのであり、事故があったことさえ知らなかった。彼が唖然として立ちつくすなか、ジョゼフィーンが耳をつんざく悲鳴を上げ、リチャーズはさっとすばやく動いて彼の姿を妻の視界から遮ろうとした。

　だが、間に合わなかった。

　やってきた医者たちは、死因は心臓病だと言った。あまりの嬉しさに心臓が止まったのだ、と。

●

ちなみに

　この "The Story of an Hour" ほど短くはないが（おおよそ倍の長さ）、もうひとつの有名な短篇 "Désirée's Baby"（1893）では、生まれてきた赤ん坊の肌の色を鍵に、性差の問題に人種や階級の問題が絡められ、同様にかっちりしたストーリーと結末が与えられている。短篇作家ショパンは、O・ヘンリーのイデオロギー意識を強くしたような書き手、という印象がある。

Where Are You Going, Where Have You Been?
Joyce Carol Oates

どこへ行くの、どこ行ってたの？
ジョイス・キャロル・オーツ

難易度 2
★ ★ ☆

ジョイス・キャロル・オーツ
(Joyce Carol Oates, 1938-)

1963 年にデビューして以来、100 冊以上の長篇・短篇集を発表してきた超多産な作家。彼女の特定の作品を、ほかの全作品との関連において論じられる評者はほとんどいないが、アメリカ特有の暴力を扱ったゴシック的作品が多い、ということでは大方の意見が一致している。ここで取り上げる "Where Are You Going, Where Have You Been?" は、1966 年に発表された、オーツのおそらくもっとも有名な短篇。

❶for Bob Dylan

❷Her name was Connie. She was fifteen and ❸she had a quick, nervous, giggling habit of craning her neck to glance into
5 mirrors or checking other people's faces to make sure her own was all right. ❹Her mother, who noticed everything and knew everything and who hadn't much reason any longer to look at her own face, ❺always scolded Connie about it. "Stop ❻gawking at yourself. Who are you? You think you're so pretty?" ❼she
10 would say. Connie would raise her eyebrows at these familiar old complaints and ❽look right through her mother, ❾into a shadowy

---

Where Are You Going, Where Have You Been?: このタイトルは、旧約聖書 *Judges*（士師記）19 章 17 節で老人が旅人に発する問い、「汝は何所にゆくなるや何所より来れるや」を想起させる。士師記 19 章では、旅人が妾とともにその老人の家に泊めてもらうが、そこへ男たちが押しかけてきて、旅人は彼らに妾を差し出し、男たちは夜通し彼女を凌辱する。この小説の内容も、これと無関係ではない。

　たいていの英訳聖書はこの一節を "Where are you going? Where did you come from?" と訳していて（たとえば New International Version）、また King James Version を代表とする古風な訳では "Whither goest thou? and whence comest thou?" などとなっており、後半は作者オーツが言い回しを変えていることがわかる。変えた結果、母親が娘に向かって「どこ行くの？ どこ行ってたのよ？」と小うるさく訊いているようにも聞こえる。

❶ for Bob Dylan: ボブ・ディランが 1965 年 3 月に発表した "It's All Over Now, Baby Blue." に触発されてこの作品を書いた、と作者は述べている。作品を読み終わったあとこの曲の歌詞を見てみると（http://www.bobdylan.com/songs/its-all-over-now-baby-blue/）、なかなか意味深長に響きあう。

❷ Her name was Connie: 1950 ～ 60 年代に大人気だった歌手 Connie Francis（1937- ）、歌手としても女優としても活躍した Connie Stevens（1938- ）などがいるからか、Connie という名は、いかにも 50 年代～ 60 年代前半の響きがする。

❸ she had a quick, nervous, giggling habit of ...: せわしなく（quick）、落

ボブ・ディランに

　彼女の名前はコニー。15歳で、落着かなげにクスクス笑いながら首をのばして鏡を覗いたり、他人の顔を見て自分の顔がちゃんとしているか確かめたりするのが癖だった。母親はそのことでいつも彼女を叱った。何ひとつ見逃さない、何もかも承知している母は、自分自身の顔を見る理由はもうあまりなくなっていた。「自分に見とれるのはやめなさい、何様のつもり？　そんなに自分が可愛いと思ってるの？」と母は言った。聞き飽きた小言が飛んでくると、コニーは眉を吊り上げ、母がそこにいないかのようにそのまっすぐ向こうを見据えて、その瞬間の自分自身の影に見入るのだった。自分が可

ち着きなく（nervous）、くすくす笑いながら（giggling）〜する癖があった。このセンテンス全体は、she had / a quick, nervous, giggling habit / of craning her neck / to glance into mirrors / or / checking other people's faces / to make sure / her own was all right と切る。craning と checking が同格（つまり craning の前の of は checking にもかかる）。her own: her own face

❹ Her mother, who noticed everything and knew everything …: この前の、コニーを説明した長い一文はコニーを外から見て書いているが、母親を描写したこの一文は明らかにコニーの視点から書かれ、きわめて大雑把な表現（noticed everything and knew everything など）が使われている。

❺ always scolded Connie about it: it は前の文で説明したコニーの癖。

❻ gawk(ing) at …: 〜をぽかんと見る

❼ she would say. Connie would raise her eyebrows …: would が反復され、母と娘で年じゅうこういうやりとりをしていることが示される。母親の小言に娘が「眉を吊り上げる」からには、母の権威はそれほど強くないと思える。

❽ look right through her mother: 視線が母親を突き抜けてしまう感じ。

❾ into a shadowy vision of herself as she was right at that moment: そしてその突き抜けた視線が、その瞬間の自分自身の（as she was right at that moment）影の像の中に入っていく。鏡を見ていないときでも、コニーは世界を鏡として使っている。

vision of herself as she was right at that moment: she knew she was pretty and that was everything. Her mother had been pretty once too, if you could believe those old snapshots in the album, but now ❶her looks were gone and that was why ❷she was always
5 after Connie.

"❸Why don't you keep your room clean like your sister? ❹How've you got your hair fixed — ❺what the hell stinks? Hair spray? You don't see your sister using that ❻junk."

Her sister June was ❼twenty-four and still lived at home. She
10 was a secretary in the high school Connie attended, and ❽if that wasn't bad enough — with her in the same building —❾she was so plain and chunky and steady that Connie had to hear her praised all the time by her mother and her mother's sisters. June did this, June did that, she saved money and ❿helped clean the house and
15 cooked and Connie couldn't do a thing, her mind was all filled

---

❶ her looks were gone: 母親の容色は衰えた。look が容貌・美貌を意味すると きは複数形になる。

❷ she was always after Connie: いつもコニーをせっついていた。*My mother was always after me to get a safer, more reliable car.* (母はいつも、もっ と安全で信頼できる車を手に入れなさいと私をせっついた)

❸ Why don't you keep your room clean ...?: Why don't you ... は単に「〜 したらどうか」と提案する場合も多いが、ここははっきり「なぜ〜しないのか」 と責めている。

❹ How've you got your hair fixed: その髪、どうやって固めたのか

❺ what the hell stinks?: いったい何が臭っているのか。stink はもっぱら悪臭 について言う。the hell は驚きや呆れを強調する。

❻ junk: がらくた、クズ

❼ twenty-four and still lived at home: 50 年代アメリカの画一的な文化にあっ ては、女性にとって 24 歳はもう結婚しているのが「自然」な年齢。

愛いことをコニーは知っていた。それがすべてだった。アルバムの古い写真が信じられるなら、母親もかつては可愛かった。でももう可愛さも失せた。だからいつもコニーを叱っているのだ。

「どうしてお姉ちゃんみたいに部屋を片付けられないの？　何よその髪形、いったいそれ何の臭い？　ヘアスプレー？　お姉ちゃんはそんな変なもの使わないでしょ」

　姉のジューンは24歳で、いまだに両親と一緒に暮らしていた。コニーが通っている高校で秘書をしていて、それだけでも十分うっとうしいのに――何しろいつも同じ建物にいるのだ――姉は不器量でずんぐりしていて真面目だったから、コニーは年中、母やおばたちが姉を褒めそやす言葉を聞かされることになった。ジューンはこうする、ジューンはああする、貯金もするし、家の掃除も手伝うしお料理もするのにあんたは何もできないのね、頭のなかは安っぽい夢で一杯じゃないの。父親は仕事が忙しくて家にほとんどいな

❽ if that wasn't bad enough: それで十分悪くないとしたら＝それだけで十分悪いのに
❾ she was so plain and chunky and steady that Connie had to hear her praised ...: これも明らかにコニーの視点から。plain は容姿をめぐる否定的な言葉であり（要するに pretty でないということ）、chunky（ずんぐりしている）も決して肯定的には響かず、steady（堅実な、安定した）は普通であれば肯定的な形容詞だが、コニーにとっては steady であることに価値はない。この一文は典型的な so ... that ～構文で（非常に…なので～する）、非常に plain で chunky で steady だから親たちに褒められる、というのは筋が通らないように思えるが、たぶんコニーの中では十分筋が通っている。
❿ helped clean the house: 家の掃除を手伝った。「～するのを手伝う」という場合、このように help のあとにすぐ動詞の原形が来る。*He helped cook lunch.*（彼は昼食を作るのを手伝った。『コンパスローズ英和辞典』）

with ❶trashy daydreams. ❷Their father was away at work most of the time and when he came home he wanted supper and he read the newspaper at supper and after supper he went to bed. ❸He didn't bother talking much to them, but ❹around his bent head

5 Connie's mother ❺kept picking at her until Connie wished her mother was dead and she herself was dead and ❻it was all over. "She makes me want to ❼throw up sometimes," she complained to her friends. She had a high, ❽breathless, amused voice ❾that made everything she said sound a little forced, whether it was sincere or

10 not.

There was one good thing: June ❿went places with ⓫girl friends of hers, girls who were just as plain and steady as she, and so when Connie wanted to ⓬do that her mother ⓭had no objections. The father of Connie's best girl friend ⓮drove the girls the three

---

❶ trashy daydreams: 下らない白昼夢

❷ Their father was away at work most of the time and ...: 父親の一日が、and ... and ... でつないだ、単純な動詞句を使った（came home, wanted supper, read the newspaper, went to bed)、supper を三度もくり返す単調な一文で表わされる。

❸ He didn't bother ...ing: わざわざ〜しようともしなかった。この意味での bother はほとんどの場合否定形で使われる。このあとも、p. 30, ll. 3-4 の "he never bothered to ask what they had done" や p. 42, ll. 11-12 の "none of them bothered with church" など、何度か出てくるが、つねに「そんなことをするのは面倒くさいと思っている」というニュアンスが伴う。

❹ around his bent head: 父の下を向いた頭を回り込むようにして

❺ kept picking at her: コニーにしじゅう小言を言った

❻ it was all over: まずここでディランの "It's All Over Now, Baby Blue" の反響を聞いてもいいかもしれない。最後まで読んで、もう一度ここに戻ってきた

かったし、帰ってきても早く夕飯にしてくれと言って夕飯の席では新聞を読み夕飯が済むとさっさと寝てしまった。家族とろくに話そうともしない父とは反対に、母親は父のうつむいた頭の向こうからコニーにくどくど小言を言いつづけた。そのうちにコニーはもう、ああ母さんなんか死んじゃえばいいのに、あたしも死んじゃえばいい、そうしたら何もかも終わるのに、と思うのだった。「ときどきゲロ吐きたくなっちゃうわよ、母さんといると」とコニーは友だちに愚痴った。コニーの声は甲高く、息切れしたみたいに、面白がっているみたいに聞こえ、そのせいで何を言っても、本気で言っていてもそうでなくても、どこかわざとらしく響いた。

ひとつだけいいこともあった。ジューンは女友だちと遊びに出かけはしたから――ジューンと同じくらい不器量で真面目な連中だ――コニーがそうしたいと言っても母親は反対しなかった。コニーが一番仲よくしている子の父親の車で、5キロ離れた町まで一緒に乗せてもらい、お店を見て回ったり映

ときに、どう違って聞こえるか。

❼ throw up: 吐く

❽ breathless: 息が切れたような

❾ that made everything ...: that made / everything she said / sound a little forced, / whether it was sincere / or notと切る。forced: こじつけの、不自然な。sincere であってもなくても forced に聞こえてしまう――自然な自己表現はコニーにはあらかじめ禁じられている。

❿ went places: あちこち遊び回った。コニー視点なのでコニーの使いそうな言葉。

⓫ girl friends of hers: girl friend と girlfriend の違いは、「女友だち」と「ガールフレンド」の違い。

⓬ do that: go places with friends

⓭ had no objections: 異論はなかった

⓮ drove the girls the three miles to town: 車でコニーたちを、3マイル先の町まで送ってくれた

miles to town and left them at **❶**a shopping plaza **❷**so they could walk through the stores or go to a movie, and when he came to pick them up again at eleven he never bothered to ask what they had done.

5   They must have been familiar sights, walking around the shopping plaza **❸**in their shorts and **❹**flat ballerina slippers that always **❺**scuffed the sidewalk, with **❻**charm bracelets **❼**jingling on their thin wrists; they would **❽**lean together to whisper and laugh secretly if someone passed who amused or interested them. Connie 10 had long dark blond hair that drew anyone's eye to it, and **❾**she wore part of it pulled up on her head and puffed out and the rest of it she let fall down her back. She wore a pull-over jersey blouse that looked one way when she was at home and another way when she was away from home. Everything about her **❿**had two sides 15 to it, one for home and one for anywhere **⓫**that was not home: her walk, which could be **⓬**childlike and bobbing, or **⓭**languid enough

---

❶ a shopping plaza: shopping mall という言い方が使われるようになるのはもう少し先、1960 年代末のこと。

❷ so they could ...: 彼女たちが〜できるように。この精読教室でも、第 3 巻 p. 140, l. 8 の "so he could spike the catcher to death" をはじめ何度か登場している用法。このあと p. 42, l. 12 では so that it could dry ... と that の入った、いくぶん改まった形（意味は同じ）が出てくる。

❸ in their shorts: ショートパンツをはいて

❹ flat ballerina slippers: バレエのトウシューズに似た、かかとの低いシューズ。slippers は日本語のスリッパよりも意味が広く、低いかかとのある室内履きや、ダンス用の靴も含む（p. 40, l. 14 では old bedroom slippers と日本語と同じく「スリッパ」の意で使われている）。

❺ scuff(ed): （地面・床などを）足でこする。足を気だるげに引きずって歩く感じ。

❻ charm bracelets: 小さな飾り（チャーム）のついたブレスレット

❼ jingling <jingle: ちりんと鳴る。「ジングル・ベル」のジングル。

画に行ったりできるようにとショッピングプラザで降ろしてもらった。友だちの父親は 11 時に迎えに来た。何をしていたのかなどと訊いたりはしなかった。

　ショートパンツにバレエシューズを履いて、いつも足を擦るみたいにして歩道をぶらぶら歩き、細い手首にブレスレットをじゃらじゃらさせているコニーたちの姿は、ショッピングプラザではおなじみだったにちがいない。誰かおかしな人、興味をそそる人が通ると、二人は身を寄せあいひそひそ言葉を交わして笑った。コニーの髪は、人目を惹かずにはいない長い濃いめの金髪で、前髪を上げて膨らまし、うしろは背中に垂らしていた。プルオーバーのジャージー素材のブラウスは、家にいるときと外にいるときでは違う感じに見えた。彼女の何もかもに二つの面があって、一つは家にいるときの、もう一つは家以外のところにいるときの面だった。子供のようなひょこひょこした歩き方にもなれば、いかにも気だるげな、頭のなかで音楽が鳴っている

❽ lean together: たがいに身を乗り出して近づきあう

❾ she wore part of it pulled up ...: she wore / part of it / pulled up on her head / and puffed out // and the rest of it / she let / fall down her back: 髪の一部分を（具体的には前髪を）上げて（pulled up）額を出し、上げた前髪を少し前に押し出してボリュームを持たせ（puffed out）／残りの髪はそのまま垂らした（let fall down）。いわゆる「ポンパドール」。

❿ had two sides to it:「二つの面があった」というだけの意味なので、to it（それには）はなくてもよさそうなものだが、ある方が普通。

⓫ ... that was not home::コロン（：）で以下につながっているので、これから具体例を示します、ということ（つまり、コロンは「すなわち」の意）。

⓬ childlike and bobbing: 子供のようにひょこひょこ跳ねる。childlike（子供らしい）は childish（子供っぽい）ほど否定的に響かない。

⓭ languid: 気だるげな

to make anyone think she was hearing music in her head; her mouth, which was ❶pale and smirking most of the time, but bright and pink on ❷these evenings out; her laugh, which was ❸cynical and drawling at home — "Ha, ha, very funny" — but highpitched
5 and nervous anywhere else, like the jingling of the charms on her bracelet.

Sometimes ❹they did go shopping or to a movie, but sometimes they went across the highway, ❺ducking fast across the busy road, to a drive-in restaurant where older kids ❻hung out. The
10 restaurant was shaped like a big bottle, though ❼squatter than a real bottle, and ❽on its cap was ❾a revolving figure of a grinning boy holding a hamburger aloft. One night in midsummer they ran across, ❿breathless with daring, and ⓫right away someone leaned out a car window and ⓬invited them over, but it was just a boy
15 from high school they didn't like. It made them feel good to be

❶ pale and smirking: 色が薄い、小馬鹿にして笑っているような。smirk は日本語で言うと「薄ら笑い」が一番近い。

❷ these evenings out: こういう外出した晩。a night out にしてもこの言い方にしても、「遊びに出かけている」という響き。

❸ cynical and drawling: 人を馬鹿にしたような、間延びした。cynical は日本語の「シニカル」より否定の響きが強い。世界や人間が根本的に善だと認めていないという感じ。

❹ they did go shopping or to a movie: went でなく did go なので、たしかにショッピングや映画に行きもした、というニュアンスが加わる。逆に言えばたいていはショッピングもしないし映画も観ない。

❺ ducking fast across the busy road: 交通量の多い通りを、すばやく身をかわしながら渡って。duck は人や危険をひょいとよける動作。

❻ hung out <hang out: のんびりする、つるむ。非常によく使う。It was nice

みたいに見える歩き方にもなる。たいていは薄笑いの浮かんだ青白い口は、こうして出かけてきた晩には明るいピンク色になった。家でのあざ笑うような間延びした笑い——「は、は、おかしいわね」——はよそではキンキン高く落ち着かなげな、ブレスレットがちゃらちゃら鳴るのと似た響きになった。

　本当に買い物や映画に行ったりすることもあったけれど、車の波をくぐり抜けてハイウェイの向こう側に渡り、年上の子たちがたむろしているドライブイン・レストランに行くことも多かった。レストランは大きな壜みたいな格好をしていて——本物の壜よりずんぐりしているけれど——その蓋の部分で、男の子がニタニタ笑いハンバーガーを頭上に掲げてぐるぐる回っていた。真夏のある夜、みんなでハイウェイを駆け抜け、我ながらその大胆さに息を切らせていると、すぐさま誰かが車の窓から顔を出して、乗らないかと誘ってきたが、見ればそれは彼女たちが馬鹿にしている高校の男の子だった。そ

to hang out and chat.（のんびりお喋りなどして楽しかった）

❼ squat(ter): ずんぐりした

❽ on its cap was ...: 蓋の部分には〜があった

❾ a revolving figure of a grinning boy holding a hamburger aloft: ドライブイン・レストランのポスターなどでは、ハンバーガーと飲み物が載ったトレーを掲げている（hold aloft）女性の方が一般的だと思うが（映画 *American Graffiti*〔1973〕のレトロなポスターが特に有名）、この世界はコニーの欲望にそってカスタマイズされているようである。

❿ breathless with daring:（自分たちの）大胆さに息を切らせて

⓫ right away: すぐに。非常によく使う。

⓬ invited them over: 乗らないかと誘った

able to ignore him. ❶They went up ❷through the maze of parked and cruising cars to the ❸bright-lit, fly-infested restaurant, their faces pleased and ❹expectant ❺as if they were entering a sacred building that loomed up out of the night to give them what haven

5 and blessing they yearned for. They sat at the counter and crossed their legs at the ankles, their thin shoulders ❻rigid with excitement, and listened to the music that made everything so good: the music was always in the background, like music at ❼a church service; it was ❽something to depend upon.

10　　A boy named Eddie came in to talk with them. He ❾sat backwards on his stool, ❿turning himself jerkily around in semicircles and then stopping and turning back again, and after a while he asked Connie if she would like something to eat. She said she would and so she tapped her friend's arm ⓫on her way out — her friend ⓬pulled

❶ They went up ...: up といっても坂道をのぼるわけではなく、第 3 巻 p. 94, ll. 2-3 の "up we'd go to the plate" などと同じように、「中心」へ向かうというニュアンス。何しろいま向かっているドライブイン・レストランは、コニーたちにとってはほとんど神殿なのだから。

❷ through the maze of parked and cruising cars: 駐車した車や、流して走る車が行き交う迷路を抜けて。この一文は They went up through ... to ... (〜を抜けて〜へ行った) という文構造。

❸ bright-lit, fly-infested restaurant: コニーたちの夢の空間に、fly-infested (蠅のはびこった) というネガティブな形容句も添えているところが目を惹く。

❹ expectant: 期待している。第 1 巻 p. 172, ll. 15-16 の "He had expected an old person somehow" で述べたとおり、expect は「期待する」より「予想する」が根本的な意味だが、expectant は「期待に胸を膨らませた」というニュアンスを帯びる。

❺ as if they were entering ...: 切り方は as if they were entering / a sacred building / that loomed up / out of the night / to give them / what haven and blessing / they yearned for。loom(ed) up: ぬっとそびえる。

ういう子を無視できるのはいい気分だった。駐車した車やクルーズしている車が織りなす迷路を彼女たちは抜け、明るく照明のともった、蠅のたかったレストランへ、まるで神聖な建物に入っていくかのように、悦びと期待に顔を輝かせて向かっていく。その聖なる建物が、彼女たちの希（こいねが）う安息と祝福とを与えるべく夜の闇から浮かび上がっていた。女の子たちはカウンターに座って、両脚をくるぶしで交差させ、ワクワクする思いに細い肩をこわばらせて音楽を聴いた。音楽は何もかもをすごく素敵にしてくれた。教会の礼拝音楽みたいに、いつも背景で鳴っていて、この上なく頼もしかった。

　エディという男の子が入ってきて、彼女たちに声をかけてきた。丸椅子に反対向きに座って、ぎくしゃくと半円を描いて回り、止まって、また回る。そのうちに、何か食べないかとコニーを誘った。いいわ、とコニーは言って、出ていくときに連れの女の子の腕をとんと叩いて——友だちは健気にひょう

what haven and blessing they yearned for: 直訳は「彼女たちが切望する安息の場と祝福」。単に haven and blessing でなく what haven and blessing と書くことで、それがささやかなものだという含みが加わる。We save what money we can each month.（毎月可能な分だけ貯金します。『ロングマン英和辞典』）

❻ rigid with excitement: 興奮でこわばって

❼ a church service: 教会の礼拝

❽ something to depend upon: 頼りになる何か

❾ sat backwards on his stool: 丸椅子に、うしろ向きに座った

❿ turning himself jerkily around in semicircles and then stopping and turning back again: 椅子の上でぎこちなく（jerkily）半円を描いて、それから（and then）止まり、今度は逆向きに回って（turning back again）

⓫ on her way out: 出ていく途中で

⓬ pulled her face up into a brave, droll look: 顔をすぼめて（pulled her face up は「顔を上げた」ということではない）、毅然とした、おどけた表情を作った。brave は少し上から目線的に訳せば「健気な」。

her face up into a brave, droll look — and Connie said she would meet her at eleven, ❶across the way. "❷I just hate to leave her like that," Connie said earnestly, but the boy said that she wouldn't be alone for long. So they went out to his car, and on the way Connie
5 ❸couldn't help but ❹let her eyes wander over ❺the windshields and faces all around her, her face ❻gleaming with a joy that ❼had nothing to do with Eddie or even this place; ❽it might have been the music. She ❾drew her shoulders up and sucked in her breath with the pure pleasure of being alive, and just at that moment she
10 happened to glance at a face just a few feet from hers. It was a boy with ❿shaggy black hair, in ⓫a convertible jalopy painted gold. He stared at her and then his lips widened into a grin. Connie ⓬slit her eyes at him and turned away, but she couldn't help glancing back ⓭and there he was, still watching her. He ⓮wagged a finger and
15 laughed and said, "⓯Gonna get you, baby," and Connie turned away again without Eddie noticing anything.

❶ across the way: 道路の向こう側で
❷ I just hate to ...: 〜するなんて嫌だなあ
❸ couldn't help but ...: 〜しないわけにはいかない。can't help but ... は can't help ...ing でも同じことで、後者の方が外国人にはわかりやすいように思えるが、頻度は前者の方がだいぶ高い（このページの l. 13 では "she couldn't help glancing back" という形が出てきて、p. 38, l. 9 ではふたたび Connie couldn't help but look back となっている）。
❹ let her eyes wander over ...: 〜に目をさまよわせる
❺ the windshields: 和製英語で言えば「フロントガラス」。
❻ gleam(ing):（目や顔などが）輝く、光る
❼ had nothing to do with ...: 〜と何の関係もなかった
❽ it might have been the music: it は具体的に言えば what made her face

きんな顔を作ってみせた——11時にあっちでね、と言った。「置いてけぼりにするの、悪いな」とコニーは真顔で言ったが、じきに一人じゃなくなるさ、とエディは言った。そして二人はエディの車の方へ歩いていった。歩きながら、自分の目が周りのフロントガラスやいろんな人の顔の上をさまようのをコニーは止められなかった。彼女の顔はエディとも、さらにはこの場所とも関係ない悦びに輝いていた。もしかしたらそれは音楽のせいだったかもしれない。コニーは肩を上げて、生きていることの混じりけなしの悦びを感じながら空気を吸い込んだ。と、ほんの1メートル先に、誰かの顔がちらっと見えた。もじゃもじゃの黒髪の、金色に塗ったおんぼろのコンバーチブルに乗った男の子だった。男の子はコニーをじろじろ見て、それから、唇を横に広げてにっと笑った。コニーは目を細くして彼をちょっと見てから目をそらしたが、またもう一度見ずにいられなかった。相手はまだそこにいて彼女を見ていた。そして指を一本振り、声を立てて笑って、「いつかつかまえるからな、ベイビー」と言った。コニーはまた目をそらした。エディは何も気づいていなかった。

gleam か。

❾ drew her shoulders up and sucked in her breath: どちらも、生きていることをしみじみ実感している様子のしぐさで、次の with the pure pleasure of being alive へと自然につながっていく。

❿ shaggy:（髪や毛が）櫛を入れていない、くしゃくしゃの

⓫ a convertible jalopy /dʒəlápi/: コンバーチブル（折りたたみの幌がついている）のボロ車

⓬ slit her eyes at him: 目をスリットにして（細くして）彼の方に向けた

⓭ and there he was:（我慢できずに振り返ると）そこに彼がしっかりいた、というニュアンス。

⓮ wagged a finger: 指を一本振った。「駄目駄目」と軽く詰る感じ。

⓯ Gonna get you, baby: I'm going to get you, baby

❶She spent three hours with him, at the restaurant where they ate hamburgers and drank Cokes in wax cups that were always sweating, and then down an alley a mile or so away, and when he **❷**left her off at five to eleven only the movie house was still open
5 at the plaza. Her girl friend was there, talking with a boy. When Connie came up, the two girls smiled at each other and Connie said, "How was the movie?" and the girl said, "*You* should know." They **❸**rode off with the girl's father, **❹**sleepy and pleased, and Connie couldn't help but look back at the **❺**darkened shopping
10 plaza with its big empty parking lot and its signs that **❻**were faded and ghostly now, and **❼**over at the drive-in restaurant where cars were still circling **❽**tirelessly. She couldn't hear the music **❾**at this distance.

Next morning June asked her how the movie was and Connie
15 said, "**❿**So-so."

She and that girl and occasionally another girl went out several times a week, and the rest of the time Connie **⓫**spent around the

---

❶ She spent three hours with him, at the restaurant ...: レストランで 3 時間過ごした、と読んでしまいそうだが、l. 3 の and then down an alley にもつながっていて、「レストラン」＋「裏道を少し行ったところ」(down an alley) とで計 3 時間。

❷ left her off: 彼女を車から降ろした

❸ rode off: 車で去った

❹ sleepy and pleased: the girl's father のすぐあとに来ているが、もちろん父親ではなく女の子二人の形容。

❺ darkened: 暗くなった

❻ were faded and ghostly now: いまや色あせて、妖しげな

❼ over at the drive-in restaurant: over が加わって、少し向こうに目をやっている感じが出る。

　エディとは3時間過ごした。レストランでハンバーガーを食べ、いつも水滴の垂れている蠟紙のカップでコーラを飲んでから、2キロばかり先の裏通りに行った。11時5分前に降ろしてもらうと、プラザでまだ開いているのは映画館だけだった。コニーの友だちはもうそこにいて、男の子と話していた。コニーが寄っていくと、二人はたがいに笑みを交わし、コニーが「映画、どうだった？」と訊くと友だちは「あんたの方が知ってるでしょ」と答えた。眠たい、満ち足りた思いで、二人はコニーの友だちの父親が運転する車に乗って家に向かった。暗くなったショッピングプラザをコニーはふり返らずにいられなかった。広い駐車場は空っぽで、看板はいまや色あせて朧(おぼろ)だったが、ドライブイン・レストランでは車が何台も相変わらず疲れも知らぬげに回りつづけている。これだけ離れていると音楽は聞こえなかった。

　翌朝、映画はどうだった、とジューンに訊かれるとコニーは「まあまあだったわ」と答えた。

　コニーとその友だちと、時にはもう一人入って週に何度か遊びに出かけ、

---

❽ tirelessly: 疲れもなさそうに
❾ at this distance: これだけ隔たりがあると
❿ So-so: まあまあ
⓫ spent around the house: in ではなく around になっていることで、家の中を「うろうろ」している感じが強まる。

house — it was summer vacation — ❶getting in her mother's way and thinking, dreaming about the boys she met. But all the boys ❷fell back and dissolved into a single face that was not even a face but ❸an idea, a feeling, ❹mixed up with ❺the urgent insistent

5 pounding of the music and the humid night air of July. Connie's mother ❻kept dragging her back to the daylight by finding things for her to do or saying suddenly, "❼What's this about the Pettinger girl?"

And Connie would say nervously, "Oh, her. That ❽dope." She

10 always ❾drew thick clear lines between herself and such girls, and her mother was ❿simple and kind enough to believe it. Her mother was so simple, Connie thought, that it was maybe cruel to ⓫fool her so much. Her mother ⓬went scuffling around the house in old bedroom slippers and complained over the telephone to one

15 sister about the other, then the other called up and the two of them complained about the third one. If June's name was mentioned

---

❶ getting in her mother's way: 「母親のじゃまをして」ということだが、うろうろしているので文字どおり母親の行く手をふさいでしまうことも往々にしてあるにちがいない。

❷ fell back and dissolved into a single face: うしろに退き、溶けて、ただひとつの顔になった

❸ an idea: 「思いつき」の意ではなく、「観念」「理念」。*Biden says America is an idea that was never lived up to.* (アメリカとはひとつの理念であり、まだその理念が十全に実現されたことはないとバイデンは言う)

❹ mixed up with ...: で、その idea であり feeling であるものが〜と混ざりあっている、ということ。

❺ the urgent insistent pounding of the music: 音楽の切迫した、執拗な、叩きつけるような音。この小説の舞台である 1950 年代〜 60 年代前半のアメリカン・ミュージックで、この形容が一番ぴったりなのは、the Ronettes ("Be

あとの時間は家で過ごして——いまは夏休みなのだ——母親にうっとうしがられたり、知りあった男の子たちのことを考えたり夢想したりした。けれども、男の子たちはみんな、次第に影が薄れてひとつの顔に溶けていき、その顔は顔ですらなく、ひとつの観念、感じのようなものになって、それが、執拗にリズムを叩きつける音楽や、7月の湿った夜の空気と混じりあうのだった。母親はそんなコニーに何かしら用事を言いつけたり、「ペティンガーって娘、どうなの？」といきなり訊いたりしては彼女を昼の世界に引き戻した。

「ああ、あの娘ね。とろいわよ」とコニーは何となく言いにくそうに答えた。彼女はつねに自分とそういう女の子とのあいだにはっきり太い線を引いていたし、母親もその言葉を鵜呑みにするだけの単純さと人の好さを持ち合わせていた。ここまで単純だとあんまりだましちゃ悪いかなあ、と思ってしまうくらいだった。母はいつも履き古しの寝室用スリッパを引きずって家のなかをうろつき、電話で一方の姉相手にもう一方の姉について愚痴をこぼしたが、すると今度はもう一方が電話してきて、二人でもう一人の悪口を言うのだっ

My Baby" など）をはじめ数々のガール・グループを起用した名プロデューサー Phil Spector（1939-2021）の生み出した、"the Wall of Sound" と呼ばれる独特のサウンドだろう。

❻ kept dragging her back to the daylight: 繰り返しコニーを昼日中（の現実）に引き戻した

❼ What's this about ...?: 〜ってどうなの？

❽ (a) dope: 間抜け

❾ drew thick clear lines between ... and ...: 〜と〜のあいだにはっきり太い線を引いた

❿ simple and kind: この文脈だと kind は「人がいい」といったところ。

⓫ fool her: 母をだます。動詞 fool は「馬鹿にする」ではなく「だます」。

⓬ went scuffling around the house: scuffle は「足をひきずって歩く」。

her mother's tone was ❶approving, and if Connie's name was mentioned it was disapproving. This did not really mean she disliked Connie, and actually Connie thought that her mother preferred her to June ❷just because she was prettier, but ❸the two
5 of them kept up a pretense of exasperation, ❹a sense that they were ❺tugging and struggling over ❻something of little value to either of them. Sometimes, over coffee, they were almost friends, but ❼something would come up — ❽some vexation that was like ❾a fly buzzing suddenly around their heads — and ❿their faces went
10 hard with contempt.

One Sunday Connie got up at eleven — none of them bothered with church — and washed her hair so that it could dry all day long in the sun. Her parents and sister were going to a barbecue at an aunt's house and Connie said no, she wasn't interested, ⓫rolling
15 her eyes ⓬to let her mother know just what she thought of it. "Stay home alone then," her mother said ⓭sharply. Connie ⓮sat out back

---

❶ approving: 是認している。次行の disapproving は当然その逆。

❷ just because she was prettier:（ほかにも理由はあるかもしれないが）自分（コニー）の方が可愛いというだけでも

❸ the two of them kept up a pretense of exasperation: 直訳は「母と自分とは、苛立ち (exasperation) の見せかけ (pretense) を保っていた (kept up)」。*Keep up the good work.*（その調子でがんばりなさい。『リーダーズ英和辞典』）

❹ a sense that they were ...: この部分はセンテンス終わりまでが a pretense of exasperation と同格。

❺ tugging and struggling over ...: ～をめぐって引っぱりあったり争いあったりしている

❻ something of little value: ほとんど何の価値もないもの

❼ something would come up: まず文頭でこのように「何かが起きては」とあって、ダッシュではさんでその実例 (some vexation that ...) が挙げられ、and

た。ジューンの名前を口にするとき母の口調は肯定的で、コニーの名前を口にするときは否定的だった。といって、母がコニーを嫌っていたわけではない。実際コニーは、母さんはあたしの方が可愛いから姉さんよりあたしの方が好きなんだと考えていた。だが母も娘も、表向きは、たがいに対して苛立っているふりを続けていた。何か二人のどちらにとってもほとんど価値のないものをめぐって、引っぱりあい、いがみあっているような感じがそこにはあった。時おり、コーヒーを飲みながら、ほとんど友だちみたいに話せることもあったけれど、決まって何かが起きてしまう。頭の周りを突然蝿がぶんぶん飛び回り出したみたいに、何やら苛々の種が持ち上がって、二人とも相手を蔑み顔を硬くしてしまうのだ。

　ある日曜日のこと、コニーは 11 時に起きて——家では誰も教会に行ったりはしない——一日かけて日なたで乾かすつもりで髪を洗った。両親と姉はおばの家でやるバーベキューに出かけると言ったが、コニーは天を仰ぎ、小馬鹿にしたように、遠慮するわ、興味ないから、と母に言った。「じゃあ一人で家にいなさい」と母はきつい声で言い返した。コニーは裏庭のローンチェ

---

their faces went ...（その結果二人の顔は〜）と帰結する。come up はチャンスがめぐってくるというような肯定的意味にも、トラブルが持ち上がるというような否定的意味にも使われる。

❽ some vexation: 何か苛々の種

❾ a fly buzzing: ブンブン飛ぶ蝿

❿ their faces went hard with contempt: 軽蔑の念に顔が険しくなった

⓫ rolling her eyes: 目玉をぐるりと上に向けて。やれやれ、という意思表示。

⓬ to let her mother know just what she thought of it: それ（おばの家でのバーベキュー・パーティ）をどう思っているかしっかり知らせるために。訳では、具体的にどう思っているのかを書いてしまってもいいかもしれない。

⓭ sharply: 鋭く、厳しく

⓮ sat out back in a lawn chair: out で外に座っていること、back でそれが家の裏手であることを伝えている。

in a lawn chair and watched them drive away, her father quiet and bald, ❶hunched around so that he could ❷back the car out, her mother with a look that was still angry and not at all softened ❸through the windshield, and in the back seat ❹poor old June, ❺all

5 dressed up as if she didn't know what a barbecue was, with all the running yelling kids and the flies. ❻Connie sat with her eyes closed in the sun, dreaming and ❼dazed with the warmth about her as if this were a kind of love, the ❽caresses of love, and ❾her mind slipped over onto ❿thoughts of the boy she had been with the

10 night before and how nice he had been, how sweet it always was, ⓫not the way someone like June would suppose but sweet, gentle, ⓬the way it was in movies and promised in songs; and when she opened her eyes she hardly knew where she was, ⓭the backyard ran off into weeds and a fence-like line of trees and behind it the

15 sky was perfectly blue and ⓮still. ⓯The asbestos "ranch house"

---

❶ hunched around: 背中を丸めて

❷ back the car out: 車をバックで出す

❸ through the windshield: フロントガラス越しに見ると（見ても）

❹ poor old June: old は年齢を指すのではなく、poor old ... で同情・見下す思いなどを表わす。

❺ all dressed up: すっかりおめかしして

❻ Connie sat with her eyes closed ...: ここから長いセンテンスが数行にわたり、うとうとしているコニーの内面の流れを伝える。

❼ dazed with the warmth about her: 周囲の暖かさにぼうっとなって

❽ caress(es) /kərés/: 愛撫、抱擁

❾ her mind slipped over onto ...: コニーの心は滑るように〜へと流れていった。over はその流れが何かを越えているような感じを伝え、onto はどこかに到達した感じを伝える。

❿ thoughts of the boy she had been with ...: 切り方は thoughts / of the boy / she had been with / the night before / and / how nice he had been, /

アに座って、三人が出かけるのを見守った。父親は何も言わず、禿げた頭を光らせて、車をバックで出そうと背を丸め、母親のいまだ怒った顔はフロントガラスを通してもちっとも和らがず、後部席ではまるでバーベキューが何なのかも知らないみたいに着飾ったジューンが座っている。どうせ子供たちがギャアギャア駆け回って、蠅が飛び交っているだけなのに。コニーは太陽の下で目を閉じて座り、夢見ながら、周りの暖かさを、あたかもそれが一種の愛であるかのように、抱擁であるかのように感じながらぼうっとしていた。そして彼女の頭は、昨夜一緒にいた男の子をめぐる思いへと流れていき、いい感じの子だったなあと思った。何もかもがいつもほんとに素敵、ジューンとかが思ってるような素敵さじゃなくて、映画に出てくる、歌で約束されている素敵さ。そして目を開けると、いま自分がどこにいるのかもコニーにはよくわからなかった。裏庭はそのまま雑草と塀代わりの木々とにつながり、その向こうで空は完璧に青く不動だった。築3年、アスベストを使った「ラ

how sweet it always was。how nice he had been と how sweet it always was はどちらも前行の the boy she had been with と同格。つまりどちらも thoughts of ... からつながる。陽を浴びてぼうっとしているうちに、思いがいつしか流れていき、(1) 昨夜の男の子のこと ; (2) 男の子がいい感じだったこと ; (3) いつだってそうやって素敵なんだということ ; その3つを考えた。

⓫ not the way someone like June would suppose: ジューンみたいな人が思うみたいにではなく

⓬ the way it was in movies and promised in songs;: 映画の中みたいに、音楽で約束されてるみたいに。そしてこのセミコロンを境に世界は変わっている。

⓭ the backyard ran off into ...: run off は道などが「(そこから分かれて) 延びている、続いている」の意。

⓮ still: 静止した

⓯ The asbestos "ranch house": アスベスト (石綿) の危険性が広く認識されるのは1970年代に入ってから。ランチハウスは戦後アメリカの建築ブームの中で郊外に爆発的に広まった、屋根の勾配のゆるい平屋住宅。

that was now three years old ❶startled her — it looked small. She shook her head as if to get awake.

It was too hot. She went inside the house and turned on the radio ❷to drown out the quiet. She sat on the edge of her
5 bed, barefoot, and listened for an hour and a half to a program called ❸XYZ Sunday Jamboree, record after record of ❹hard, fast, shrieking songs she sang along with, ❺interspersed by exclamations from "Bobby King": "❻An' look here, ❼you girls at Napoleon's — Son and Charley want you to ❽pay real close
10 attention to this song ❾coming up!"

❿And Connie paid close attention herself, ⓫bathed ⓬in a glow of slow-pulsed joy that seemed to rise mysteriously out of the music itself and ⓭lay languidly about the ⓮airless little room, breathed in

---

❶ startle(d): 〜をぎょっとさせる

❷ to drown out the quiet: 静けさをかき消すために

❸ XYZ Sunday Jamboree: 三文字のアルファベットはラジオ局を指すが、XYZ というおざなりな3文字は意図的に現実感を抜いた感じ。Jamboree は元はボーイスカウトの大集会のことだが、音楽の集まりなどでもよく使われる。やや古めかしく、特に 1950 〜 60 年代という響きはない。

❹ hard, fast, shrieking songs she sang along with: hard, fast, shrieking といっても 1970 年代以降のプログレッシブ・ロックのようなものではなく、イキのいいロックンロールを思い描けばいいだろう。ごくランダムに一例を挙げれば、Little Richard, "Tutti Frutti" (1957) あたりか。「〜に合わせて歌う」はこのように sing along (with ...) と言う。

❺ interspersed by exclamations from "Bobby King": DJ「ボビー・キング」の叫びが時おり混ざって

❻ An' look here: An' は And。look here は「なあ」「いいか」。

❼ you girls at Napoleon's: 文脈から見て Napoleon's は明らかに高校の名。

❽ pay real close attention to ...: 〜によくよく注意する。real は第1巻 p. 178, l. 7 の "I feel real sleepy" と同じく「ほんとに」の意味の副詞で、会話ではごく

ンチハウス」は彼女を驚かせた——家は妙に小さく見えたのだ。コニーは目を覚まそうとするかのように首を揺すった。

　ひどく暑かった。家のなかに入って、静かさをかき消そうとラジオをつけた。裸足でベッドのへりに腰かけて、ＸＹＺサンデー・ジャンボリーを一時間半聴いた。立てつづけにかかるハードでアップテンポの、絶叫するような歌に合わせて自分も歌う。その合間に「ボビー・キング」からの叫び声がはさまる。「さあ、ナポレオン高校の女の子たちいいかい、サンとチャーリーからのメッセージだよ、次の曲、じっくり聴いてくれってさ！」

　コニーもじっくり聴いて、なぜか音楽自体から湧き上がってくるように思えるゆっくりと脈打つ悦びの光に浸り、風通しの悪い狭い部屋で気だるく横

一般的。

❾ coming up: （放送で）「このあとお送りします」、（料理などが出来上がって）「ただいまお持ちします」といったときに使う。

❿ And Connie paid close attention ...: この文の主語 Connie に対する動詞は、すぐあとの paid、bathed、lay、breathed（二度）。Connie paid close attention / herself, / bathed / in a glow of slow-pulsed joy / that seemed to rise mysteriously / out of the music itself / and lay languidly / about the airless little room, / breathed in / and breathed out / with each gentle rise and fall / of her chest と切る。

⓫ bathed in …: ～に浸った

⓬ in a glow of slow-pulsed joy: 直訳は「ゆっくりした脈拍の（slow-pulsed）喜びのほのめき（glow）の中で」。glow は「光」「輝き」を表わす言葉の中でも、特に、内側から発しているような光に相応しい語。*a glow of excitement on the boy's cheeks*（興奮による少年のほおの紅潮。『コンパスローズ英和辞典』）

⓭ lay languidly about ...: lay はむろん lie の過去形で、lie about ... で「～でごろごろする」の意。languidly は「気だるげに」。

⓮ airless: 風通しの悪い、むっとする

and breathed out with each gentle rise and fall of her chest.

  After a while she heard a car ❶coming up the drive. She ❷sat up at once, ❸startled, because ❹it couldn't be her father so soon. ❺The gravel kept crunching ❻all the way in from the road — the
5 driveway was long — and Connie ran to the window. It was a car she didn't know. It was ❼an open jalopy, painted a bright gold that caught the sunlight ❽opaquely. Her heart began to ❾pound and her fingers ❿snatched at her hair, checking it, and she whispered, "⓫Christ, Christ," wondering how bad she looked. The car came to
10 a stop at the side door and ⓬the horn sounded four short taps, as if this were a signal Connie knew.

  She went into the kitchen and approached the door slowly, then ⓭hung out the screen door, her ⓮bare toes curling down off the step. There were two boys in the car and now she recognized
15 the driver: he had ⓯shaggy, ⓰shabby black hair that looked crazy

❶ coming up the drive: この意味での the drive に相当する日本語はない。「公道から車庫または玄関口まで通じる私有地内の道」(『コンパスローズ英和辞典』)。このあと ll. 4-5 では the driveway という形で出てくる。

❷ sat up <sit up: 横になっている人が上半身を起こすこと。

❸ startled: ぎょっとして

❹ it couldn't be her father so soon: 車を運転しているのは父なので、ここで母や姉ではなく父が名指されているわけだが、このあとに現われる男性とのコントラストを印象づけるために、ここで父の存在がさりげなく確認されているとも言えそうである。

❺ The gravel kept crunching: 砂利がざくざく鳴りつづけた。crunch は擬音的な要素が入った動詞の典型。

❻ all the way in from the road: 表の車道から入ってくるあいだずっと

❼ an open jalopy, painted a bright gold: 当然 p. 36, l. 11 の "a convertible jalopy painted gold" を想起させる。

❽ opaquely: 不透明に

たわって、胸がゆるやかに上下するのに合わせて息を吸っては吐いた。

　しばらくすると、表の道路の方から家に車が入ってくるのが聞こえてきた。コニーは驚いてあわてて身を起こした。父親たちがこんなに早く帰ってくるはずはない。道路から車が入ってくるあいだずっと、砂利がパチパチ音を立てた。道から玄関まではけっこう長いのだ。コニーは窓辺に飛んでいった。それは彼女の知らない車だった。おんぼろのオープンカーで、明るい金色に塗ってあって、それが陽の光を不透明に捉えていた。コニーは心臓がどきどきしてきて、指で髪をひっつかんで点検した。あたし見られたもんじゃないかしら、と思いながら「どうしよう、どうしよう」と口走った。車は家のサイドドアの前で停まり、クラクションが短く四度、あたかもコニーも知っている合図であるかのように鳴った。

　台所へ行って、ドアにそろそろと近づいていき、裸足の指を丸めて敷居の外に出しながら、網戸から身を乗り出した。車には男の子が二人乗っていた。運転している方が誰なのか、この時点で彼女にもわかった。もじゃもじゃの薄汚い黒髪は、かつらみたいに馬鹿げていた。彼はコニーの方を見てニヤニ

---

❾ pound: （心臓が）どきんどきんと打つ

❿ snatched at ...: 〜をつかもうとした。指が主語になっていて、落ち着いて主体的に行動しているのではない感じが伝わる。

⓫ Christ: 日本語でかなり近いのは、（古典的な意味での）「やばい」か。

⓬ the horn: クラクション

⓭ hung out <hang out the screen door: この hang out は p. 32, l. 9 の "a drive-in restaurant where older kids hung out" とは違い「〜から身を乗り出す」。the screen door: 網戸

⓮ bare toes curling down off the step: 丸まった裸足の足指が敷居を離れ、危なっかしく乗り出していく感じ。

⓯ shaggy: jalopy に続いてこれも昨夜とつながる。p. 36, ll. 10-11, "in a convertible jalopy painted gold" のすぐ前に "It was a boy with shaggy black hair" とあった。

⓰ shabby: みすぼらしい

as a wig and he was grinning at her.

"❶I ain't late, am I?" he said.

"❷Who the hell do you think you are?" Connie said.

"❸Toldja I'd be out, didn't I?"

5   "I don't even know who you are."

She spoke ❹sullenly, careful to show no interest or pleasure, and he spoke in a fast, bright ❺monotone. Connie looked past him to the other boy, ❻taking her time. ❼He had fair brown hair, with ❽a lock that fell onto his forehead. ❾His sideburns gave him a fierce, 10 embarrassed look, but so far he hadn't even bothered to glance at her. Both boys wore sunglasses. The driver's glasses were metallic and mirrored everything in miniature.

"You ❿wanta come for a ride?" he said.

Connie ⓫smirked and ⓬let her hair fall loose over one shoulder.

15   "❸Don'tcha like my car? New ⓮paint job," he said. "Hey."

"What?"

"You're cute."

---

❶ I ain't late, am I?: I'm not late, am I? の口語的な、教養を感じさせない言い方。

❷ Who the hell do you think you are?: the hell が乱暴な響きの強調語であるのは、p. 26, l. 7 の "what the hell stinks?" と同じ。

❸ Toldja I'd be out: I told you I would be out

❹ sullenly: むすっと

❺ (a) monotone: 単調な話し方

❻ taking her time <take one's time: ゆっくりやる。非常によく使う。

❼ He had fair brown hair: fair は肌については「白」を意味するが（このあと p. 72, l. 16 で "he had a fair, hairless face" という例が出てくる）、髪については「金髪系」を意味する。

❽ a lock: 巻き毛

50

ヤ笑っていた。

「待たせたかい？」と彼は言った。

「あんたいったい誰のつもりよ？」とコニーは言った。

「行くって言っただろ、俺」

「あたし、あんたなんか知らないわよ」

　彼女は不愛想に喋り、興味や嬉しさを見せぬようにした。男の子は早口の、明るい一本調子で喋った。向こうにいるもう一人の子の方にコニーはゆっくり目を移した。こっちは薄茶色の髪で、巻き毛が額に垂れている。もみあげのせいで、顔は獰猛なような、バツが悪いような表情に見えたが、いまだ彼女の方を見ようともしていなかった。二人ともサングラスをかけていた。運転席の子のサングラスは金属みたいで、何もかもをミニチュアにして映し返していた。

「ドライブに行かないか？」と彼は言った。

　コニーはふんと薄笑いを浮かべ、髪を片方の肩の下に垂らした。

「俺の車、気に入らないのかい？　塗り替えたばっかりなんだぜ」と彼は言った。「なあ」

「何よ？」

「君、可愛いな」

---

❾ His sideburns gave him a fierce, embarrassed look: 直訳は「もみあげ (sideburns) が彼に荒々しい、気まずそうな表情を与えていた」。fierce と embarrassed はもちろん矛盾した印象を与える組み合わせ。

❿ wanta: want to

⓫ smirk(ed): 優越感を表わすこの言葉がコニーについて使われるのは、p. 32, ll. 1-2 の "her mouth, which was pale and smirking most of the time" に続いて二度目。

⓬ let her hair fall loose over one shoulder: 髪を片方に流して肩の下に垂らした

⓭ Don'tcha: Don't you

⓮ paint job: 塗装作業

She pretended to ❶fidget, chasing flies away from the door.

"Don'tcha believe me, ❷or what?" he said.

"Look, I don't even know who you are," Connie said in disgust.

"Hey, Ellie's got a radio, see. Mine ❸broke down." He lifted his
5 friend's arm and ❹showed her the little transistor radio the boy
was holding, and now Connie began to hear the music. It was the
same program that was playing inside the house.

"Bobby King?" she said.

"I listen to him all the time. I think he's great."

10 "He's ❺kind of great," Connie said ❻reluctantly.

"Listen, that guy's *great*. He knows ❼where the action is."

Connie ❽blushed a little, because the glasses made it impossible
for her to see just what this boy was looking at. She couldn't decide
if she liked him or if ❾he was just a jerk, and so she ❿dawdled in
15 ⓫the doorway and wouldn't come down or go back inside. She
said, "⓬What's all that stuff painted on your car?"

---

❶ fidget: そわそわする

❷ or what?: （疑問文の末尾につけて）それともほかに何かあるのか

❸ broke down: 壊れた

❹ showed her the little transistor radio: 片手で持てるソニー
のトランジスターラジオが日米で広まるのは 1950 年代後半。
イギリスの歌手 Alma Cogan が "Just Couldn't Resist Her
With Her Pocket Transistor"（ポケット・トランジスター
持ってる女の子に抗えなかった男の子＝邦題「ポケット・トラ
ンジスター」）を歌ったのが 1960 年。フランスのド・ゴール
大統領が池田勇人首相を "ce marchand de transistors"(that
transistor salesman) と揶揄したのが 1962 年。

1957 年に発売さ
れた、ポケットに
入るトランジス
ターラジオ、ソ
ニー TR-63。
© ソニーグループ
株式会社

❺ kind of: ある程度、まあ

❻ reluctantly: いやいやながら

❼ where the action is: 一番活気のある所、盛り上がっている所。いかにも

彼女はそわそわと、ドアから蠅を追い払うふりをした。

「俺の言うこと、信じないのかい？」と彼は言った。

「あのさあ、あたしあんたが誰かも知らないのよ」と彼女は吐き捨てるように言った。

「よぉ、エリーはラジオ持ってるんだぜ。俺のは壊れちゃってさ」。彼は相棒の腕を持ち上げて、その子が手に持っている小さなトランジスターラジオを彼女に見せた。コニーの耳に音楽が聞こえてきた。家のなかで鳴らしているのと同じ番組だ。

「ボビー・キング？」と彼女は言った。

「俺、いつも聞いてんだ。最高だよな」

「まあけっこういいわよね」とコニーはしぶしぶ言った。

「何言ってんだよ、最高だよ。最高にいかしてるよ」

コニーはちょっと赤らんだ。サングラスのせいで、この男の子がいったい何を見ているのか、こっちからはわからないのだ。自分はこの子が気に入ったのか、それともこんな奴ただの阿呆なのか、どうにも決めかねた。だからコニーは戸口のところでぐずぐずして、出ていこうとも家のなかに戻ろうと

1950〜60年代的響きのするフレーズ。人気パーソナリティのディック・クラーク（1929-2012）の番組 *Where the Action Is* が放送されたのは（やや遅い感もあるが）1965〜67年。

❽ blush(ed): 顔を赤らめる

❾ he was just a jerk: この just は「単に」の意だが、前行の just what this boy was looking at の just は「まさに」の意。just の一番典型的な二つの用例がたまたま並んだ。a jerk: ダサい奴

❿ dawdle(d): ぐずぐずする

⓫ the doorway: 戸口

⓬ What's all that stuff painted on your car?: stuff は名前がわからなかったり言う必要もなかったりするときに「もの」の意味で非常によく使う。*There're all kinds of stuff in this store.*（この店にはなんでもある。『コンパスローズ英和辞典』）単に that stuff ではなく all that stuff となっているので、車体にはあれこれいろいろ描いてあることがわかる。

"❶Can'tcha read it?" He opened the door very carefully, as if he were afraid it might fall off. He ❷slid out ❸just as carefully, ❹planting his feet firmly on the ground, ❺the tiny metallic world in his glasses slowing down like gelatin hardening, and in the
5 midst of it Connie's bright green blouse. "❻This here is my name, ❼to begin with," he said. ARNOLD FRIEND was written in ❽tarlike black letters on the side, with a drawing of a round, grinning face that reminded Connie of a pumpkin, ❾except it wore sunglasses. "I wanta introduce myself, I'm Arnold Friend and that's my real
10 name and I'm gonna be your friend, honey, and ❿inside the car's Ellie Oscar, he's ⓫kinda shy." Ellie brought his transistor radio up to his shoulder and ⓬balanced it there. "Now, these numbers are ⓭a secret code, honey," Arnold Friend explained. He ⓮read off the numbers ⓯33, 19, 17 and ⓰raised his eyebrows at her to see
15 what she thought of that, but ⓱she didn't think much of it. The

❶ Can'tcha: Can't you
❷ slid out <slide out: 滑り出る
❸ just as carefully: just as carefully as when he opened the door
❹ planting his feet firmly on the ground: 地面にしっかりと足をつけて。plant の原義はむろん「植える」。
❺ the tiny metallic world in his glasses ...: 以下の視覚的に鮮やかな描写を語順どおりに整理すれば、サングラスに映った小さな世界の動きが遅くなり、それがまるでゼラチンが固まっていくみたいで、その真ん中に (in the midst of it) コニーのブラウスが見える。
❻ This here is my name: This is my name だけでも Here is my name だけでもいいわけだが、口語でこれが合わさって This here is ... となるのは珍しくない。
❼ to begin with: まず第一に
❽ tarlike: タールのような
❾ except it wore sunglasses: サングラスをかけている点を除けば

もしなかった。「あんたの車、ごちゃごちゃ何が書いてあるの？」

「読めないか？」。車のドアを、まるでもげてしまうのを心配しているみたいに彼はひどく慎重に開けた。そして同じくらい慎重に車から降りて、両足をしっかり地面に据えた。サングラスに映った小さな金属っぽい世界が、固まっていくゼラチンみたいに動きがゆっくりになっていって、その真ん中にコニーの明るい緑のブラウスがあった。「まずこれが、俺の名前さ」と彼は言った。**アーノルド・フレンド**と、車の側面にタールみたいな黒い字で書いてあって、ニヤニヤ笑った丸い顔の絵が添えてあった。絵はコニーにカボチャを連想させたが、ただしこれもやはりサングラスをかけていた。「自己紹介するぜ、俺はアーノルド・フレンド、本名さ、そして俺は君の<ruby>友だち<rt>フレンド</rt></ruby>になるのさハニー、で、車に乗ってるのがエリー・オスカー、こいつはちょいと内気でさ」。エリーはトランジスターラジオを肩に持っていってそこに載せた。「で、この数字は秘密の暗号だよ、ハニー」とアーノルド・フレンドは言った。33、19、17と数字を読み上げ、どう思うかと訊くみたいにコニーに向かって眉を吊り上げてみせたが、コニーはべつにどうとも思わなかった。うしろの左側のフェ

❿ inside the car's ...: 車の中にいるのは〜だ

⓫ kinda: kind of

⓬ balanced it there: 動詞 balance のこの意味に関し、たいていの英和辞典の定義は納得できない。『ロングマン英和辞典』の「〜を落ちないように載せる」が的確。

⓭ a secret code: 暗号

⓮ read off: 読み上げた

⓯ 33, 19, 17: この数字については諸説あるが、どれも「そうですか」と言うしかない論（足すと 69 になるからセックスを暗示している、とか）。

⓰ raised his eyebrows at her: p. 24, l. 10 で、母親の小言に対してコニーが "would raise her eyebrows" という反応を示したときには「軽い反抗」を感じさせたが、ここでは「どう思う？」と相手（コニー）の感想を誘っている。

⓱ she didn't think much of it: 「あまりそのことを考えなかった」ではなく、「大したことないと思った」。

left rear fender had been ❶smashed and around it was written, on the ❷gleaming gold background: DONE BY CRAZY WOMAN DRIVER. Connie ❸had to laugh at that. Arnold Friend was pleased at her laughter and looked up at her. "Around the other side's a lot
5 more — you wanta come and see them?"

"No."

"Why not?"

"Why should I?"

"Don'tcha wanta see what's on the car? Don'tcha wanta go for
10 a ride?"

"I don't know."

"Why not?"

"I got things to do."

"❹Like what?"

15 "Things."

He laughed as if she had said something funny. He ❺slapped his thighs. He was standing in a strange way, ❻leaning back against the car as if he were ❼balancing himself. He wasn't tall, ❽only an inch or so taller than she would be if she came down

---

❶ smash(ed): 〜を叩きつぶす
❷ gleam(ing): きらきら光る
❸ had to laugh: つい笑ってしまった
❹ Like what?: たとえば？　どんな？
❺ slapped his thighs: slap one's thigh(s) というフレーズについて、『しぐさの英語表現辞典』は、「平手で太ももをたたく」〖(主として男性の) 陽気な大笑いに伴うしぐさ (以下略)〗」と説明している。
❻ leaning back against the car: うしろの車に寄りかかって
❼ balancing himself: p. 54, ll. 11-12 の "Ellie brought his transistor radio up to his shoulder and balanced it there" の balance(d) は「落ちないよ

ンダーはつぶれていて、その周り、ぴかぴか金色の地の上に**イカレ女ドライ**
バーのしわざと書いてあった。コニーは思わず笑ってしまった。彼女が笑っ
たことにアーノルド・フレンドは気をよくし、顔を上げて彼女の方を見た。「向
こう側にももっと書いてあるんだぜ──こっちへ来て見てみないか？」

「見ない」

「どうして？」

「どうして見なきゃいけないの？」

「何て書いてあるか見たくないかい？　ドライブに行きたくないかい？」

「わかんない」

「どうして？」

「用事があるから」

「用事って？」

「いろいろよ」

　まるでコニーが何か愉快なことでも言ったみたいに、アーノルド・フレン
ドは声を上げて笑い、太腿をバシンと叩いた。彼は奇妙な立ち方で立ってい
た。車に寄りかかって、バランスでも取っているみたいなのだ。背は高くな
い。コニーがそばに降りていったらたぶん2、3センチしか違わないだろう。

うに載せる」だったが、ここは「倒れないように均衡をとる」という感じ。

❽ only an inch or so taller than she would be if she came down to him:
　近くまで降りていったらそんなに変わらないだろう、と考えるということは、
　この時点でのコニーは、アーノルドのそばに行くことをそんなに恐れていない。

to him. Connie liked the way he was dressed, which was the way all of them dressed: tight faded jeans ❶stuffed into black, scuffed boots, ❷a belt that pulled his waist in and showed how ❸lean he was, and a white pull-over shirt that was ❹a little soiled and
5 showed the hard small muscles of his arms and shoulders. He looked as if he probably did hard work, lifting and carrying things. Even his neck looked muscular. And his face was a familiar face, somehow: the jaw and chin and cheeks slightly darkened because he hadn't shaved for a day or two, and the nose long and
10 ❺hawklike, ❻sniffing as if she were ❼a treat he was going to ❽gobble up and it was all a joke.

"Connie, you ain't telling the truth. This is your day ❾set aside for a ride with me and you know it," he said, still laughing. The way he ❿straightened and recovered from ⓫his fit of laughing
15 showed that it had been all fake.

"How do you know what my name is?" she said suspiciously.

"It's Connie."

---

❶ stuffed into black, scuffed boots: 黒いすり減ったブーツに押し込んで
❷ a belt that pulled his waist in: ウェストを引き締めているベルト
❸ lean: 引き締まった、細身の。thin や skinny より肯定的に響く。
❹ a little soiled: 少し汚れて
❺ hawklike: タカ（hawk）のような
❻ sniff(ing): クンクン匂いをかぐ
❼ a treat: ごちそう
❽ gobble up ...: 〜を貪り食う
❾ set aside for: 〜のために取っておいた
❿ straighten(ed): （姿勢などが）まっすぐになる
⓫ his fit of laughing: 笑いの発作。fit は咳や笑いがひとしきり続くこと。

服装はいい感じだ——みんなと同じに、ぴっちりした色あせたジーンズが黒い履き古したブーツに押し込まれている。ウェストに食い込んだベルトが痩せ具合を示している。白いプルオーバーのシャツは少し汚れていて、腕や肩の固い小さな筋肉をさらしている。肉体労働をやっていそうな見かけだ。物を持ち上げたり、運んだり。首にまで筋肉がついているみたいに見えた。それになぜか、顔にも見覚えがある気がした。一日か二日ひげを剃っていないせいであごと頬がうっすら浅黒く、鼻は細長く鷲みたいで、まるで彼女がごちそうか何かでそれを貪り食おうとしているみたいに、そして何もかもがジョークであるみたいに、その鼻をくんくんと動かしていた。

「コニー、君はほんとのこと言ってないぜ。今日は君が俺とドライブへ行くために空けておいた日なのさ、君も知ってるはずだぜ」と彼はなおも笑いながら言った。と、彼の体がまっすぐのびて、笑いの発作も急に治まった。その変わりようから見て、すべて見せかけなんだと知れた。

「どうしてあたしの名前がわかるのよ？」と彼女は怪しんで訊いた。

「コニーだろ」

"Maybe and maybe not."

"I know my Connie," he said, **❶** wagging his finger. Now she remembered him even better, back at the restaurant, and **❷** her cheeks warmed at the thought of **❸** how she had sucked in her
5 breath just at the moment she passed him — how she must have looked to him. **❹** And he had remembered her. "Ellie and I come out here especially for you," he said. "Ellie can sit in back. **❺** How about it?"

"Where?"

10 "Where what?"

"Where're we going?"

He looked at her. He took off the sunglasses and she saw how pale the skin around his eyes was, like holes that were not in shadow but instead in light. **❻** His eyes were like chips of broken
15 glass that catch the light in an amiable way. He smiled. It was as if the idea of going for a ride somewhere, to someplace, was a new idea to him.

---

❶ wagging his finger: p. 36, ll. 14-15 の "He wagged a finger and laughed" を当然想起させる。

❷ her cheeks warmed at the thought of ...: ～を考えると頬が熱くなった

❸ how she had sucked in her breath: 息を吸い込んだ自分の姿

❹ And he had remembered her: そんな自分をアーノルドが覚えていたことを、コニーは喜んでいるのか、まずいと思っているのか（つまり、2行上の頬の火照りは、嬉しいからか、しまったと思ったのか）。前者の線も、まだこの時点ではなくはないかもしれない。

❺ How about it?: それでどうだい

❻ His eyes were like chips of broken glass: 目の周りの穴が影でなく光に包まれた穴みたいだ、というやや不気味な描写に続いて、目が割れたガラスのよう、というさらに不気味な表現が来ているが、これを次の that catch the light in

「そうかもしれないし、そうじゃないかもしれない」

「わかってるさ、俺のコニーのことは」と彼は言って、指を一本振った。それで彼女はますますはっきり思い出した。間違いない、レストランの前で見かけた子だ。あのときすれ違った瞬間、自分がはっと息を呑んだことを思い出して頬が火照った。彼からどう見えたかは明らかだ。そして彼は、そんなコニーを覚えていたのだ。「エリーと俺とでさ、君を連れ出しにわざわざここまでやって来たわけでさ」と彼は言った。「エリーはうしろに座ればいいから。それでどうだ？」

「どこ？」

「どこって？」

「どこ行くの？」

　彼はコニーを見た。サングラスを外した。と、目の周りの肌がひどく青白くなっているのが見えた。影にではなく、光になっている穴みたいだ。目は割れたガラスのかけらのように、光を穏やかに捉えている。彼はにっこり笑った。まるで、ドライブでどこかへ行くという思いつきを目新しいと思ったみたいな笑みだ。

an amiable（感じのよい）way が和らげていて、曖昧さを生み出している。

"Just for a ride, Connie sweetheart."

"I never said my name was Connie," she said.

"But I know what it is. I know your name and all about you, lots of things," Arnold Friend said. ❶He had not moved yet but
5 stood still leaning back against the side of his jalopy. "I took a special interest in you, such a pretty girl, and found out all about you — ❷like I know your parents and sister are gone ❸somewheres and I know ❹where and how long they're going to be gone, and I know who you were with last night, and your best girl friend's
10 name is Betty. Right?"

He spoke in a simple ❺lilting voice, exactly as if he ❻were reciting the words to a song. His smile ❼assured her that everything was fine. In the car Ellie turned up the volume on his radio and did not bother to look around at them.

15   "Ellie can sit in the back seat," Arnold Friend said. He
❽indicated his friend with a casual jerk of his chin, ❾as if Ellie did not count and she should not bother with him.

---

❶ He had not moved yet: これは「依然として動いていなかった」ではなく、「(もう動き出してもおかしくないのに) まだ動いていなかった」の意。ほんの少しだが、不吉な響き。

❷ like I know your parents and ...: この like は「たとえば」。

❸ somewheres: somewhere の標準的でない言い方。

❹ where and how long they're going to be gone: どこに行っていて、いつまで留守にしているか

❺ lilting: (声が) 快く上下する

❻ were reciting the words to a song: 歌の歌詞を暗誦している (歌っているのではない)

❼ assured her that ...: ～だと保証した

❽ indicated his friend with a casual jerk of his chin: あごをさっと何気なく

「ただドライブに行くのさ、コニー・スイートハート」

「あたしコニーって名前だなんて言ってないわよ」と彼女は言った。

「だけど俺は知ってるのさ。君の名前から何から、みんな知ってる。何から
何までご承知なのさ」とアーノルド・フレンドは言った。さっきからまだ動
いておらず、おんぼろ車のボディに寄りかかったままだ。「俺は君にすごく
興味持ってさ、何せすごく可愛い娘だもんな、それで何から何まで調べたの
さ、たとえば君の両親と姉さんはどこかに出かけてる、俺はみんながどこへ
行ったかも、いつまで出かけてるかも知ってるし、昨日の晩に君が誰と一緒
にいたかも、君の一番の仲よしの名前がベティだってことも知ってる。そう
だろ？」

　彼は素朴な、歌うような声で話した。まさに歌の歌詞を暗唱しているみた
いな感じ。大丈夫、何も心配は要らない、とその笑顔はコニーに請けあって
いた。車のなかでエリーはラジオの音量を上げ、彼らの方を向こうともしな
かった。

　「エリーはうしろに座ればいいからさ」とアーノルド・フレンドは言った。
こんな奴どうでもいいよ、忘れていいよ、と言わんばかりにあごを軽くしゃ
くってエリーの方を指した。

動かしてエリーの方を示した。jerk は「ぐいっと動かす」こと。*She started
the car with a jerk and hit the bumper of the car in front.*（急に車を
発進して前の車のバンパーにぶつけてしまった。*Longman Dictionary of
Contemporary English*）

❾ as if Ellie did not count: count は「重要である」「数に入る」。*Every vote
counts.*（一票といえども大切である。『リーダーズ英和辞典』）

"❶How'd you find out all that stuff?" Connie said.

"Listen: Betty Schultz and Tony Fitch and Jimmy Pettinger and Nancy Pettinger," he said in ❷a chant. "Raymond Stanley and Bob Hutter —"

5 "Do you know all those ❸kids?"

"I know everybody."

"Look, ❹you're kidding. You're not from around here."

"❺Sure."

"But — ❻how come we never saw you before?"

10 "Sure you saw me before," he said. He looked down at his boots, as if he were a little ❼offended. "You just don't remember."

"❽I guess I'd remember you," Connie said.

"Yeah?" He looked up at this, ❾beaming. He was pleased. He began to ❿mark time with the music from Ellie's radio, tapping

15 his fists lightly together. Connie looked away from his smile to the car, which was painted so bright it almost hurt her eyes to look at

❶ How'd you find out all that stuff?: all that stuff は p. 52, l. 16 の "What's all that stuff painted on your car?" と同じ。

❷ a chant: 単調に唱える声

❸ kid(s): 子供、若者

❹ you're kidding: 冗談でしょ。非常によく使う。

❺ Sure: コニーの "You're not from around here." という言葉に応えて、"Sure, I'm from around here."（もちろんここが地元さ）の意。

❻ how come:（口語）どうして〜なんだ

❼ offended: むっとして

❽ I guess I'd remember you: そのあとに if I saw you が省かれている。

❾ beam(ing): 顔がパッと明るくなる

❿ mark time with the music ... tapping his fists lightly together: 音楽に合

「どうやって調べたのよ、そんなことみんな？」とコニーは言った。

「いいか、聞けよ──ベティ・シュルツにトニー・フィッチ、ジミー・ペティンガーにナンシー・ペティンガー」と彼は唱えるみたいに言った。「レイモンド・スタンリーにボブ・ハッター──」

「その子たちみんな知ってるの？」

「俺は誰のことだって知ってるのさ」

「嘘でしょ。あんた、このへんの子じゃないでしょ」

「そんなことないさ」

「だけど──どうしていままで誰もあんたのこと見かけなかったのよ？」

「君は見かけたさ、前に」と彼は言った。そして、少し気を悪くしたかのようにうつむいてブーツを見た。「君が覚えてないだけさ」

「見たら覚えてると思うけど」とコニーは言った。

「ほんと？」。そう言われて彼は目を輝かせて顔を上げた。嬉しそうだった。そしてエリーのラジオから流れてくる音楽に合わせてリズムを取りはじめ、両のこぶしを軽く打ちあわせた。コニーは彼の笑顔から車に目を移した。すごく明るい色に塗ってあるせいで、見ているとほとんど目が痛くなってくる。

わせてリズムを刻み（……）げんこつを軽く合わせる

it. She looked at that name, ARNOLD FRIEND. ❶And up at the front
fender was an expression that was familiar — ❷MAN THE FLYING
SAUCERS. It was an expression kids had used the year before but
didn't use this year. She looked at it for a while as if the words
5 ❸meant something to her that she did not yet know.

"What're you thinking about? ❹Huh?" Arnold Friend
❺demanded. "Not worried about ❻your hair blowing around in
the car, are you?"

"No."

10 "Think I maybe can't drive good?"

"How do I know?"

"You're ❼a hard girl to handle. How come?" he said. "Don't
you know I'm your friend? Didn't you see me ❽put my sign in the
air when you walked by?"

15 "What sign?"

"My sign." And he drew an X in the air, ❾leaning out toward
her. They were maybe ten feet apart. After ❿his hand fell back

---

❶ And up at the front fender was ...: この up も上下の上ではなく「前方」。

❷ MAN THE FLYING SAUCERS: It was an expression kids had used the
year before ... とあり、いかにもひところ流行った流行語っぽいが、おそらく
オーツの創作。man は動詞で「(銃砲・部署など) に人員を配置する」「(船・
人工衛星など) に人を乗り組ませる」(『リーダーズ英和辞典』)。

❸ meant something to her that she did not yet know: 彼女にとって、彼女
がまだ知らない何かを意味している。to her があることで、単に自分がまだわ
かっていない客観的な意味がある、ということではなく、自分に固有の、何か
個人的な意味があるように思えてしまう、という含みが加わる。

❹ Huh?: なあ、おい。文脈や言い方によっては怒りの表明にもなるが、ここは単
に答えを促している。

❺ demand(ed): 要するに「訊ねる」だが、ask よりも強く答えを求めている響き。

66

アーノルド・フレンド、という名前を彼女は見た。前面のフェンダーには知っているフレーズが書いてあった——**空飛ぶ円盤に人を乗せろ**。前の年に若者たちが使っていた、でも今年はもう使っていない言い方だ。コニーはその言葉を、あたかもそれが彼女にはまだ見えていない意味を帯びているかのように眺めた。

「何考えてるんだ？　よぉ？」とアーノルド・フレンドは問いつめた。「車に乗ると髪が乱れるのが心配なのか？」

「違うわ」

「俺の運転が下手くそだと思ってるのか？」

「どうしてあたしにそんなことわかるのよ？」

「扱いにくい娘だなあ。どうしてだよ？」と彼は言った。「わからないのかよ、俺が君の友だちだってこと？　すれ違ったときに俺がサイン出したの、見なかったのか？」

「サインって、何の？」

「俺のサインさ」。そして彼は空中に×を書きながら、コニーの方に乗り出してきた。二人はおよそ3メートル離れていた。彼の手が脇腹に戻っても、

---

❻ your hair blowing around: 髪が風で乱れること

❼ a hard girl to handle: 扱うのが厄介な女の子。*He is hard to please.*（彼を喜ばせるのは難しい＝彼は気難しい人だ）

❽ put my sign in the air: 俺のサインを空中に書いた

❾ lean(ing) out: 身を乗り出す

❿ his hand fell back to his side: 手が降りて脇腹に戻った

to his side the X was still in the air, almost visible. Connie let the screen door close and ❶stood perfectly still inside it, ❷listening to the music from her radio and the boy's blend together. ❸She stared at Arnold Friend. He stood there ❹so stiffly relaxed, pretending to
5 be relaxed, ❺with one hand idly on the door handle ❻as if he were keeping himself up that way and had no intention of ever moving again. She ❼recognized most things about him, the tight jeans that ❽showed his thighs and buttocks and the ❾greasy leather boots and the tight shirt, and even ❿that slippery friendly smile of his,
10 ⓫that sleepy dreamy smile that all the boys used to get across ideas they didn't want to put into words. She recognized all this

---

❶ stood perfectly still: まったく動かずに立った

❷ listening to the music from her radio and the boy's blend together: くどく書くなら、the music from her radio と the music from the boy's radio が blend together するのに耳を傾けて、ということ。

❸ She stared at Arnold Friend: 第 1 巻 p. 44, l. 2 の "He sat staring blankly out at the window" のところでも書いたが、stare はとにかく目を大きく開いて見ることであって、一心不乱に見ている場合もあれば、呆然として頭は空っぽ、という場合もある。ここでのコニーの stare をどう捉えるかは読み手の自由だが、少なくとも、アーノルドが来たばかりのころのようなクールな落ち着きはもうないことは確かだろう。この後もコニーが stare する姿を我々は何度か目にすることになる。

❹ so stiffly relaxed: すぐ次の pretending to be relaxed というフレーズを待つまでもなく、stiffly relaxed（ぎこちなくリラックスして）は意図的に矛盾した組み合わせ。

❺ with one hand idly on the door handle: idly は力が抜けていて、特に意味もなく手をそこに置いている感じ。

❻ as if he ... had no intention of ever moving again: こういう例を見れば、仮定法というのは事実に反することを言う、というまとめ方では往々にして正しくないことがわかる。ここでアーノルドはあたかも動く気がないように見えるわけだが、実は動く気がある、ということではまったくない。あくまでも、

×はまだ空中に、ほとんど目に見えるみたいに残っていた。コニーは手を離して網戸を閉め、家の中にじっと立ちつくして、自分のラジオと男の子のラジオから流れる音楽が溶けあうのを聴いた。彼女はアーノルド・フレンドをじっと見た。そこに立った彼は、さりげなさを装い、片手を軽くドアの把手に掛けて体を支え、そこから動く気がまったくなさそうな気配だった。その姿のどこを取っても、彼女には見慣れたものだった。太腿や尻の線を見せているぴっちりしたジーンズ、油で汚れた革のブーツ、ぴっちりしたシャツ、さらにはその愛想のいい、捉えどころのない笑みも——男の子たちがみんな、言葉にしたくない思いを伝えようとして使う、あの眠たげな、夢見るような笑み。どれもみな見慣れたものだったし、めりはりのない、ほんの少しあざ

コニーから見て、動く気がなさそうに思え、真相はわからない、ということ。この小説で as if が多用されている（36 回）のは、コニーがいままで疑っていなかった世界の真実がにわかに怪しくなってきたことのあらわれと言える。

❼ recognize(d): 第 1 巻 p. 184, ll. 8-9 の "There was nothing I recognised, and I found myself walking forever around twisting, badly lit streets ..." でも述べたとおり、recognize（イギリスでは recognise）は何か・誰かを見て「あれは何々だ・誰々だ」とわかる、ということ。

❽ showed his thighs and buttocks: 腿や尻の線が見えた

❾ greasy: 脂じみた

❿ that slippery friendly smile of his: slippery（つかみどころのない、あてにならない）と friendly が対極だとは言わないが、二つの形容詞が明快に補強しあっているわけでは全然ないことは確か。

⓫ that sleepy dreamy smile ...: 切り方は that sleepy dreamy smile / that all the boys used / to get across ideas / they didn't want to put into words. 「あの眠そうな、夢見るみたいな微笑／男の子がみんな使うところの／いろんな思いを伝えるために／言葉にしたくない思いを」。used to get ... のところがいかにも「かつて〜した」の意に見えてしまうがそうではない。get across ... は言いたいことを「伝える」。I can't seem to get my point across to him.（私の言いたいことを彼に理解させるのは無理のようだ。『ロングマン英和辞典』）

and also **❶**the singsong way he talked, **❷**slightly mocking, kidding, but serious and a little melancholy, and she recognized the way he tapped one fist against the other **❸**in homage to the perpetual music behind him. **❹**But all these things did not come together.

5   She said suddenly, "Hey, how old are you?"

His smile faded. **❺**She could see then that he wasn't a kid, he was much older — thirty, maybe more. At this knowledge her heart began to pound faster.

"That's a crazy thing to ask. Can'tcha see I'm your own age?"

10   " **❻**Like hell you are."

"Or maybe **❼**a coupla years older. I'm eighteen."

"Eighteen?" she said doubtfully.

He grinned to **❽**reassure her and **❾**lines appeared at the corners of his mouth. His teeth were big and white. **❿**He grinned so

15 broadly his eyes became slits and she saw how thick **⓫**the lashes

---

❶ the singsong way he talked: 一見「歌うような話しぶり」ということで聞いて魅力的な口調かと思いたくなるが、逆のことの方が多い。*Cambridge Academic Content Dictionary* では "becoming higher and lower in a regular, boring way when speaking"（喋る際に規則的に、退屈に上下する）と定義し、次の例文を付している：*Her singsong reading of that report actually put me to sleep.*（あの報告書、彼女が単調に読むものだからしっかり寝ちゃったよ）

❷ slightly mocking, kidding: わずかにあざ笑うような、からかうような

❸ in homage to the perpetual music behind him: 背後で鳴っている切れ目ない（perpetual）音楽に敬意を表して

❹ But all these things did not come together: そうやって一つひとつの要素は見覚えがあるのに、全体は come together しなかった（ひとつにまとまらなかった）ということ。

❺ She could see then that ...: そのとき彼女には〜だとわかった。then は時間の経緯を示すことも多いが（「それから」）、特定の時間を指す（「そのとき」）こ

けるような、からかうような、でも同時に真剣でどこか憂いを帯びた話し方も、そして、背後でたえず鳴っている音楽に敬意を表してこぶしとこぶしをぶつけるそのやり方すらも。何もかも覚えがあるのに、なぜかそれらすべてが、しっくりひとつにまとまらなかった。

彼女はいきなり、「ねえ、あんたいくつ？」と言った。

彼の笑顔が曇った。彼が若者でないことをコニーは見てとった。もっとずっと上だ。30か、ひょっとしてもっとか。それがわかると、心臓の鼓動が速まっていった。

「何てこと訊くんだよ。わかんないのかよ、君と同い歳だって？」

「冗談よしてよ」

「まあ二つばかり上かな、俺、18 だから」

「18 ？」と彼女は疑って言った。

彼が請けあうようにニヤッと笑うと、口もとに皺が現われた。歯は大きくて白かった。口をあまりに大きく横に広げて笑ったせいで、目が線のように細くなり、睫毛がすごく濃いことがあらわになった。タールか何か、黒い塗

とも多い。ここは後者。目立たない言葉なので見逃されがちだが、流れを捉える上ではけっこう大事。

❻ Like hell you are: そんなこと絶対ない。like hell ... で「～だなんてとんでもない」という強い否定。*"You'd better go." "Like hell I will."*（「行ってきなさい」「だれが行くもんか」『コンパスローズ英和辞典』）

❼ a coupla: a couple of

❽ reassure: ～を安心させる

❾ line(s): 皺

❿ He grinned so broadly his eyes became slits: broadly は grin, smile などの「笑い」関係の動詞に付いて「満面」というニュアンスを作る。so broadly のあとは that が省略されている。slit(s): 細長い裂け目

⓫ the lashes: 睫毛

were, thick and black as if painted with a black tarlike material. Then, **❶**abruptly, he seemed to become embarrassed and **❷**looked over his shoulder at Ellie. "**❸***Him*, he's crazy," he said. "**❹**Ain't he a riot? He's **❺**a nut, **❻**a real character." Ellie was still listening to the

5 music. His sunglasses told nothing about what he was thinking. He wore a bright orange shirt unbuttoned halfway to show his chest, which was a pale, bluish chest and not muscular like Arnold Friend's. **❼**His shirt collar was turned up all around and **❽**the very tips of the collar pointed out past his chin as if they were

10 protecting him. He was pressing the transistor radio up against his ear and sat there **❾**in a kind of daze, **❿**right in the sun.

"He's kinda strange," Connie said.

"Hey, she says you're kinda strange! Kinda strange!" Arnold Friend cried. He **⓫**pounded on the car to get Ellie's attention. Ellie

15 turned for the first time and Connie saw with shock that he wasn't a kid either — he had a fair, hairless face, cheeks reddened slightly

---

❶ abruptly: 不意に

❷ looked over his shoulder at Ellie: look over one's shoulder はひとまず「肩越しにふり返る」と訳すことが多いが、要するに全身でふり向くのではなく首だけ回してうしろを見るということ。

❸ *Him*, he's crazy: 最初の Him は「あいつはね……」とまず注意を喚起する感じ。

❹ Ain't he a riot?: Isn't he a riot? の粗野な言い方。riot は口語で「笑える奴」「ケッサク」。

❺ a nut: 変人、奇人。s を付けて nuts とすると、なぜか形容詞になって crazy の意。*Are you nuts?* (気でも狂ったか)

❻ a real character: a real character、または quite a character という形で「なかなかユニークな人」の意。

❼ His shirt collar was turned up all around: シャツの襟が前もうしろも立て

72

料で描いたみたいに濃くて太い。と、彼は急にバツが悪そうな顔になって、首だけうしろに回してエリーの方を見た。「こいつはさ、こいつはクレイジーさ」と彼は言った。「笑えるだろ、イケてるだろ、大したもんだよ」。エリーは相変わらず音楽を聴いていた。そのサングラスは彼が何を考えているのか、いっさい伝えていなかった。明るいオレンジ色のシャツのボタンを半分外して胸をさらしていたが、胸は青白く、アーノルド・フレンドのような筋肉はなかった。ぴんと立てたシャツの襟があごより上までぐるっと突き出ていて、彼を保護しているみたいに見えた。トランジスターラジオを耳に押しつけて、陽を浴びてぼうっとしたようにエリーはじっと座っていた。

「ちょっと変わってるわよね」とコニーは言った。

「よぉ、お前ちょっと変わってるってさ！　ちょっと変わってる！」とアーノルド・フレンドはどなって、エリーの気を惹こうと車体を叩いた。エリーが初めてこっちを向くと、エリーも若者ではないことをコニーは見て愕然とした。色白で毛のない顔、血管が肌の表面に近づきすぎたみたいにわずかに

てあった
❽ the very tips of the collar pointed out past his chin:（ピンと立てた）襟のまさにその先っぽが、あごの向こうを指していた
❾ in a kind of daze: 何だかぼうっとしたみたいに
❿ right in the sun: もろに日なたで
⓫ pounded on ...: 〜をぶっ叩いた

73

❶as if the veins grew too close to the surface of his skin, the face of a forty-year-old baby. Connie felt a wave of **❷**dizziness rise in her **❸**at this sight and she stared at him **❹**as if waiting for something to change the shock of the moment, make it all right again. **❺**Ellie's
5 lips kept shaping words, **❻** mumbling along with the words blasting in his ear.

" **❼**Maybe you two better go away," Connie said faintly.

"What? How come?" Arnold Friend cried. "We come out here to take you for a ride. It's Sunday." He had the voice of the man on
10 the radio now. It was the same voice, Connie thought. "Don'tcha know it's Sunday all day? And honey, no matter who you were with last night, today you're with Arnold Friend and **❽**don't you forget it! Maybe you better step out here," he said, and **❾**this last was in a different voice. It was a little **❿**flatter, **⓫**as if the heat was
15 finally getting to him.

"No. I got things to do."

"Hey."

---

❶ as if the veins grew too close to the surface of his skin: まるで血管 (the veins) が皮膚の表面のあまりに近くに来てしまったかのように。grew <grow は「成長する」ではなく「〜になる」の意。*He grew pale at the mention of his parents.* (両親の名前が出てきて彼は青くなった)

❷ dizziness: めまい

❸ at this sight: これを見て

❹ as if waiting for something to change the shock of the moment: この瞬間の衝撃を、何かが変えてくれるのを待つかのように

❺ Ellie's lips kept shaping words: 直訳は「エリーの唇が言葉を形作りつづけた」。

❻ mumbling along with the words blasting in his ear: エリーの耳の中で鳴り響く言葉に合わせてぶつぶつ言って。要するにラジオから聞こえてくる歌に

74

赤らんだ頬、40歳の赤ん坊の顔だ。それを見てコニーはめまいの波が体に湧き上がってくるのを感じた。彼女はエリーの顔を呆然と、何かが起きてこの衝撃を変化させてくれるのを、すべてを元通りにしてくれるのを待つかのように見つめた。エリーの唇がもぞもぞ動いて、耳許でガンガン響く言葉に合わせて言葉を形作っていた。

「あんたたち、もう帰ってもらえないかしら」とコニーが弱々しく言った。

「何だって？　どうして？」とアーノルド・フレンドが叫んだ。「俺たち君をドライブに連れ出しに来たんだぜ。今日は日曜日だぜ」。その声はいつのまにかラジオの男の声になっていた。同じ声だわ、とコニーは思った。「今日一日ずっと日曜日なんだぜハニー。昨日の夜君が誰と一緒にいたって関係ないさ、今日はアーノルド・フレンドと一緒なのさ、忘れちゃ困るぜ！——なあ、こっちに出てきたらどうだ」と彼は言った。最後の一言は違った声だった。暑さにさすがに参ってきたみたいに、少し平板になっていた。

「駄目よ。用事があるもの」

「よぉ」

合わせて歌っているわけだが、その書き方はやや不気味。

❼ Maybe you two better go away: 言葉としては軽い命令調だが（better は had better）、その言い方は "faintly"。

❽ don't you forget it!: don't forget it と意味は同じだが、you が入るとやや強調的。

❾ this last: this last remark

❿ flatter: flat（平板な）の比較級

⓫ as if the heat was finally getting to him: get to ... は「〜を滅入らせる、〜にとってこたえる」。*The rain beating down day after day began to get to everyone.*（毎日雨が降り続くので、みんな気が滅入りだした。『動詞を使いこなすための英和活用辞典』）

"You two better leave."

"We ain't leaving until you come with us."

" ❶Like hell I am — "

"Connie, don't ❷fool around with me. ❸I mean — I mean, don't
5 fool *around*," he said, shaking his head. He laughed ❹incredulously.
He placed his sunglasses on top of his head, carefully, as if he
were indeed wearing a wig, and brought ❺the stems down behind
his ears. Connie stared at him, ❻another wave of dizziness and
fear rising in her ❼so that for a moment ❽he wasn't even in focus
10 but ❾was just a blur standing there against his gold car, and ❿she
had the idea that ⓫he had driven up the driveway all right but
had ⓬come from nowhere before that and belonged nowhere and
that ⓭everything about him and even about the music that was so
familiar to her was only half real.

---

❶ Like hell I am—: like hell ... で強い否定だということは p. 70, l. 10 の "Like
hell you are." に即して述べたとおりだが、ここではダッシュがあとに続いて
いて、やや言葉がうわずっているのか、あるいは相手に簡単に遮られてしまう
くらい弱々しいのか、とにかく強さがなかば打ち消されている観がある。

❷ fool around with ...: 〜をもてあそぶ

❸ I mean—I mean, don't fool around: I mean と言ったら、あとには前の言葉
を説明する別の言葉が出てくるべきなのに、また同じ言葉しか出てこない。だ
んだん脅迫的になっているアーノルドだが、まだ相当ぎこちなくもある。

❹ incredulously: 信じられない、というように

❺ the stems: サングラスのつる

❻ another wave of dizziness and fear: p. 74, l. 2 でも a wave of dizziness
が出てきたので another と言っているが、ここではそれにしらっと fear も加
えられている。

❼ so that for a moment he wasn't even ...: この so that は「それで、そのた
め」。「〜するように」の意味の so that (または so) は、そのあとにかならず
will, can などの助動詞が伴う。このあと p. 90, ll. 1-2 で出てくる例を先回りし

「帰ってよ」

「君が一緒に来るまで帰らない」

「冗談じゃないわよ——」

「コニー、俺のこともてあそぶなよ。だからさ、だからもてあそぶなって」とアーノルド・フレンドは首を横に振りながら言った。それから、信じられないぜと言いたげな笑い声を上げた。サングラスを頭の上に、まるで本当にかつらでもかぶっているみたいに慎重に載せて、つるを耳のうしろに持っていった。コニーは呆然と彼を見た。まためまいと恐怖の波が襲ってきて、一瞬アーノルド・フレンドの姿の焦点もぼやけて単なるもやと化し、そのもやが金色の車を背景にして立っていた。彼が道路からここに入ってきたのは確かでも、その前はどこから来たのでもなく、どこにもいなかったんじゃないか、ふとそんな気がした。彼の何もかもが、そしてこんなに慣れ親しんだ音楽までが、半分しか現実に思えなかった。

　　　て挙げれば "so that he would seem taller"（背が高く見えるように）。

❽ he wasn't even in focus: 前行で Connie stared at him と言っているわけだから、アーノルドに焦点が合っているのが当然なのに、それすらできていない、という含みで even が入っている。

❾ was just a blur standing there against his gold car: 金色の車を背にして (against) 立っているもや (a blur) でしかなかった

❿ she had the idea that ...: コニーは〜という思いを抱いた。このあと ll. 12-13 の and that everything about him ... の that もこの the idea からつながる。

⓫ he had driven up the driveway all right but ...: この driveway（表の道路からこの玄関まで）をやって来たのは確かだけれど〜

⓬ (had) come from nowhere:「どこからともなくやって来た」とややロマンチックに訳すのが普通だが、ここはもう少し無機的で、「どこから来たのでもない」（無から生じた）という感じ。

⓭ everything about him ...: 切り方は everything about him / and even about the music / that was so familiar to her / was only half real。要するに everything ... was only half real. というセンテンスの <…> の部分が相当長くなっている。

"If my father comes and sees you — "

"He ain't coming. He's at a barbecue."

"How do you know that?"

"Aunt Tillie's. Right now they're uh — they're drinking. **❶**Sitting
5 around," he said **❷**vaguely, **❸**squinting as if he were **❹**staring all
the way to town and over to Aunt Tillie's backyard. Then **❺**the
vision seemed to get clear and he nodded energetically. "Yeah.
Sitting around. There's your sister in a blue dress, huh? And high
heels, **❻**the poor sad bitch — nothing like you, sweetheart! And
10 **❼**your mother's helping some fat woman with the corn, **❽**they're
cleaning the corn — husking the corn — "

"What fat woman?" Connie cried.

"How do I know what fat woman, I don't know every
❾goddamn fat woman in the world!" Arnold Friend laughed.

15 "Oh, that's Mrs. Hornsby. . . . Who invited her?" Connie said.
She felt a little **❿**lightheaded. Her breath was coming quickly.

---

❶ Sit(ting) around:「ぶらぶらする、漫然としている」というふうに「無為」を
強調することも多いフレーズだが、ここは文字どおり、輪に並べた椅子にみん
なでのんびり座っている感じ。

❷ vaguely: 漠然と、曖昧に。このあたりアーノルドは一種千里眼があるようにも
思えるが、"uh—they're drinking. Sitting around" といった vague な言い方
ならまず外れようはない。インチキ占い師の手口を思わせる。だがこのあとは
……。

❸ squint(ing): 目を細くして見る

❹ staring all the way to town and over to Aunt Tillie's backyard: ずっと先
(all the way) の町の方、そしてその先 (and over) のティリーおばさんの家
の裏庭まで見晴るかして

❺ the vision: いつも訳すのに困る言葉だが、「いま、客観的にここでは見えないが、
当人にとっては見えている何か」ということ。だから、志高い人の未来像とし
ての「ヴィジョン」にもなりうるし、宗教的な「幻視」にもなりうるし（第2巻、

78

「あたしの父さんが帰ってきてあんたたちを見たら——」

「帰ってこないさ。バーベキューに行ってるんだから」

「どうしてそんなこと知ってるの？」

「ティリーおばさんのとこだろ。いまこの瞬間みんなで——ええと——みんなで飲み物を飲んでる。みんなで座ってくつろいで」とアーノルド・フレンドはぼんやりと町の方、そのもっと向こうのティリーおばさんの家の裏庭まで見晴るかすように、目を細くしながら言った。と、その情景が焦点を結んだのか、力を込めてうなずいた。「うんそうだ。みんなで座ってくつろいでる。姉さんが青いドレス着てるだろ？　ハイヒール履いてさ、可哀想に——君とは全然違うぜスイートハート！　で、君の母さんは誰かデブの女を手伝ってトウモロコシの皮を——トウモロコシの皮を剝いてる——」

「デブの女って誰よ？」とコニーは叫んだ。

「わかるもんか、デブの女が誰かなんて。俺が世界中のデブの女を知ってるわけねえだろ！」と言ってアーノルド・フレンドは笑った。

「ああ、ミセス・ホーンズビーね……誰が招んだのかしら？」とコニーは言った。少し頭がくらくらしてきた。息も速くなってきていた。

Rebecca Brown, "A Vision" ではこの語を使うことで、レズビアンとしての目覚めに宗教的奥行きを加えていた）、あるいは精神に異常を来している人の見る「幻」でもありうる。ここではむろん、アーノルドが透視している（とおぼしき）Aunt Tillie の家の裏庭の情景を指す。

❻ the poor sad bitch: 同情と、それ以上の軽蔑を感じさせる言い方。

❼ your mother's helping some fat woman ...: 基本的な点を二つ確認すると、your mother's helping は your mother is helping。some fat woman の some は「何人かの」ではなく「どこかの」「誰か」。

❽ they're cleaning the corn—husking the corn—: トウモロコシの「皮を剝く」という言い方が最初は思いつかず cleaning と言い、やがて思いついて husking と言い直している。

❾ goddamn: 怒りや憤りを表わす語で、ここでは「知らねえよ」という感じを強めている。

❿ lightheaded: 頭が朦朧として

"She's too fat. I don't like them fat. I like them the way you are, honey," he said, smiling sleepily at her. They stared at each other for a while through the screen door. He said softly, "Now, what you're going to do is this: you're going to come out that door.

5 You're going to sit **❶**up front with me and Ellie's going to sit in the back, **❷**the hell with Ellie, **❸**right? **❹**This isn't Ellie's date. You're my date. I'm your lover, honey."

"What? You're crazy — "

"Yes, I'm your lover. **❺**You don't know what that is but you

10 will," he said. "I know that too. I know all about you. But look: it's real nice and **❻**you couldn't ask for nobody better than me, or more polite. I always **❼**keep my word. I'll tell you how it is, **❽**I'm always nice at first, the first time. **❾**I'll hold you so tight you won't think you have to try to get away or pretend anything because you'll

15 know you can't. **❿**And I'll come inside you where it's all secret and you'll **⓫**give in to me and you'll love me — "

---

❶ up front: 前の席に

❷ the hell with ...: ～なんかくたばっちまえ。この後 p. 102, l. 4 でも "The hell with this house!" という形で出てくる。

❸ right?: だろ？

❹ This isn't Ellie's date. You're my date: 一つ目の date はデートという行為、二つ目はデートの相手の意味。

❺ You don't know what that is: that は俺が君の恋人だということ、恋人がいるということ。次行の it's real nice の it も同様。

❻ you couldn't ask for nobody better than me: you couldn't ask for *anybody* ... が標準的な言い方。couldn't ask for ... で「これ以上の～は望めない」の意味の成句。*What a lovely day! You couldn't ask for better weather than this.* (なんていい天気でしょう！ これ以上の天気は望めないわね。『動詞を使いこなすための英和活用辞典』)

❼ keep my word: 約束を守る

80

「太りすぎだな。俺は太った女は嫌いだ。君みたいのがいい、ハニー」とアーノルド・フレンドは言って、眠たげな顔をコニーに向けてにっこり笑った。二人はしばらく網戸越しに見つめあっていた。やがて彼がそっと言った。「さあ、君はこれからこうするんだ。まずその網戸からこっちへ出てくる。そして俺と一緒に前に座って、エリーはうしろに座る。エリーなんかどうでもいいんだ、な？　今日はエリーのデートじゃないんだから。俺のデートで、相手は君。俺が君の恋人なのさ、ハニー」

「何言ってんのよ？　あんた頭がどうか──」

「そう、俺は君の恋人なんだよ。それってどういうことか君はまだ知らないけどじきわかる」と彼は言った。「俺にはちゃんとわかってるのさ。君のことなら何でもわかってるのさ。だけどいいか──これってすごくいいんだぜ、君はすごくラッキーなんだ、俺よりもいい奴、俺よりも紳士な男なんていないぜ。俺は言ったことはきちんと守る。いいかい俺はさ、最初はすごく優しいんだ、一回目はな。君をきつく、離れなきゃとか何かふりしなきゃとか考える余裕もないくらいきつく抱きしめるのさ、離れようったって離れられないくらいきつく。そして俺は君のなかに入っていく、君の秘密の場所に、そ

❽ I'm always nice at first: nice とは「素敵だ」ということではなく、優しい、「暴力的でない」という響き。が、初めは（at first）nice だ、ということはいずれ nice でなくなるという含み。

❾ I'll hold you so tight you won't think ...: tight のあとに that が隠れている so ... that 〜構文。「俺は君のことをすごくきつく抱きしめるから、君は〜なんて考えもしないだろうよ」。どういうことを考えないかというと、(1) "you have to try to get away"（逃げなくちゃ）; (2) "[you have to] pretend anything"（何かのふりをし〔てこの場を逃れ〕なくちゃ）。逃げよう、何かのふりをしよう、などと思わないのはあまりにきつく抱きしめられるから、とすでに理由は言っているわけだが、もう一度ダメ押し的に because you'll know you can't（だって、できないってわかるだろうから）と締めくくっている。

❿ And I'll come inside you ...: もはやこのあたりは全然 nice ではない。

⓫ give in to ...: 〜に屈する

"Shut up! You're crazy!" Connie said. She backed away from the door. She put her hands up against her ears as if she'd heard something terrible, **❶**something not meant for her. "People don't talk like that, you're crazy," **❷**she muttered. **❸**Her heart was almost
5 too big now for her chest and its pumping **❹**made sweat break out all over her. She looked out to see Arnold Friend pause and then **❺**take a step toward the porch, **❻**lurching. He almost fell. But, like a clever drunken man, he managed to catch his balance. He **❼**wobbled in his high boots and **❽**grabbed hold of one of the porch
10 posts.

"Honey?" he said. "You still listening?"

"Get the hell out of here!"

"Be nice, honey. Listen."

"I'm going to call the police —"
15 He wobbled again and **❾**out of the side of his mouth came **❿**a fast spat curse, **⓫**an aside not meant for her to hear. **⓬**But even

---

❶ something not meant for her: be meant for で「〜向けである」。*a book meant for children*(子供向けの本)

❷ she muttered: 普通に声を出すだけの余裕ももうコニーにはない。

❸ Her heart was almost too big now for her chest: chest は心臓を収納する枠(胸郭)という意味合いなので、ここでは breast よりも相応しい。

❹ made sweat break out all over her: 汗を全身に噴き出させた。break out は第3巻 p. 116, l. 2 では "a riot breaks out"(暴動が起きる)という形で出てきたが、ここでは湿疹や汗が「わっと出る」という意味。

❺ take a step toward the porch: porch は drive/driveway とともに、家の周りの描写に関しもっとも訳すのに難儀する言葉だが、場所的には日本語の「軒先」と考えていい。ただし軒先よりもっと広く、椅子が置いてあったり、時には家をぐるりと囲んであったりする(裏手の部分は back porch)。ここでアーノルドが porch に向かって一歩踏み出すことは、「侵入」を強く感じさせる。

❻ lurch(ing): よろめく、よろめきながら進む

して君は俺にすべてを委ねて、俺を愛して──」

「やめて！　あんた頭どうかしてるわよ！」とコニーは言った。そして網戸からうしろに下がった。何か恐ろしいことを、聞くべきでないことを聞いてしまったみたいに両手で耳を覆った。「そんな言い方する人いないわよ、あんた頭どうかしてるわよ」と彼女はもごもごと言った。心臓がいまや胸から飛び出しそうなくらい大きくふくらんで、その鼓動に体中からどっと汗が出てきた。顔を上げると、アーノルド・フレンドは動きを止め、それから一歩玄関ポーチの方へ足を踏み出した。足どりはよたよたとして、もう少しで転ぶところだったが、抜け目ない酔っ払いみたいにかろうじてバランスを保った。高いブーツを履いた脚がぐらっとよろめいて、彼はポーチの柱をつかんだ。

「ハニー？」とアーノルド・フレンドは言った。「ちゃんと聞いてるか？」

「出てってよ！」

「そう怒るなよ、ハニー。聞いてくれよ」

「警察呼ぶわよ──」

　彼はもう一度ぐらっとよろめき、口の端から早口の悪態の言葉が、彼女に

❼ wobble(d): ぐらぐら揺れる
❽ grabbed hold of: ～をがばっと摑んだ
❾ out of the side of his mouth came ...: 口の端から～が出てきた
❿ a fast spat curse: とっさに、唾を吐くように言った悪態。spat <spit
⓫ an aside not meant for her to hear: l. 3 の "something not meant for her"（註❶）のいわば応用編。aside は芝居で言う「傍白」（ほかの登場人物には聞こえないという設定の科白）。
⓬ But even this "Christ!" sounded forced: で、「警察」の一語に反応して思わず出た悪態の言葉というのがこれだが、それさえも「思わず出た」というより forced（わざとらしい）感じがするということ。初めの方では、コニーの声について同じように forced という言葉が使われていた: "a high, breathless, amused voice that made everything she said sound a little forced"（p. 28, ll. 8-9）。

this "Christ!" sounded forced. Then he began to smile again. She watched this smile come, **❶**awkward as if he were smiling from inside a mask. His whole face was a mask, **❷** she thought wildly, **❸** tanned down to his throat but then running out as if he had
5 plastered make-up on his face but had forgotten about his throat.

"Honey — ? Listen, **❹**here's how it is. I always tell the truth and I promise you this: I ain't coming in that house **❺**after you."

"**❻**You better not! I'm going to call the police if you — if you don't — "

10 "Honey," he said, **❼**talking right through her voice, "honey, I'm not coming in there but you are coming out here. You know why?"

She was **❽**panting. The kitchen looked like a place she had never seen before, some room she had run inside but **❾**that wasn't good enough, wasn't going to help her. The kitchen window had
15 never had a curtain, **❿**after three years, and **⓫**there were dishes in the sink for her to do — **⓬**probably — and **⓭**if you ran your hand

---

❶ awkward as if he were smiling from inside a mask: そして次に、取り繕うように出てくる笑顔もやはり awkward（ぎこちない）。a mask はコロナ以前の文脈では「マスク」ではなく「仮面」だった（「マスク」は a face mask、a surgical mask などと言った）。

❷ she thought wildly: 動揺して考えが暴走している感じ。

❸ tanned down to his throat but then running out: 「喉まで褐色にして、でもそこで尽きてしまって（run out）」。どうやって褐色にするのかはっきりしないが（日焼けさせる？　何かを塗る？）、このあとで as if he had plastered make-up on his face（あたかも顔にメーキャップを塗りつけたみたいに）と、少なくともイメージは提示される。

❹ here's how it is: こういう感じなんだ

❺ after you: 君を追って

❻ You better not!: 当然だ、という響き

❼ talking right through her voice: 直訳は「彼女の声をもろに突き抜けていく

向けて言ったのではない独り言が、唾を吐くみたいに飛び出てきた。だがその「クソったれが！」すらもやはりわざとらしく聞こえた。それから彼はまた笑顔に戻っていった。仮面の陰で笑っているみたいに、その笑顔がぎこちなく浮かび上がるのをコニーは見守った。この顔まるごと仮面なんだわ、と彼女は狂おしく考えた。喉まで日焼けさせたけどそこで終わっちゃってるんだ、顔にメーキャップしたんだけど喉は忘れたみたいに。

「ハニー――？　いいかい、こういうことさ。俺は絶対嘘をつかない、その俺がこう約束する。俺は、君を追いかけて家の中に入ったりしない」

「当たり前でしょ！　警察呼ぶわよ、もしそんな、そんなこと――」

「ハニー」と彼はコニーの言葉に割って入って言った。「ハニー、俺がそっちへ入るんじゃなくて君がこっちへ出てくるのさ。どうしてだかわかるか？」

　コニーの息が切れてきた。台所は見たこともない場所に見えた。たまたま駆け込んだものの、役に立たない、彼女を助けてはくれない部屋。三年経っても台所の窓にはカーテンがなかったし、流しには食器が、たぶん彼女が洗うべき食器がたまっていて、テーブルの上は手を滑らせたらきっと何かべた

みたいに喋って」。right は強調。

❽ pant(ing): 日本語にしにくい言葉のひとつだが、要するに、体を激しく動かしたなどの理由でいつもより速く、激しく息をすること。

❾ that wasn't good enough ...: that は some room にかかる関係代名詞。つまり "she had run inside" も "wasn't good enough" も同様に some room を説明している（どこかの部屋に彼女は駆け込み、だがその部屋はあまりよくない）。そしてさらに、wasn't good enough が wasn't going to help her と言い換えられている。

❿ after three years: もう住んで 3 年になるのに、というニュアンス。

⓫ there were dishes ... for her to do: do the dishes で「皿を洗う」。

⓬ probably: 見たこともない場所のように見えているため、自分が洗うべきかどうかもコニーにはよくわからない。

⓭ if you ran your hand across ...: ～を手で撫でたら

across the table ❶you'd probably feel something sticky there.

"You listening, honey? Hey?"

" — going to call the police — "

"❷Soon as you touch the phone I don't need to keep my
5 promise and can come inside. You won't want that."

She rushed forward and tried to lock the door. Her fingers were
shaking. "But why lock it," Arnold Friend said gently, ❸talking
right into her face. "It's just a screen door. It's just nothing." One of
his boots was at a strange angle, as if his foot wasn't in it. It pointed
10 out to the left, bent at the ankle. "I mean, anybody can break
through a screen door and glass and wood and iron or anything
else if he needs to, ❹anybody at all, and specially Arnold Friend.
If the place ❺got lit up with a fire, honey, you'd come runnin' out
into my arms, right into my arms ❻an' safe at home — ❼like you
15 knew I was your lover ❽and'd stopped fooling around. ❾I don't
mind a nice shy girl but ❿I don't like no fooling around." Part of
those words were spoken with ⓫a slight rhythmic lilt, and Connie

---

❶ you'd probably feel something sticky: たぶん何かべたべたしたものに触れ
るだろう。この feel は「感じる」というより、五感のうちの「触覚」を表わす。

❷ Soon as you touch ...: As soon as you touch ...

❸ talking right into her face: アーノルドの顔がいつのまにかすぐ前に迫ってい
る感じ。

❹ anybody at all, and specially Arnold Friend: ほんとに誰だってできるし
(anybody at all can break through ...)、特にアーノルド・フレンドなら絶
対できる

❺ got lit up with a fire: 火事になって燃え上がったら。fire に a が付いているの
は「火」ではなく「火事」だから。

❻ an' safe at home: 俺の腕の中こそ君の安全な home だぜ、という感じ。an'
は and。

べたしたものがくっつくだろう。

「聞いてるのか、ハニー？　よぉ？」

「——警察、呼ぶ——」

「電話に触ったら、そのとたんに約束はなしだ、俺は中に入っていいんだ。それは困るだろ」

　コニーは飛んでいって網戸に鍵をかけようとした。指が震えていた。「何で鍵なんかかける？」とアーノルドは優しげに、まっすぐ彼女の顔に向かって言った。「そんなのただの網戸だぜ。何でもないさ」。ブーツの片方が奇妙な、まるで中に足が入っていないみたいな角度に曲がっていた。爪先が左の方を向いていて、くるぶしのところで折れている。「網戸だってガラスだって木だって鉄だって、その気になりゃ何だってブッ壊せるんだぜ、誰にだってできるさ、ましてやアーノルド・フレンドには朝飯前さ。もしこの家が燃え上がったら、ハニー、君は俺の腕の中に駆け込んでくるんだよ、まっすぐ俺の腕の中に、こここそあたしの家よってさ——俺こそ君の恋人だとやっとわかって、もう俺をもてあそんだりしなくなるんだよ。大人しい内気な女の子はいいけど、もてあそぶのは気に入らないぜ」。そう語る言葉のはしばしが、どことなくリズミカルな調子を帯びていて、なぜかコニーにも聞き覚え

❼ like you knew ...: as if you knew ...

❽ and'd stopped fooling around: もてあそぶ（思わせぶりにふるまう）のはもうやめた。and'd stopped: and had stopped

❾ I don't mind ...: 〜は気にならない、嫌じゃない

❿ I don't like no fooling around: 標準的な言い方なら I don't like any fooling around。

⓫ a slight rhythmic lilt: わずかな、リズミカルな調子。lilt は p, 62, l. 11 でも "He spoke in a simple lilting voice" という形で出てきた。

somehow recognized them — the echo of a song from last year, about a girl rushing into her boyfriend's arms and coming home again —

Connie stood barefoot on the ❶linoleum floor, staring at him.

5 "What do you want?" she whispered.

"I want you," he said.

"What?"

"Seen you that night and thought, ❷that's the one, ❸yes sir. ❹I never needed to look anymore."

10 "But my father's coming back. ❺He's coming to get me. I had to wash my hair first — " She spoke in a dry, rapid voice, hardly raising it for him to hear.

"No, your daddy is not coming and ❻yes, you had to wash your hair and you washed it for me. ❼It's nice and shining ❽and

15 all for me. ❾I thank you sweetheart," he said with a mock bow, but again he almost lost his balance. He had to bend and adjust his boots. ❿Evidently his feet ⓫did not go all the way down; the

---

❶ linoleum: リノリウムはごく一般的な床材。

❷ that's the one: that's the one I want. the one は「ほかでもない、この人」というニュアンスを帯びる。*She's the one you should be talking to.*（その件なら彼女に話をすべきだ。『ロングマン英和辞典』）

❸ yes sir: そうだとも

❹ I never needed to look anymore: もう探す必要はなくなった。文脈から明らかなら、このように look だけで「探す」の意になる。

❺ He's coming to get me: 私を迎えに来る

❻ yes, you had to wash your hair and you washed it for me: 父が迎えに来るから髪をまず洗った、と苦しまぎれに言うコニーと、いいや俺のために洗ったのさ、と余裕綽々で言うアーノルド。さきほどから、父親とアーノルドがいろんな形で対比されている。コニーにとって、まるっきり冴えない父親と夢の

があった。そう、去年流行った歌の名残りだ、ボーイフレンドの腕に飛び込んでいってここがあたしの家だって思う女の子の歌――

コニーは裸足でリノリウムの床に立って、アーノルド・フレンドをじっと見た。「何が欲しいのよ？」と彼女は囁いた。

「君が欲しい」と彼は言った。

「え？」

「あの晩君を見て、この娘だ、この娘で決まりだ、そう思ったのさ。もう探す必要はなくなった」

「だけどあたしの父さんが帰ってくるのよ。あたしを迎えにくるのよ。だからあたしまず髪を洗って――」彼女はからからに乾いた、せわしない声で喋った。アーノルド・フレンドにやっと聞こえる程度の声にしかならなかった。

「違うね、君の父さんは帰ってこない、そしてそう、君は髪を洗った、ひたすら俺のために洗ったのさ。素敵にきらきら光ってるぜ、俺のためにさ、ありがとうスイートハート」とアーノルド・フレンドはおどけてお辞儀しながら言ったが、またも危うくバランスを失いそうになった。かがみ込んでブーツの履き具合を直さないといけなかった。どう見ても足は底まで行っていな

男の子はたしかに対照的だったわけだが、いざ来てみると王子様は、全然別の意味で父親と対照的……。

❼ It's nice and shining: nice and … は「素敵で、そして～」ではなく、「素敵に（いい具合に～」の意。*It is nice and cool here.*（ここは涼しくて気持ちがいい）

❽ and all for me: それもみんな俺のために

❾ I thank you: Thank you と言わずに I thank you と言うことで、フォーマルさを装っている印象。すぐあとの a mock bow（偽のお辞儀）も同じ。bow は /báʊ/ と読む。

❿ Evidently: 明らかに、間違いなく

⓫ did not go all the way down: ちゃんと下まで達していなかった

boots ❶must have been stuffed with something so that he would seem taller. Connie stared out at him and behind him at Ellie in the car, who seemed to be ❷looking off toward Connie's right, into nothing. ❸This Ellie said, ❹pulling the words out of the air one
5 after another as if he were just discovering them, "❺You want me to pull out the phone?"

"Shut your mouth and keep it shut," Arnold Friend said, his face red from bending over or maybe from embarrassment because Connie had seen his boots. "❻This ain't none of your business."
10 "What — what are you doing? What do you want?" Connie said. "If I call the police they'll ❼get you, they'll arrest you — "

"❽Promise was not to come in unless you touch that phone, and I'll keep that promise," he said. He resumed his ❾erect position and tried to ❿force his shoulders back. He sounded like a hero in a
15 movie, ⓫declaring something important. But he spoke too loudly and it was as if he were speaking to someone behind Connie. "⓬I ain't made plans for coming in ⓭that house where I don't belong

---

❶ must have been stuffed with something: 何かを詰めてあったにちがいない

❷ looking off: 関係ない方を見ている感じ。

❸ This Ellie: そんなエリーが。やや珍しい言い方で、何とも不気味なこの人物に相応しいか。

❹ pulling the words out of the air one after another as if he were just discovering them: 言葉をその場で一語一語見つけているみたいに空中から引っぱり出す、というイメージは出来合いではまったくなく、エリーの異様さをさらに強調する。

❺ You want me to pull out the phone?: この時代の電話は、壁に差し込み口があって自由に抜き差しできるのではなく、線が壁に埋め込まれている。

❻ This ain't none of your business: お前の知ったこっちゃない

い。背が高く見えるようブーツに何か詰めてあるのだ。コニーは呆然と彼を見て、そのうしろの、車に乗ったエリーを見ると、コニーの右の方、何もないところを見ているみたいだった。そのエリーが、まるでたったいま見つけた言葉を空気中から一つひとつ引っぱり出すみたいにして言った。「電話、引っこ抜こうか？」

「黙ってろ、余計な口出すな」とアーノルド・フレンドは言った。かがみ込んだせいか、それともコニーにブーツを見られた気まずさからか、顔が赤くなっていた。「お前にゃ関係ねえんだよ」

「何……何してんのよ？　何しようっていうのよ？」とコニーは言った。「あたしが警察呼んだらあんたたちつかまるのよ、逮捕されるのよ——」

「電話に触らない限り中に入らないって約束だったよな、その約束は守るぜ」とアーノルド・フレンドは言った。そしてまたまっすぐな姿勢に戻って、無理に胸を張ろうとした。映画の主人公が何か大事なことを宣言するみたいな喋り方だった。大きすぎる、コニーの誰かうしろにいる人物に向かって話しているみたいな声だった。「俺はその家に入る気はない、そこは俺には関係ない場所だからな、君が俺のいる方に出てくるのさ、君はそうしなくちゃい

❼ get you: あんたたちをつかまえる
❽ Promise was not to ...: Our/The promise was not to ...: 〜しないという約束だった
❾ erect: 直立した
❿ force his shoulders back: 無理に肩をうしろに引く。pull one's shoulders back（肩をうしろに引く＝胸を張る）を無理にやっている感じ。
⓫ declaring <declare: 〜を宣言する
⓬ I ain't made plans: I haven't made plans
⓭ that house where I don't belong: 自分の居場所ではないその家

❶but just for you to come out to me, the way you should. Don't you know who I am?"

"You're crazy," she whispered. She backed away from the door but did not want to go into another part of the house, as if this
5 would give him permission to come through the door. "What do you . . . you're crazy, you . . . "

"Huh? What're you saying, honey?"

❷Her eyes darted everywhere in the kitchen. She could not remember what it was, this room.

10 "This is how it is, honey: you come out and we'll drive away, have a nice ride. But if you don't come out we're gonna wait till your people come home and then ❸they're all going to get it."

"You want that telephone pulled out?" Ellie said. He held the radio away from his ear and ❹grimaced, ❺as if without the radio
15 the air was too much for him.

"I ❻toldja shut up, Ellie," Arnold Friend said, "you're deaf, get ❼a hearing aid, right? ❽Fix yourself up. This little girl's no trouble and's gonna be nice to me, so Ellie ❾keep to yourself, this ain't your date — right? ❿Don't hem in on me, don't hog, don't crush,

---

❶ but just for you to come out to me: この but は「しかし」ではなく、前行の ain't made plans for ... の中の not を受けて、not A but B（A ではなくB）という流れを作る。俺が家の中に入るんじゃなくて、君が俺のところへ出てくる計画を立てたんだ、ということ。そして最後に、the way you should（君がそうすべきとおり）とダメを押している。

❷ Her eyes darted everywhere in the kitchen: 目を必死にあちこちへ向けている感じ。

❸ they're all going to get it: get it は「危害を被る」「痛い目に遭う」。

❹ grimace(d): 顔をゆがめる

❺ as if without the radio the air was too much for him: ラジオがないと空

けないのさ。わからないのか、俺が誰だか？」

「あんた頭どうかしてるわよ」と彼女は小声で言った。網戸からうしろに下がったが、家の中の別の場所に行きたくはなかった。そうしてしまうと、網戸から入ってくる許可を彼に与えてしまうことになる気がした。「いったい何しようって……あんた頭どうかしてるわよ、頭が……」

「え、何言ってるんだい、ハニー？」

　彼女の視線がキッチンの中を飛び回った。この部屋がどこなのか思い出せなかった。

「いいかい、こうするのさ、ハニー。君は外に出てきて、俺と一緒に車でここから出かけて、楽しくドライブする。だけど君が出てこなかったら、君の家族が帰ってくるまで俺たち待って、みんなちょっとばかりまずいことになる」

「電話、引っこ抜こうか？」とエリーが言った。ラジオを耳から離して、顔をしかめた。まるでラジオがないと空気が濃すぎるみたいだった。

「黙れって言ったろ、エリー」とアーノルド・フレンドは言った。「お前耳が遠いのかよ、補聴器つけろよ、わかったか。自分の相手は自分で見つけろ。この娘は大丈夫さ、俺に優しくしてくれるさ、だからエリーお前は一人で大人しくしてろ、今日はお前のデートじゃねえんだから。わかったか？　割り込むんじゃねえぞ。鼻つっ込むなよな。手ぇ出すんじゃねえ。横取りする

気が濃すぎるかのように

❻ toldja: told you

❼ a hearing aid: 補聴器

❽ Fix yourself up: fix up で「デートの相手を紹介する、あてがう」。

❾ keep to yourself: 引っ込んでろ

❿ Don't hem in on me: 以下、「お前は引っ込んでろ」的なフレーズが列挙される。
hog: 貪る; crush: 押し入る; bird dog: 人の恋人を横取りする（1950 年代後半〜60 年代前半にかけて非常に人気のあったデュオ The Everly Brothers1958 年のヒット曲に "Bird Dog" がある）; trail: 〜をつけ回す

don't bird dog, don't trail me," he said in a rapid, meaningless voice, ❶as if he were running through all the expressions he'd learned but was no longer sure ❷which of them was in style, ❸then rushing on to new ones, ❹making them up with his eyes closed.

5 "❺Don't crawl under my fence, don't squeeze in my chipmunk hole, don't sniff my glue, suck my popsicle, keep your own greasy fingers on yourself!" He ❻shaded his eyes and ❼peered in at Connie, ❽who was backed against the kitchen table. "Don't mind him, honey, he's just ❾a creep. He's ❿a dope. Right? I'm the boy for

10 you, and like I said, ⓫you come out here nice like a lady and ⓬give me your hand, and nobody else gets hurt, I mean, your nice old bald-headed daddy and your mummy and your sister in her high heels. Because listen: ⓭why bring them in this?"

"⓮Leave me alone," Connie whispered.

❶ as if he were running through all the expressions he'd learned: 暗記した（learned）フレーズを一つひとつ復唱していく（run through）みたいに

❷ which of them was in style: どのフレーズがいま流行っているのか

❸ then rushing on to new ones: それから新しいもの（フレーズ）に飛んでいき

❹ making them up: その場ででっち上げて

❺ Don't crawl under my fence ...: 以下、アーノルドが（つまり作者が）でっち上げたフレーズが並ぶ。でっち上げではあるがどれも卑猥に聞こえることは確かなので、大意は対訳を参照のこと。

❻ shaded his eyes: 額に手を当ててひさしを作るしぐさ。

❼ peered in at Connie: peer は第3巻 p. 136, l. 1 の "He was still peering over at Castro's side of the crowd" と同じで、目を凝らして見る感じ。

❽ who was backed against the kitchen table: who leaned against ... ではないので、「寄りかかっている」というよりは「追い詰められている」という印象が先に立つ。

んじゃねえ。くっついて来るんじゃねえ」と彼は意味なく早口に、まるで覚えたフレーズを次々並べているみたいに、だがいまどれが流行っているのかわからなくなってしまったみたいにまくし立て、目を閉じてさらに新しいフレーズを次々ででっち上げていった。「柵の下からもぐり込むな、俺のリスの穴に入ってくるな、俺の糊の匂い嗅ぐんじゃねえ、俺のキャンディでも吸え、薄汚ねえ指引っ込めろ！」。それから手を額にかざして、キッチンテーブルまであとずさりしていたコニーの方を覗くように見た。「こいつのことは気にしなくていいからさ、ハニー。ただのヘンタイなんだよ。アホなんだよ。な？君の相手はこの俺さ、君は俺が言ったとおりレディらしくしずしずこっちへ出てきて俺に手を差し出すのさ、ほかの誰も痛い目に遭いやしないよ、君の優しい禿げ頭のパパも君のママもハイヒール履いたお姉ちゃんも。なぜってそうだろ、家族を引っぱり込む必要なんてないだろ？」

「帰ってよ」とコニーは小声で言った。

❾ a creep: 駄目な奴、ムカつく奴、ブキミな奴、だいたい何にでも使える。

❿ a dope: こちらは「馬鹿、間抜け」系。p. 40, l. 9 でも既出（"Oh, her. That dope."）。罵倒語である点、creep も dope も似たようなもので、このあと p. 104, ll. 5-6 では "You miserable creepy dope" と複合形で出てくる。

⓫ you come out here nice like a lady: 淑女のように nice に出てきて。この nice は優雅、お上品という感じ。

⓬ give me your hand: like a lady に引っぱられたか、古風な表現が飛び出してきた。一応文字どおり「片手を俺に差し出す」という意味で言っているのだろうが、慣用表現としては「（女性が）結婚の申し込みに承諾する」の意味。

⓭ why bring them in this?: なぜこれに家族を巻き込むのか

⓮ Leave me alone: 「一人にさせて」というよりは「寄らないで」「帰って」という意思表示。

"Hey, you know that old woman ❶down the road, the one ❷with the chickens and stuff — you know her?"

"She's dead!"

"Dead? What? You know her?" Arnold Friend said.

5   "She's dead —"

"Don't you like her?"

"She's dead — she's — she isn't here any more —"

"But don't you like her, I mean, ❸you got something against her? Some ❹grudge or something?" Then his voice ❺dipped as if
10 he were ❻conscious of a rudeness. He touched ❼the sunglasses perched up on top of his head as if to make sure they were still there. "❽Now, you be a good girl."

"What are you going to do?"

"Just two things, or maybe three," Arnold Friend said. "But I
15 promise ❾it won't last long and ❿you'll like me the way you get to like people you're close to. You will. ⓫It's all over for you here,

---

❶ down the road: この道路を先へ行ったところの。down は第3巻 p. 52, l. 2 の "What's the bright boy's name *down* the counter?" と同じで、上下を 指すのではなく、何となく中心から遠ざかる感じ。

❷ with the chickens and stuff: ニワトリだの何だのいろいろ飼ってる。stuff は p. 64, l. 1 の "How'd you find out all that stuff?" などと同じく、漠然と いろんな「もの」を指す。

❸ you got something against her?: その婆さんに何か反感でもあるのか。こ の死んだ女性をめぐる話のような、本筋にはすんなり収まらない部分が物語に 厚みを加えている。この部分の象徴的意味を理解しないといけない、と感じる 必要はない。

❹ (a) grudge: 恨み

❺ dip(ped): すうっと下がる

❻ conscious of a rudeness: 無作法（だったこと）を意識して

❼ the sunglasses perched up on top of his head: perch は元々、鳥が枝に

96

「よぉ、この道あっち行ったとこの婆さん知ってるかい、鶏だの何だの飼ってる婆さん——知ってる？」

「死んだわよ！」

「死んだ？　何だって？　知ってるの？」とアーノルド・フレンドは言った。

「死んだのよ——」

「嫌いなのかい、あの人？」

「死んだのよ——もう——もういないのよ」

「でも嫌いなのかい、何か恨みでもあるのかい？　何か根に持ってるのか？」。と、その声が自らの無礼さに気がついたみたいに低くなった。頭の上に載ったサングラスがまだそこにあるのを確かめるように、それに触った。

「さあ、大人しく言うこと聞きなよ」

「何するつもりよ？」

「二つだけさ、いや三つかな」とアーノルド・フレンドは言った。「でもとにかく長くはかからないことは約束する、そして君は俺のことを、すごく身近な人間みたいに好きになる。きっとそうなる。もう君はここではおしまい

とまっているというようなときに使う語で、ここでもサングラスが頭の上にちょこんと載っている感じ。

❽ Now, you be a good girl: 命令文の前に you がつくのはごく普通で、このあと p. 100, l. 5 でも "Now, you come outside" という形で出てくる。

❾ it won't last long: last は動詞で「続く」。第 1 巻 p. 158, l. 10 の "George the Greek had lasted so long, Danny thought of him as permanent." と同じ。

❿ you'll like me …: you'll like me / the way you get to like / people you're close to と切る。君は俺を好きになるだろう／好きになるやり方で／君が親しい人を。いま君が親しい人たちを、君はある種のやり方で好きになったのであって、その同じやり方で俺のことも好きになるんだ、という理屈。

⓫ It's all over for you here: 君はここではすっかり終わっている。ディランの "It's All Over Now, Baby Blue" の二度目の、よりはっきりしたエコー。

so come on out. ❶You don't want your people in any trouble, do you?"

She turned and ❷bumped against a chair or something, hurting her leg, but she ran into the back room and picked up the
5 telephone. Something ❸roared in her ear, ❹a tiny roaring, and she was so ❺sick with fear that she ❻could do nothing but listen to it — the telephone was ❼clammy and very heavy and her fingers ❽groped down to the dial but were too weak to touch it. She began to scream into the phone, into the roaring. ❾She cried out, she cried
10 for her mother, she felt her breath ❿start jerking back and forth in her lungs ⓫as if it were something Arnold Friend was stabbing her with again and again with no tenderness. ⓬A noisy sorrowful wailing rose all about her and she was locked inside it ⓭the way she was locked inside this house.

15   After a while she could hear again. She was sitting on the floor with her wet back against the wall.

Arnold Friend was saying from the door, "⓮That's a good girl.

---

❶ You don't want your people in any trouble, do you?: p. 94, l. 13 の "why bring them in this?" から、「言うとおりにしないと家族も巻き込む」という脅しが始まったが、その続き。

❷ bumped against ...: 〜にぶつかった

❸ roar(ed): ゴーゴーいう、轟く

❹ a tiny roaring: 意図的に矛盾した組み合わせ。

❺ sick: 吐きそうで、気分が悪い

❻ could do nothing but ...: 〜することしかできなかった

❼ clammy: 湿っていて気持ちが悪い

❽ groped down to the dial: 手探りでダイアルまで降りていった

❾ She cried out, she cried for her mother: 大声で叫び、母親を呼んだ

❿ start jerking back and forth in her lungs: 肺の中でガクガク前後に動き出

なのさ、だから出ておいで。家族を辛い目に遭わせたくないだろ？」

　コニーはくるっと向こうを向き、椅子か何かにぶつかった。脚が痛かったが、奥の部屋に駆け込んで受話器を手にとった。耳で何かがゴーッと、小さくゴーッと鳴った。怖くてどうしようもなくて、その音を聞くだけで精一杯だった。受話器はじめじめと冷たく、ひどく重く、指はダイヤルを探ったが力が入らずダイヤルに触れることもできなかった。彼女は受話器に向かって、ゴーッという音に向かって叫びはじめた。大声を上げた。大声を上げて母親を呼んだ。息が肺のなかで、がくん、がくんと前後に動くのを感じた。息がまるで刃物か何かであって、アーノルド・フレンドがそれを使って何度も何度も彼女を情け容赦なく刺している気がした。騒々しい、悲嘆に満ちたむせび泣きが彼女の周りに湧き上がり、彼女はその中に、この家に閉じ込められているのと同じように閉じ込められていた。

　しばらくすると、また聞こえるようになった。彼女は汗だくの背中を壁に寄りかからせて、床に座り込んでいた。

　アーノルド・フレンドが網戸のところで何か言っていた。「そう、いい娘だ。

す。jerk は p. 34, l. 11 の "turning himself *jerkily* around" と同じで、動きが滑らかでないというニュアンス。

⓫ as if it were something Arnold Friend was stabbing her with:「あたかもそれ（息）が、アーノルドが彼女を刺すのに使っている道具であるかのように」という強烈なイメージ。

⓬ A noisy sorrowful wailing: 騒々しい、悲しそうな、悲痛な叫び。wail は第 1 巻 "The Monkey's Paw" の結末で母親の痛ましい叫びを表わすのにも使われていた（p. 62, ll. 14-15, "a long loud wail of disappointment and misery"）。

⓭ the way she was locked inside this house: この家に閉じ込められているのと同じように

⓮ That's a good girl: よし、いい子だ

Put the phone back."

She kicked the phone away from her.

"No, honey. Pick it up. ❶Put it back right."

❷She picked it up and put it back. The dial tone stopped.

5 "That's a good girl. Now, you come outside."

She was ❸hollow with what had been fear but what was now just an emptiness. ❹All that screaming had blasted it out of her. She sat, one leg ❺cramped under her, and deep inside her brain was something like ❻a pinpoint of light that kept going and would
10 not let her relax. She thought, I'm not going to see my mother again. She thought, I'm not going to sleep in my bed again. Her bright green blouse was all wet.

Arnold Friend said, ❼in a gentle-loud voice that was like a stage voice, "❽The place where you came from ain't there any more, and
15 where you had in mind to go is cancelled out. This place you are now — inside your daddy's house — is ❾nothing but a cardboard box I can knock down any time. You know that and always did know it. You hear me?"

She thought, I have got to think. I have got to know what to do.

---

❶ Put it back right: きちんと元に戻せ。この right は強調ではなく「正しく」。
❷ she picked it up and put it back: アーノルド・フレンドが言った言葉をほとんど機械的にくり返すことで、コニーのしぐさがほとんど機械的になっていることを示唆している。
❸ hollow: がらんどうの
❹ All that screaming had blasted it out of her: 直訳は「あれほど悲鳴を上げたために、それが彼女の外に吹っ飛んでしまっていた」。blast は爆風などで「吹っ飛ばす」。it は "what had been fear" あるいは単に fear を指す。
❺ cramped under her: 体の下で狭苦しく折り畳まれて
❻ a pinpoint of light that kept going: 何度も消えてしまう (kept going) 小

受話器を戻すんだ」

　彼女は受話器を蹴飛ばした。

「そうじゃない、ハニー。拾うんだ。きちんと元に戻すんだ」

　彼女はそれを拾って、戻した。発信音が止まった。

「いい娘だ。さあ、出ておいで」

　うつろな体内に、さっきまで怖さだった、でもいまはただの空っぽさでしかないものが満ちていた。さんざん悲鳴を上げたせいで、怖さから何からすっかり吹っ飛んでしまっていた。片脚を折った上に彼女は座り込んだ。脳のずっと奥の方に何か光の小さな点のようなものがあって、それが何度も消えてしまうせいでいっこうにくつろげなかった。あたしはもう二度と母さんに会わないんだ、と思った。あたしはもう二度と自分のベッドで眠らないんだ、と思った。明るい緑のブラウスは汗びっしょりだった。

　芝居の科白みたいな大声の小声でアーノルド・フレンドが言った。「君がいままでいた場所はもうそこにない、君が行くつもりだった場所は打ち消された。いまいるこの場所、君の父さんの家の中はただの段ボール箱だ、そんなもの俺は簡単に壊してしまえる。君はそのことを知ってるはずだ、いつだって知ってたのさ。聞こえるか？」

　考えなくちゃ、と彼女は思った。何をするか決めなくちゃ。

さな光の点
- ❼ in a gentle-loud voice: a gentle voice といえば「静かな声」で、loud のむしろ逆。
- ❽ The place where you came from ain't there any more, and where you had in mind to go is cancelled out: このアーノルドの一言で、タイトルの "Where Are You Going, Where Have You Been?" は母親の小言では済まないまったく別の意味を帯びることになる。where you had in mind to go が後半の主語だが、わかりにくければ前に the place を置くとよい。cancell(ed) out は「〜を帳消しにする、打ち消す」。
- ❾ nothing but a cardboard box: 段ボール箱にすぎない

"We'll go out to a nice field, ❶out in the country here where it smells so nice and it's sunny," Arnold Friend said. "I'll have my arms tight around you so you won't need to try to get away and I'll show you what love is like, what it does. The hell with this house!
5 ❷It looks solid all right," he said. He ❸ran a fingernail down the screen and the noise did not make Connie ❹shiver, ❺as it would have the day before. "Now, put your hand on your heart, honey. Feel that? ❻That feels solid too ❼but we know better. Be nice to me, ❽be sweet like you can because ❾what else is there for a girl
10 like you but to be sweet and pretty and ❿give in? — and get away before her people come back?"

She felt her pounding heart. Her hand seemed to enclose it. She thought for the first time in her life that ⓫it was nothing that was hers, that belonged to her, but just a pounding, living thing inside
15 ⓬this body that wasn't really hers either.

---

❶ out in the country here: ここを行った先の山の中で、という感じ。おそらくここは郊外だから（ランチハウスは戦後に中流階級の定番住宅として郊外に広まった）山・田舎までそんなに遠くない。

❷ It looks solid all right: たしかに頑丈そうに見える。all right は p. 76, ll. 11-12 の "he had driven up the driveway *all right* but ..." と同じで、ここではその後に but は出てこないが、アーノルドのしぐさによって、その頑丈さが何ほどでもないことが示される。

❸ ran a fingernail down the screen: 爪を網戸に立てて下に動かした

❹ shiver: ゾッとして震える

❺ as it would have: as it would have made her shiver

❻ That feels solid too: それもしっかりしていると感じられる

❼ but we know better: 俺たちはそれよりもわかっている＝そう思うほど馬鹿じゃない。第 3 巻 p. 8, ll. 1-2 の "Those who don't know any better come into our neighborhood scared" でも触れたとおり、know better は

「どっかの素敵な原っぱに行こう。山の方の、すごくいい匂いがして陽がさしてるところに」とアーノルド・フレンドが言った。「俺は両腕をぎゅっと君の体に巻きつける、君が離れようとする必要もないくらいにぎゅっと、そして俺は愛とはどういうものか君に教えてやるのさ。こんな家、クソくらえだ！　見かけはしっかりして見えるけどな」と彼は言って、爪で網戸を縦に引っかいた。その音を昨日聞いたらコニーはきっとぞっとしただろうが、なぜかいまは何とも思わなかった。「さあハニー、手を心臓に当ててごらん。わかるかい？　その心臓もしっかりしてるみたいに思えるだろ、だけど俺も君もそうじゃないってことわかってるよな、いい娘にしてくれよな、俺に優しくしてくれよな、君は優しい娘だろ、だって君みたいな女の子にほかに何ができる、優しくして可愛くしてすべてを委ねること以外に？——家族が帰ってくる前に出ていく以外に？」

　どきどき脈打つ心臓に彼女は触れた。胸に当てた手が心臓をじかに覆っている気がした。生まれて初めて、心臓が自分のものなんかじゃない気がした。これはあたしのものじゃない、ただこの体の中にあって、どきどき脈打つ生き物でしかない、それにこの体だってあたしのものじゃない。

「知識」の問題ではなく「分別」の問題。

❽ be sweet like you can: 理屈っぽく訳せば「君はsweetになれるわけであって、そのとおり sweet になってくれ」ということ。で、sweet をどう訳すかがまた大問題。基本的には直前の nice と同じで「優しい」ということだが、しいていえば、人の心を和ませるような優しさ、という含みが nice より強い。*It was sweet of you to help.*（手伝ってくれてありがとう。『ロングマン英和辞典』）

❾ what else is there for a girl like you but to ...: 君みたいな女の子にとって、〜する以外何があるのか

❿ give in: p. 80, l. 16, "you'll give in to me" と同じ。

⓫ it was nothing that was hers: それ (her heart) が全然自分のものではない。女性の身体は誰のものか、という基本的な問い。

⓬ this body that wasn't really hers either: wasn't really ... either は「これだって実は〜じゃない」というニュアンス。

"You don't want them to get hurt," Arnold Friend ❶went on. "Now, get up, honey. Get up ❷all by yourself."

She stood.

"Now, turn this way. That's right. Come over here to me. —
5 Ellie, ❸put that away, didn't I tell you? You dope. ❹You miserable creepy dope," Arnold Friend said. His words were not angry but ❺only part of an incantation. The incantation was kindly. "Now ❻come out through the kitchen to me, honey, and ❼let's see a smile, try it, you're a brave, sweet little girl and now they're eating
10 corn and hot dogs ❽cooked to bursting over an outdoor fire, and ❾they don't know one thing about you and ❿never did and honey, you're better than them because ⓫not a one of them would have done this for you."

Connie felt the linoleum under her feet; it was cool. She
15 brushed her hair back out of her eyes. Arnold Friend let go of the post ⓬tentatively and opened his arms for her, ⓭his elbows

---

❶ went on: 続けて言った

❷ all by yourself: ちゃんと一人で

❸ put that away: それをしまえ、片付けろ

❹ You miserable creepy dope: creep(y), dope は p. 94, l. 9 に既出。

❺ only part of an incantation: 呪文の一部でしかない。part の前に a が要りそうなものだが、この a は省かれることが多い。

❻ come out through the kitchen: 台所を通って出ておいで。p. 48, l. 12 に "She went into the kitchen and approached the door slowly" とあった。

❼ let's see a smile: このように let's ... はソフトな命令に使われることがある(そのソフトさのうしろにどれだけの暴力が隠れているかはまた別問題)。

❽ cooked to bursting over an outdoor fire: 庭で起こした火で、破裂しそうなほど焼けた

❾ they don't know one thing about you: 奴らは君のことなんかひとつもわ

「家族に痛い思いさせなくないだろう」とアーノルド・フレンドはなおも言った。「さあ立つんだ、ハニー。一人で立ち上がるんだ」

彼女は立った。

「次はこっちを向くんだ。そうそう。こっちへおいで——エリー、そいつを片付けろ、さっき言っただろ阿呆。この情けねえヘンタイ阿呆が」とアーノルド・フレンドは言った。その言葉に怒りはなく、単なる呪文の一部だった。それは温かい呪文だった。「さあ台所を出て俺のところに来るんだハニー、笑ってごらん、にっこり笑ってごらん、君は健気で気だてのいい女の子で君の家族はいま庭でプチプチに焼けたトウモロコシとホットドッグを食べてる、みんな君のことはなあんにも知らないしいままでだって知らなかったのさ、君は家族の誰より偉いよハニー、あいつらの誰一人君のためにこんなことしやしないさ」

足の下のリノリウムをコニーは感じた。ひんやりしていた。目にかかった髪を払いのけた。アーノルド・フレンドはそろそろと柱から手を離し、彼女を迎え入れようと両腕を広げた。両の肱が内側に折れて、手首はだらんと垂

かってない
⑩ never did: never knew one thing about you
⑪ not a one of them would have done this for you: not a one of them は none of them または not one of them の方が標準的。「家族の誰一人、君のためにこんなことをしてくれなかっただろう」。アーノルドから見て、コニーの屈服は家族を救うための自己犠牲であるわけだが、やや意外なことに（でもないだろうか？）作者オーツもこういう読み方を支持する発言をしている。
⑫ tentatively: 試しに、という様子で
⑬ his elbows pointing in toward each other and his wrists limp: 肱が内側を向いて（pointing in）たがいに向きあい（toward each other）、手首がだらんと垂れて

pointing in toward each other and his wrists limp, ❶to show that this was an embarrassed embrace and a little mocking, he didn't want to make her ❷self-conscious.

She put out her hand against the screen. She watched herself
5 push the door slowly open ❸as if she were back safe somewhere in the other doorway, watching this body and this head of long hair moving out into the sunlight where Arnold Friend waited.

"❹My sweet little blue-eyed girl," he said in ❺a half-sung sigh that had nothing to do with her brown eyes ❻but was taken up
10 just the same by the vast sunlit reaches of the land behind him and on all sides of him — ❼so much land that Connie had never seen before ❽and did not recognize ❾except to know that ❿she was going to it.

---

❶ to show that this was an embarrassed embrace and a little mocking: これ（この、両腕を広げてコニーを迎え入れるしぐさ）が照れ交じりの抱擁（an embarrassed embrace）であり、ちょっとおどけている（a little mocking）ことを示そうと

❷ self-conscious: 意識しすぎの

❸ as if she were back safe somewhere in the other doorway: もうひとつの玄関口のどこかへ無事戻ったかのように

❹ My sweet little blue-eyed girl: こういうタイトルのポピュラーソングが存在しないのが不思議なくらい、アメリカ文化における典型的「可愛い女の子」を言い表わしたフレーズ。

❺ a half-sung sigh: 半分歌っているようなため息

❻ but was taken up just the same by the vast sunlit reaches of the land: （コニーの茶色い瞳とは無関係だったが、そのため息のような歌うような声は）それでも（just the same）広大な、日の照った土地の広がりに吸い込まれていった（was taken up）。さらにその次の behind him / and on all sides of

れ、これが恥じらい気味の、ちょっとおどけた抱擁であることを伝えていた。彼女を意識過剰にしたくないのだ。

　コニーは片手をのばして網戸に触れた。自分が網戸をゆっくりと、あたかももうひとつの戸口の内側に無事戻ったかのように押して開けるのを彼女は見守った。この体が、長い髪をたたえたこの頭が、アーノルド・フレンドの待つ日なたに出ていくのを彼女は見守った。

「俺の可愛い、青い目の女の子」と彼は、なかば歌のようなため息のような、彼女の茶色い目とは何の関係もない声で言ったが、それでもその声は、彼のうしろに、彼の四方に果てしなく広がる広大な日なたの土地に吸い込まれていった。そのあまりに広い、コニーが見たこともない、どんな場所かもわからない土地について、わかるのはただ、自分がそこに行こうとしているということだけだった。

him によって、土地の広がりがどこにあるのかがより詳しく述べられている。

❼ so much land that Connie had never seen before: 一見 so ... that 〜構文に見えるが、むしろうしろから訳して、「コニーがいままで見たこともないほどの、ものすごく大きな土地」と取る方が自然。

❽ and did not recognize: （見たこともない上に）それがいかなる土地なのかも認知できない、ということ。

❾ except to know that ...: （何ら認知はできないが）〜だということだけはわかった

❿ she was going to it: やや異様な書き方。she was going there の方が普通。to it にすることでその場所の物質性、ひいては暴力性のようなものがより強く感じられる。

ちなみに

　この短篇がボブ・ディランの "It's All Over Now, Baby Blue" にインスパイアされて書かれたことはすでに述べたが、もうひとつ、現実に起きた事件も素材になっている。1964 年 5 月、アリゾナ州トゥーソン（Tucson）に住むチャールズ・シュミット（Charles Schmid, 1942-75）は友人と一緒に十代の少女を砂漠に連れ出し殺害した。その後シュミットはほかにも二人の少女を殺害した。シュミットは背が低く、カウボーイブーツに新聞紙やつぶした空き缶を詰めて履いていた。カリスマ的な魅力の持ち主で、地元のティーンエイジャーのあいだでは "the Pied Piper"（通例、ハーメルンの笛吹き男のことを指す呼び名）と呼ばれていた。1966 年 3 月、Life 誌にジャーナリスト Don Moser が "The Pied Piper of Tuscon" と題した記事を発表し、これがオーツ短篇のインスピレーションとなった。といってもむろん、「話になる」素材があれば誰でも優れた小説が書けるわけではない。そうした素材を、アメリカの若い女性たちが抱えた渇望や恐怖のなかに溶かし込み、ほとんど原型的な普遍性のある物語を作り上げるには、作家オーツの想像力が必要だった。

The First Day
Edward P. Jones

最初の日
エドワード・P・ジョーンズ

難易度 1
★ ☆ ☆

エドワード・P・ジョーンズ
（Edward P. Jones, 1950- ）

ワシントン D. C. に生まれ育ち、短篇ではワシントンに住む黒人の生活を描くことが多い。これまで著作は 3 作と寡作だが、ピュリツァー賞、全米批評家協会賞、国際 IMPAC ダブリン文学賞を受けた *The Known World*（2003）をはじめその評価は非常に高い。本作 "The First Day" は 1982 年、雑誌 *Callaloo* に掲載され（このときのタイトルは "First Day"）、大幅に加筆修正されて第 1 短篇集 *Lost in the City*（1992）に収められた。

On an ❶otherwise unremarkable September morning, ❷long before I learned to be ashamed of my mother, she takes my hand and ❸we set off down New Jersey Avenue to begin my very first day of school. I am wearing a ❹checkeredlike blue-and-green

5 cotton ❺dress, and ❻scattered about these colors are bits of yellow and white and brown. My mother has ❼uncharacteristically spent nearly an hour on my hair that morning, ❽plaiting and replaiting ❾so that now ❿my scalp tingles. Whenever I turn my head quickly, my nose fills with the faint smell of ⓫Dixie Peach hair grease.

10 ⓬The smell is somehow a soothing one now and I will ⓭reach for it time and time again ⓮before the morning ends. ⓯All the plaits, each with a blue ⓰barrette near the tip and each ⓱twisted into an uncommon sturdiness, will ⓲last until I go to bed that night,

---

❶ otherwise unremarkable: ほかの面では注目すべきところもない

❷ long before I learned to be ashamed of my mother: 「母を恥じるように なるずっと前に」。過去（この "The First Day"）を語りながら、その過去から 見た未来のことも伝えている。

❸ we set off down New Jersey Avenue: 私たちはニュージャージー・アベ ニューを下って（歩いて）いく。down は p. 96, l. 1 の that old woman down the road などと同じ。New Jersey Avenue はワシントン D. C. に実 在する大通り。以下、通りの名はすべて現実に即しているが、ワシントンを知 らないと小説が読めないということはない。

❹ checkeredlike: チェックの模様みたいな

❺ dress: 日本語の「ドレス」よりも意味が広く、むしろ「ワンピース」に当たる ことの方が多い（といいながら、筆者もこの拙訳の雑誌掲載時には「ドレス」 と訳してしまいましたが……）。

❻ scattered about these colors are ...: これらの色のあちこちにまき散らして (scattered) あるのが〜だ (are 以下が主語)

❼ uncharacteristically: らしくもなく

❽ plait(ing): （髪などを）編む

ほかの点では何の変哲もない九月の朝、自分の母親を私が恥に思うようになるずっと前、母は私の手をとって、私たちは二人で、私が学校に通うまさに最初の日を始めようとニュージャージー・アベニューを歩き出す。私はチェックっぽい青と緑の綿のワンピースを着ていて、この二色の上に黄、白、茶の点が散らばっている。母はその朝、私の髪を三つ編みにするのに母らしくもなく一時間近くかけて何度も何度も編み直したので、私の頭皮はいまチクチクしている。頭をさっとすばやく動かすたび、ディキシー・ピーチ髪油のかすかな匂いが鼻を満たす。いまはその匂いになぜか気持ちが落着くので、午前中ずっと、私はそっちの方へくり返し手をのばすことになる。三つ編みの一本一本、先の方を青いバレッタでとめてあり、ものすごくしっかりねじってあるから、その夜寝床に入るまでどれもほどけずに持ちこたえる。これは

❾ so that ...: そのため〜だ。p. 76, ll. 9-10 の "so that for a moment he wasn't even in focus" と同じ。

❿ my scalp tingles: 頭皮がちくちくする。tingle も擬態語的な要素の強い動詞（たとえば se- や mo- の音ではなく ti- で始まっているのは偶然ではない）。

⓫ Dixie Peach hair grease: 戦後、1960 年代まで広く使われていたポマード。

⓬ The smell is somehow a soothing one now: その臭いにいまは心が落ち着く（soothing）ということは、塗られたときには何だか嫌だな、と思ったということか。

⓭ reach for ...: 〜に手をのばす

⓮ before the morning ends: この言い方などが典型だが、morning は「朝」よりもむしろ「午前」という日本語に対応することが多い。

⓯ All the plaits: 今度は plait が名詞となって、編んだ結果の「お下げ」。

⓰ (a) barrette: バレッタ、ヘアクリップ

⓱ twisted into an uncommon sturdiness: 尋常でない（uncommon）頑丈さ（sturdiness）にねじってある

⓲ last: 長持ちする、「持つ」。p. 96, ll. 14-15 の "But I promise it won't last long" と同じ。

something that has never happened before. **❶**My stomach is full of milk and oatmeal sweetened with brown sugar. Like everything else I **❷**have on, my **❸**pale green slip and underwear are new, the underwear having **❹**come three to a plastic package with a little
5 girl on the front who appears to be dancing. Behind my ears, my mother, **❺**to stop my whining, has **❻**dabbed **❼**the stingiest bit of her gardenia perfume, **❽**the last present my father gave her before he disappeared into memory. Because I cannot smell it, **❾**I have only her word that the perfume is there. I am also wearing yellow
10 socks trimmed with thin lines of black and white around the tops. My shoes are my greatest joy, black **❿**patent-leather miracles, and when one is **⓫**nicked at the toe later that morning in class, my heart will break.

I am carrying a pencil, a pencil sharpener, and a small ten-
15 cent **⓬**tablet with a black-and-white **⓭**speckled cover. My mother

---

❶ My stomach is full of milk ...: 話の流れからして、ふだんの朝食はおそらくもっと貧しい。

❷ have on: (服や帽子を) 身につけている。*She had big sunglasses on.* (彼女は大きなサングラスをかけていた)

❸ pale: (色が) 薄い

❹ come three to a plastic package: 三枚一組でビニールのパッケージに入って。come は商品がこれこれこういう形で売られる、という意味。*This dress comes in three sizes [colors].* (このドレスには３サイズ [色] がある。『コンパスローズ英和辞典』) plastic は日本語の「ビニール」を含む (というか、「ビニール」の意になることの方がたぶん多い)。

❺ to stop my whining: 私のうるさい嘆願を止めるために。whine は第 1 巻 p. 166, ll. 5-6 の "Danny's voice shot up to a hysterical grating whine" (ダニーの声がヒステリックな、きしむような情けない響きに変わった) と同じ。このあと p. 114, l. 2 でも "my insistent whining" という形で出てくる。

前代未聞のことだ。私のお腹には、ブラウンシュガーで甘くした牛乳とオートミールが一杯詰まっている。今日私が着ているものはみんなそうだが、薄緑のスリップと下着は新品だ。下着は三枚一組でビニール袋に入っていて、袋の表には踊っているみたいに見える小さな女の子がいた。耳のうしろには、私がさんざんねだるのを黙らせるために、母がクチナシの香水を——記憶の中へと消えてしまう前に父がくれた最後のプレゼントを——ほんのちょっとだけつけてくれた。自分ではその匂いがわからないから、そこに香水がついているという母の言葉を信じるしかない。そして靴下は、てっぺんに黒と白の細い線が入った黄色いソックス。一番嬉しいのは靴だ。黒い、エナメル革の奇跡。その午前中、教室で片方の爪先に傷がついてしまうとき、私は胸のはり裂ける思いを味わう。

　私は鉛筆を一本と、鉛筆削りと、表紙に黒と白のまだら模様がついた十セントの小さなメモ用ノートを持っている。一年生にそんなものは必要ないと母は思っているから、私がそれらを持っているのはあくまで、私がしつこく

❻ dab(bed): 〜を軽く塗る
❼ the stingiest bit of her gardenia perfume: 直訳は「母のクチナシの香水の、最高にケチな一滴」。
❽ the last present my father gave her before he disappeared into memory: 父親は亡くなったのか、出ていったのか。決める根拠はないが、おそらく後者と思える。
❾ I have only her word that ...: 私には母の〜という保証の言葉（wordは「約束、保証」の意味ではつねに単数）があるだけだ
❿ patent-leather: エナメル革の
⓫ nick(ed): 〜に軽く傷をつける
⓬ (a) tablet: はぎ取り式のメモパッド
⓭ speckled: まだらの

does not believe that a girl in ❶kindergarten needs such things, so I am taking them only because of my ❷insistent whining and because they are presents from our neighbors, Mary Keith and Blondelle Harris. ❸Miss Mary and Miss Blondelle are watching
5 my two younger sisters until my mother returns. The women are as precious to me as my mother and sisters. ❹Out playing one day, I have ❺overheard an older child, speaking to another child, call Miss Mary and Miss Blondelle a word that is ❻brand new to me. This is my mother: When I say the word ❼in fun to one of my
10 sisters, my mother ❽slaps me across the mouth and the word is lost for years and years.

All the way down New Jersey Avenue, the sidewalks are ❾teeming with children. In my neighborhood, I have many friends, but I see none of them ❿as my mother and I walk. We cross New
15 York Avenue, we cross Pierce Street, and we cross L and K, and still I see no one who knows my name. At I Street, between New

❶ kindergarten: 「幼稚園」といっても小学校の一部と考えていい（小学 0 年生という感じ）。

❷ insistent: 執拗な

❸ Miss Mary and Miss Blondelle: ファーストネームにもかつては Miss や Mr. をつけることがあった。第 2 巻 p. 50, l. 16, Paul Bowles, "You Are Not I" (1948) にも出てきた（"Take it easy, now, Miss Ethel," he said ... 註❾）

❹ Out playing one day: ある日外で遊んでいると (While I was out playing ...)

❺ overhear(d): 〜をふと耳にする

❻ brand new: 真新しい

❼ in fun: ふざけて

❽ slaps me across the mouth: across を使っていることで、いかにもビンタが横に飛んでいる感じが伝わる。ちなみに、ふざけて言っただけで平手打ちを

ねだったから、そしてそれがご近所のメアリ・キースさんとブロンデル・ハ
リスさんからのプレゼントだからだ。ミス・メアリとミス・ブロンデルは今
日、母が帰ってくるまで私の妹二人の面倒を見てくれている。この二人の女
性は私にとって、母や妹たちと同じくらい大切な人たちだ。ある日、表で遊
んでいると、年上の子が別の子と話していて、ミス・メアリとミス・ブロン
デルのことを、私にはまったく聞き覚えのない言葉で呼んでいた。私の母は
こういう人だ——その言葉を私が、片方の妹の前でふざけて使ったら、私の
口をひっぱたいて、その言葉は何年も失われたままになったのだ。

　ニュージャージー・アベニュー沿いにずっと、歩道は子供たちでひしめい
ている。私も近所には友だちがたくさんいるけれど、母と二人で歩いている
あいだ友だちは一人も見ていない。私たちはニューヨーク・アベニューを渡
り、ピアス・ストリートを渡り、LとKを渡るが、それでもまだ、私の名前
を知っている子は誰も見ていない。Iストリートの、ニュージャージー・ア

喰らった言葉はおそらく "dyke"。
❾ teem(ing) with ...: 〜に満ちる
❿ as my mother and I walk: この as はむろん「〜するとき」。

Jersey Avenue and Third Street, we enter Seaton Elementary School, a ❶timeworn, sad-faced building ❷across the street from my mother's church, Mt. Carmel Baptist.

Just inside ❸the front door, women out of the advertisements in ❹*Ebony* are greeting other parents and children. The woman who greets us has pearls thick as jumbo ❺marbles that come down almost to her ❻navel, and she acts as if she had known me all my life, touching my shoulder, ❼cupping her hand under my chin. ❽She is enveloped in a perfume that I only know is not gardenia. When, in answer to her question, my mother tells her that we live at 1227 New Jersey Avenue, the woman first seems to be picturing in her head where we live. Then she shakes her head and says that we are at the wrong school, that ❾we should be at Walker-Jones.

My mother shakes her head ❿vigorously. "I want her to go here," my mother says. "⓫If I'da wanted her someplace else, I'da took her there." The woman continues to act as if she has known

❶ timeworn: 古くなった
❷ across the street from my mother's church: 母が通っている教会の反対側にある。Seaton Elementary School も Mt. Carmel Baptist もワシントン D. C. に実在するが、(少なくとも現在は) 通りをはさんで向かい合わせにはない。
❸ the front door: 正面玄関
❹ *Ebony*: 黒人を読者層とする月刊誌。その広告から抜け出してきたような人ということは、少なくともこの子の目から見る限り、相当ファッショナブル。
❺ marble(s): ビー玉
❻ navel: へそ
❼ cup(ping) her hand: 手を (カップの曲線のように) やや丸める
❽ She is enveloped in a perfume: 香水に包まれている
❾ we should be at Walker-Jones: 現実の Walker-Jones 校は 1125 New

ベニューとサード・ストリートのあいだで、私たちはシートン小学校に入っていく。そこは古びた、悲しげな顔をした建物で、母が属しているマウントカーメル・バプテスト教会の向かいにある。

表玄関を入ってすぐのところで、『エボニー』の広告から出てきた女の人たちが、よその親や子どもたちを出迎えている。私たちを迎えてくれる女の人は、特大のビー玉みたいに分厚い真珠をつけていて、それがほとんど臍<rt>へそ</rt>まで垂れている。私のことを生まれてからずっと知っているみたいに、私の肩に触ったり、あごに片手を添えたりする。香水の匂いに女の人は包まれているが、私にはそれがクチナシではないことしかわからない。この人の質問に応えて母が、住所はニュージャージー・アベニュー 1227 番地だと言うと、相手ははじめ、私たちが住んでいるところを頭の中で思い描いているみたいな顔になる。それから彼女は、首を横に振って、ここは違う学校です、お子さんの学校はウォーカー＝ジョーンズです、と言う。

私の母は激しく首を振る。「あたしは娘をここへ行かせたいんです」と母は言う。「どこかよそへ行かせたかったら、そこへ連れてってます」。女の人は依然、私のことを生まれてからずっと知っているみたいにふるまっている

Jersey Avenue にあり、この物語の親子が住んでいるところから「事実」非常に近い。

❿ vigorously: 力強く

⓫ If I'da wanted her someplace else, I'da took her there: 標準的な英語に直せば If I had wanted her to go somewhere else, I would have taken her there.

me all my life, but she tells my mother that we live beyond the area
that Seaton ❶serves. My mother ❷is not convinced and for several
more minutes she questions the woman about why I cannot attend
Seaton. For as many Sundays as I can remember, perhaps even
5 Sundays when I was in her ❸womb, my mother has pointed across
I Street to Seaton as we come and go to Mt. Carmel. "You gonna go
there and learn about the whole world." But one of the ❹guardians
of that place is saying no, and no again. ❺I am learning this about
my mother: ❻The higher up on the scale of respectability a person
10 is — and teachers are rather high up in her eyes — ❼ the less she
is liable to let them push her around. But finally, ❽I see in her eyes
the closing gate, and she takes my hand and we leave the building.
On the steps, she stops as people move past us ❾on either side.

"Mama, I can't go to school?"

15 She says nothing at first, then takes my hand again and we are
down the steps quickly and nearing New Jersey Avenue ❿before I

---

❶ serve(s): (地区などを) 受け持つ
❷ is not convinced: 納得しない
❸ womb: 子宮
❹ guardian(s): 守護者
❺ I am learning this about my mother:: p. 114, l. 9 の "This is my mother:"
もそうだったが、この小説は this とコロンが何度も組み合わされて使われ、
this は「次のようなこと」の意になる。
❻ The higher up on the scale of respectability a person is: ある人物が、社
会的な箔 (respectability) の尺度 (the scale) において高ければ高いほど (The
higher up)
❼ the less she is liable to let them push her around: その人たちが母をこづ
き回す (push around) のを許す (let) 傾向がますます減じる (the less she

が、母に向かっては、おたくの住所はシートンの該当区域外なんですと告げる。母は納得せず、まだ何分か、なぜ私がシートンに行けないのか女の人に質問しつづける。何しろ日曜はいつも、思い出せる限りずっと、ひょっとすると私がまだ母のお腹の中にいたころから、マウントカーメルへの行き帰りにはかならず、Iストリートの向かいのシートンを母は指さしてきたのだ。「あんたはあすこに行って、世界中のことを勉強するんだよ」。けれども、まさにその場所を護る人のひとりが、駄目だ、駄目だと何度も言っている。そして私は母について、新しい発見をしつつある。母は相手が立派な人であればあるほど——そして学校の先生は母から見て相当立派だ——向こうの言いなりになるまいといっそう意地を張るのだ。けれども、結局、母の目の中で扉が閉ざされるのを私は見る。母は私の手をとり、私たちは建物を出る。道路への階段を降りていきながら、私たちの両側を人々が行き来するなか、母は立ちどまる。

「ママ、あたし学校行けないの？」

　母ははじめ何も言わないが、やがてふたたび私の手をとり、私たちは足早に階段を降りていって、またたく間にニュージャージー・アベニューの近く

is liable）

❽ I see in her eyes the closing gate: 「母の目の中に閉じていく門が見える」。慣用表現ではないがイメージは明快。

❾ on either side: むろん「どちらかの側で」ではなく「両側で」。

❿ before I can blink: 私がまばたきする間もなく

can blink. This is my mother: She says, " ❶One monkey don't stop
no show."

    Walker-Jones is a larger, newer school and I immediately like
it because of that. But it is not across the street from my mother's
5 church, ❷her rock, ❸one of her connections to God, and I sense her
doubts as she absently rubs her thumb over ❹the back of her hand.
❺We find our way to the crowded ❻auditorium where gray metal
chairs are set up in the middle of the room. Along the wall to the
left are tables and other chairs. Every chair seems occupied by a
10 child or adult. Somewhere in the room a child is crying, a cry that
❼rises above the buzz-talk of so many people. ❽Strewn about the
floor are dozens and dozens of pieces of white paper, and ❾people
are walking over them without any thought of picking them up.
And seeing ❿this lack of concern, I am all of a sudden afraid.

15   "Is this where they ⓫register for school?" my mother asks a
woman at one of the tables.

---

❶ One monkey don't stop no show: 黒人社会で流通してきた慣用句で、「たか
がひとつ邪魔が入ったからってやめるものか」の意。このフレーズをタイトル
にした歌も複数あり、戯曲のタイトルなどにもなっている。
❷ her rock: 堅固な支え、よりどころ。the Rock of Ages（千歳の岩）といえ
ば元は「キリスト」のことで、そこから派生して「尽きない力の源」。
❸ one of her connections to God: ほかにいくつも connection があるわけで
もなさそうだが。
❹ the back of her hand: 手の甲
❺ We find our way to ...: 私たちは〜にたどり着く。着くのに少し手間がかかっ
たという含みはあるが、それほど強い意味ではない。*If you ever find your
way to Croatia, definitely stop and eat here.*（もしクロアチアに来ること
があったら、ぜひここに寄って食べるといい）

まで来ている。私の母はこういう人だ——母は言うのだ、「ちょっと邪魔が入ったくらいでめげちゃいられないよ」と。

　ウォーカー＝ジョーンズはさっきより大きくて新しい学校で、私はそれでたちまちここが好きになる。でもそこは、母の教会の向かいではない。母にとっての礎の向かい、神さまとつながる場所の向かいではない。親指でぼんやりと手の甲をさする母が、信用できずにいるのが私にはわかる。混んだ講堂に私たちは何とかたどり着く。講堂の真ん中にグレーのパイプ椅子が並んでいる。左側の壁には机が並び、またいくつも椅子がある。どの椅子にも子供か大人が座っているみたいに見える。講堂のどこかで子供が一人泣いていて、その泣き声が、大勢の人のザワザワ話す声にもかき消されずに聞こえてくる。床にはそこらじゅう白い紙が何十枚も散らばっていて、みんなそれを拾おうともせずまたいで歩いている。そういうぞんざいな様子を見て、私は急に怖くなる。

「学校に申し込むのはここですか？」と母は、ひとつの机のところに座っている女の人に訊く。

❻ (an) auditorium: 講堂
❼ rises above the buzz-talk of so many people: すごくたくさんの人がガヤガヤと話す声（the buzz-talk）を越えて立ちのぼる＝声に消されずに届く
❽ Strewn about the floor are ...: 床に散らばっているのは〜だ。strewn の原形は strew。
❾ people are walking over them: trampling on them とかではないので、一応踏みはしない。
❿ this lack of concern: このように気配りを欠いている状態
⓫ register: 登録する、入学（入会、聴講）手続きをする

The woman looks up slowly as if she has heard this question **❶**once too often. She nods. She is tiny, almost as small as the girl standing beside her. The woman's hair is set in **❷**a mass of curlers and **❸**all of those curlers are made of paper money, here a dollar
5 bill, there a five-dollar bill. The girl's hair **❹**is arrayed in curls, but some of them are beginning to **❺**droop and this makes me happy. On the table beside the woman's **❻**pocketbook is a large notebook, **❼**worthy of someone in high school, and looking at me looking at the notebook, the girl places her hand **❽**possessively on it. In
10 her other hand she holds several pencils with **❾**thick crowns of additional erasers.

"**❿**These the forms you gotta use?" my mother asks the woman, picking up a few pieces of the paper from the table. "Is this what you have to **⓫**fill out?"

15   **⓬**The woman tells her yes, but that she need fill out only one.

"I see," my mother says, looking about the room. Then: "Would

---

❶ once too often: too often だけなら「あまりにしばしば」で、once が付いているので「許容範囲よりも一回多すぎる」というのが文字どおりの意味だが、もちろんそれほど厳密な意味ではなく、「うんざりするくらい」程度の意。one too many... などのフレーズも同様の発想。*Kenny was fired from his job because he was late one too many times.*（さすがに遅刻が多すぎてケニーは仕事をクビになった）

❷ a mass of ...: 大量の〜

❸ all of those curlers are made of paper money: 本物の紙幣かどうかはわからないが、なかなかユニークなカーラーであることは間違いない。

❹ is arrayed in curls: カールに整えてある

❺ droop: 垂れる。それを見て主人公の女の子が happy になるというのは、べつに性格が悪いのではなく、ファッショナブルと思える人々に囲まれて感じていた気後れが、ほんの少し和らげられたということだろう。

　女の人はのろのろと、もうその問いは聞き飽きたといったふうに顔を上げる。そしてうなずく。小柄な人で、その横に立った女の子とほとんど変わらない背丈だ。髪にはカーラーがごちゃごちゃに巻いてあって、見ればどのカーラーもお札で出来ていて、こっちは1ドル札、そっちは5ドル札。女の子の髪はいくつものカールに整えてあるが、うちいくつかは垂れてきていて、私はそれを見て嬉しくなる。机の上、女の人のハンドバッグの横には、大きな、高校生が使いそうな立派なノートがあって、女の子は私がそのノートを見ているのを見て、これはあたしのだと言わんばかりにノートの上に手を置く。もう一方の手には、ずんぐりした冠みたいに消しゴムが先っぽについた鉛筆を何本か持っている。

「この用紙を使うんですか？」と母はその女の人に、机の上から何枚か紙を取り上げながら訊く。「これに書き込むんですか？」

　女の人は、そうです、でも一枚書けばいいんですと答える。

「そうですか」と母は言って、講堂の中を見回す。それから言う。「この用紙、

---

❻ (a) pocketbook: ハンドバッグ

❼ worthy of ...: 〜に相応しい

❽ possessively: possessive は「自分のものだから人に使わせたくない」と言いたげな態度を言う。

❾ thick crowns of additional erasers: 直訳は「付加された消しゴムの、太い冠」。

❿ These the forms you gotta use?: Are these the forms you have to use? form(s) は「書式」「書類」。

⓫ fill out:（書類などに）書き込む

⓬ The woman tells her yes, but that she need fill out only one: but that の that は tells her that she need ... というつながり。この need は文法的に言うと助動詞としての need で、普通のように本動詞にすれば but that she needs to fill out ... となる。

you help me with this form? **❶**That is, if you don't mind."

❷The woman asks my mother what she means.

"This form. **❸**Would you mind helpin me fill it out?"

The woman still seems not to understand.

5　"I can't read it. I don't know how to read or write, and I'm askin you to help me." My mother looks at me, then looks away. I know almost all of her looks, but this one is brand new to me. "**❹**Would you help me, then?"

The woman says **❺**Why sure, and suddenly she appears
10 happier, so much more satisfied with everything. She finishes the form for her daughter and my mother and I **❻**step aside to wait for her. We find two chairs nearby and sit. My mother is now **❼**diseased, according to the girl's eyes, and until the moment her mother takes her and the form to the front of the auditorium, the
15 girl never stops looking at my mother. I stare back at her. "**❽**Don't stare," my mother says to me. "**❾**You know better than that."

---

❶ That is, if you don't mind: つまりその、もし差しつかえなかったら

❷ The woman asks my mother what she means: 母の依頼の意味がわからず、"What do you mean?" と訊いた。

❸ Would you mind helpin me fill it out: helping と書かずに helpin と書くことで微妙に教養のない感じを出している。l. 6 の askin も同じ。

❹ Would you help me, then?: この then は「それでは」。

❺ Why sure: もちろんです、いいですとも。Why は軽い「景気づけ」のようなもので、あってもなくても大して変わらない。

❻ step aside: 脇へ寄る

❼ diseased: 病気にかかった

❽ Don't stare: p. 68, ll. 3-4 の She stared at Arnold Friend のところで述べたとおり stare は「目を見開いて見る」ということが根本で、その表情はいろ

手伝ってくれませんか？　その、もし迷惑でなかったら」

　どういうことですか、と女の人は母に訊く。

「この用紙です。これに書き込むの、手伝ってもらえませんか？」

　女の人はまだわからないという顔をしている。

「あたしはこれが読めないんです。読み書きができないから、手伝ってください
ってお願いしてるんです」。母は私の方を見て、それから目をそらす。
母の顔に浮かぶいろんな表情を私はほとんど全部知っているけれど、これは
まったく初めてだ。「じゃ、手伝ってもらえます？」

　あ、はい、もちろん、と女の人は言って、何だか急に嬉しそうな顔になり、
何もかもにもに満足した様子になる。まずは自分の娘のための用紙の記入を済
ませ、母と私は脇へのいて彼女がそれを終えるのを待つ。そばに椅子が二つ
あったので、私たちはそこに座る。女の子から見て、母はいまや病気持ちだ。
用紙を手にした自分の母親に、講堂の前の方に連れていかれるまでずっと、
女の子の目は私の母に釘付けになっている。私も女の子をじろじろ見ている。
「じろじろ見るんじゃないよ」と母は私に言う。「わかってるだろ、人のこと
じろじろ見ちゃいけないことくらい」

いろありうるが、ここでは「じろじろ見る」という日本語とまったく同じ。こ
のあとにも出てきて、この作品ではかなり重要な一語。

❾ You know better than that: know better はこの巻 p. 102, l. 8 の "but we
know better" をはじめ、このシリーズでも頻出。「そんなことしないくらいの
知恵はあるだろ」

Another woman out of the *Ebony* **❶**ads takes the woman's child away. Now, the woman says upon returning, **❷**let's see what we can do for you two.

My mother answers **❸**the questions the woman reads off the
5　form. They start with my last name, **❹**and then on to the first and middle names. This is school, I think. This is going to school. My mother slowly **❺**enunciates each word of my name. This is my mother: As the questions go on, she takes from her pocketbook document after document, as if they will support my right to
10　attend school, **❻**as if she has been saving them up for just this moment. Indeed, she **❼**takes out more papers than I have ever seen her do in other places: **❽**my birth certificate, **❾**my baptismal record, a doctor's letter concerning **❿**my bout with chicken pox, **⓫**rent receipts, records of **⓬**immunization, a letter about our **⓭**public
15　assistance payments, even her **⓮**marriage license — **⓯**every single paper that has anything even remotely to do with my five-year-

---

❶ ads: advertisements

❷ let's see what we can do for you two: 直訳すると「あなたたち二人のために私たちに何ができるか、見てみましょう」となるが、もっとずっと軽い意味。さあ何をしてあげましょうか、という感じ。

❸ the questions the woman reads off the form: 女の人が書類から（off the form）読み上げる質問

❹ and then on to ...: それから〜に進んでいく。しいて動詞を足すなら and then go on to ...。

❺ enunciate(s): 〜をはっきりと発音する。さっきは "These the forms you gotta use?" (p. 122, l. 12) といったぞんざいな喋り方をしていた母親が、ここでは enunciate しているのが印象的。

❻ as if she has been saving them up: save だけでも「貯める」の意味になるが、up が付くことも多い。

❼ takes out more papers than I have ever seen her do ...: papers は「紙」

126

やはり『エボニー』から出てきた別の女の人が、その女の子を連れて立ち去る。残った女の人は、こっちへ戻ってきながら、さあ、それじゃお手伝いしましょうかね、と言う。

　女の人が用紙から読み上げる質問に母は答える。まずは私の名字、それからファーストネーム、ミドルネーム。これが学校なんだと私は思う。学校へ行くってこういうことなんだ。母はゆっくり、私の名前を一語一語はっきり発音する。私の母はこういう人だ——質問が続いていくなか、母はハンドバッグから次々書類を取り出す、あたかも私が学校へ行く権利をそれらが裏付けるかのように、あたかもそれらをまさにこの瞬間に備えてずっと貯めてきたかのように。本当に、母がこんなにたくさん書類を取り出すところなんて見たことがない。私の出生証明書、私の洗礼記録、私の水疱瘡感染に関する医者の所見、家賃の領収書、予防注射の記録、公的扶助に関する通知、さらには母の結婚許可証まで。私の5歳の人生にほんの少しでも関係ありそうな書類は、ひとつ残らず持ってきたのだ。そのほとんどがここでは必要ないもの

ではなく「書類」。do は take out の意。
❽ my birth certificate: 私の出生証明書（日本の戸籍抄本に相当）
❾ my baptismal record: 私の洗礼記録
❿ my bout with chicken pox: 私の水疱瘡の発症
⓫ rent: 家賃
⓬ immunization: 予防接種
⓭ public assistance payments: 公的扶助給付
⓮ marriage license: （役所・教会などの）結婚許可証
⓯ every single paper that has anything even remotely to do with my five-year-old life: 私の5歳の人生にわずかでも（remotely）関係のある、ありとあらゆる書類。every に single が加わって「何から何まで」「ひとつ残らず」というニュアンスが強まる。have anything/something/nothing to do with ...（〜と関係がある・ない）も頻出フレーズで、この巻では p. 36, ll. 6-7 で"a joy that had nothing to do with Eddie or even this place"とあった。

old life. Few of the papers are needed here, but it does not matter and my mother continues to pull out the documents with the **❶**purposefulness of a magician pulling out a long string of scarves. She has learned that money is the beginning and end of everything
5 in this world, and when the woman finishes, my mother offers her fifty cents, and the woman accepts it **❷**without hesitation. My mother and I are **❸**just about the last parent and child in the room.

My mother **❹**presents the form to a woman sitting in front of the stage, and the woman looks at it and writes something on a
10 white card, which she gives to my mother. Before long, the woman who has taken the girl with the drooping curls appears from behind us, speaks to the sitting woman, and introduces herself to my mother and me. **❺**She's to be my teacher, she tells my mother. My mother stares.

15 We go into **❻**the hall, where my mother **❼**kneels down to me. Her lips are **❽**quivering. "I'll be back to **❾**pick you up at twelve

---

❶ purposefulness: 目的が確固として定まっている様子。

❷ without hesitation: ためらわず

❸ just about: ほぼ、ほとんど。 *"Are you done?" "Just about."*(「済みましたか」「あと少しです」)

❹ present(s): 〜を提出する

❺ She's to be my teacher, she tells my mother: その人が母親に向かっておそらく "I'll be your daughter's teacher" と言った。

❻ the hall: 「廊下」なのか「玄関広間」なのか、しじゅう迷うが、文脈から判断していくしかない。

❼ kneel(s) down: ひざまずく

❽ quiver(ing): (小刻みに) 震える

❾ pick you up: 迎えに来る

だが、そんなことは関係ない。えんえん連なったスカーフを取り出す手品師の決然たる態度をもって、母は書類を引っぱり出しつづける。この世界では金がすべての始まりであり終わりであることを母は学んでいるから、女の人が用紙を書き終えると彼女に50セントを差し出し、相手も迷わずそれを受けとる。母と私は講堂に残ったほとんど最後の親子だ。

母が舞台の前に座っている女の人に用紙を出すと、女の人はそれを見て、白いカードに何か書き込んで母に渡す。まもなく、カールの垂れていた女の子を連れていった女の人が私たちのうしろから現われて、座っている女の人に何か言ってから、母と私に向かって自己紹介をする。私がお子さんの担任になります、と女の人は母に言う。母は相手をじろじろ見ている。

私たちは廊下に出る。母は膝をついて私の顔と向きあう。母の唇が震えている。「12時に迎えにくるからね。どこへも行っちゃ駄目だよ。ここで待っ

o'clock. **❶**I don't want you to go nowhere. You just **❷**wait right here. And listen to **❸**every word she say." I touch her lips and press them together. It is an old, old game between us. She puts my hand down at my side, which is not part of the game. She stands
5 and looks a second at the teacher, **❹**then she turns and walks away. I see where she has **❺**darned one of her socks the night before. Her shoes make loud sounds in the hall. **❻**She passes through the doors and I can still hear the loud sounds of her shoes. And even when the teacher turns me toward the classrooms and I hear what must
10 be the singing and talking of all the children in the world, I can still hear my mother's footsteps **❼**above it all.

❶ I don't want you to go nowhere: 標準的な英語なら I don't want you to go anywhere。

❷ wait right here: 強調の right は here や there としばしば一緒に使われる。

❸ every word she say: every word she says

❹ then she turns and walks away: こういう turn はいつも訳すか訳さないか迷う。日本語ではいちいち、立ち去るときにまず向きを変えることを指摘しないが、英語ではこうやって turn を使って律儀に言う。

❺ darn(ed): (破れた服などを) 繕う

❻ She passes through the doors: doors と複数形になっているのは、両開きのドアだからで、ドアを抜けてまたドアを抜け……ということではない。

❼ above it all: この above は p. 120, ll. 10-11 の "a cry that rises *above* the buzz-talk of so many people" と同じ。

てるんだよ。先生の言うこと、ちゃんと聞くんだよ」。私は母の唇に触れて、上下からつまむ。それは私と母がずっとずっと前からやってきたゲームだ。母は私の手を私の脇に下ろす。それはゲームにない仕種だ。母は立ち上がって、少しのあいだ先生を見て、それから回れ右して、歩いて去っていく。昨日の晩に靴下の片方を繕ったところが見える。母の靴音が廊下に騒々しく鳴り響く。母がドアを抜けて外に出ても、私にはまだ騒々しい靴音が聞こえている。そして、先生が私を教室の方に向き直らせて、世界中の子どもたちが歌ったり喋ったりしているにちがいない声が聞こえてきても、私にはまだ、それらの声にかき消されることなく母の足音が聞こえている。

ちなみに

　エドワード・P・ジョーンズの唯一の長篇小説 *The Known World*（2003）は南北戦争以前のヴァージニアで自由黒人が黒人奴隷を所有したという史実を材に取った壮大な作品で、非常に読みごたえがあり、乏しい読書量のなかでの主観的な意見にすぎないが、目下のところ 21 世紀に入ってから書かれた最高のアメリカ小説だと思える。作品世界に入るのは少し時間がかかるが、いったん入ったら本当に引き込まれる。

The Squirrel Mother
Megan Kelso

リスのお母さん
メーガン・ケルソー

難易度 1
★ ☆ ☆

メーガン・ケルソー
(Megan Kelso, 1968-)

　シアトル在住の漫画家。これまでに *Queen of the Black Black* (1998)、*The Squirrel Mother* (2006)、*The Artichoke Tales* (2010) と 3 冊の単行本を出版している。丸っこい鼻に象徴される優しそうなタッチがまず目につくが、ここに収めた第 2 作のタイトルストーリーに絡みあわされた二つの短い物語からもわかるように、内容は「優しい」では済まない（といって、「冷たい」とも違う）複雑なものをはらんでいる。カラー口絵も参照。

The Squirrel Mother

once upon a time, there was a lady with lots of children.

Mama, do animals have dreams?

❶like could an elephant dream it was a giraffe?

* * *

リスのお母さん

むかしむかし、子どもがおおぜいいる女性がいました。

ママ、動物って夢を見るの？

ゾウがさ、キリンになった夢を見たりとか？

---

❶ like could an elephant dream it was a giraffe?: like は「たとえば」。書き言葉では使われない。言葉の「改まらなさ」としては日本語の「とか」に近い。

❶*when her husband left, she had to do everything.*

do they dream other lives at night?
　❷hold still Annie

　　　lunch's ready!

* * *

夫が出て行ってしまうと、何もかも一人でやらないといけませんでした。

夜に、別の暮らしを夢に見るのかな？
　じっとしてなさい、アン
　　お昼できたわよ！

---

❶ when her husband left: カップルの一方がもう一方を「捨てて出ていく」と
　いうことを言うとき、この leave というシンプルな言葉が最も一般的。
❷ hold still: じっとしていなさい

There were other things she'd planned to do with her life.
she wanted to play guitar,

❶sun's under the yardarm, ❷sis!

* * *

彼女は人生でほかにもやろうと思っていたことがありました。
ギターも弾きたかったし、

一杯やる時間よ、姉さん！

---

❶ sun's under the yardarm: yardarm の yard（帆桁）は船のマストから直角
に（つまり、空間的には水平に）のびている部分であり、yardarm はその先端
で、「桁端」。*Oxford English Dictionary* によれば、"when the sun is over
the yard-arm"（日が桁端の向こうに落ちたら）またはその類似の表現で、"the
time of day when it is permissible to begin drinking"（酒を飲みはじめて
いい時間）を意味する。
❷ sis: sister

learn to speak French,
travel.

Anne, **❶**c'mon, **❷**try on your new dress. **❸**Your mama needs some alone time.

*   *   *

フランス語も話せるようになりたいし、
旅行もしたい。

アン、おいで、新しいワンピース着てごらん、ママを少し一人にしてあげないと。

---

❶ c'mon: come on を実際に発音するとき、音としてはまさにこうであり、それを忠実に書いている。非常によく見る。

❷ try on ...: 〜を試しに着てみなさい

❸ Your mama needs some alone time: alone は名詞にかかる形容詞ではないので（an alone boy とは言わない）alone time は文法的には破格だが、気持ちはよくわかるし、実際にもよく使われる。

children are ❶resilient, she told herself.

❷do you ever wonder if life's not real?

*   *   *

子どもには立ち直る力がある、と彼女は自分に言い聞かせました。

人生が現実じゃないって思うこと、あります？

❶ resilient: 立ち直りの早い、回復力のある
❷ do you ever ...?: 〜することがありますか

she hoped that some day they would forgive her.

maybe your life is only someone else's dream.

*   *   *

いつの日か許してもらえるといいけど、と彼女は思いました。

あなたの人生は　誰か他人の夢でしかないのかも。

ちなみに

　コミックス、もしくはグラフィック・ノベルは何と言ってもビジュアルの助けがあるので原書でも入っていきやすい。英語で書かれたコミックスのなかでとりわけ印象的なのは、父親のアウシュヴィッツ体験（と、それを漫画にしようとする漫画家）を描いた Art Spiegelman, *MAUS* (2 vols., 1986-1992)、孤独な中年男の現実と夢想を凝りに凝ったグラフィックで描く Chris Ware, *Jimmy Corrigan: The Smartest Kid on Earth* (2000)、ひとつの場所の変遷を静かに厳かにたどる Richard McGuire, *HERE* (2014) など。

Reeling for the Empire
Karen Russell

お国のために糸を操り

カレン・ラッセル

難易度 3
★ ★ ★

カレン・ラッセル

（Karen Russell, 1981- ）

　入念なリサーチと奔放な想像力が合体した短篇小説で知られるアメリカの作家。現在、おそらく誰よりも斬新な短篇をコンスタントに発表しつづけている。これまで *St. Lucy's Home for Girls Raised by Wolves* (2006)、*Vampires in the Lemon Grove* (2013)、*Orange World and Other Stories* (2019) と 3 冊の短篇集を刊行しており、ここで取り上げた "Reeling for the Empire" は *Vampires in the Lemon Grove* に収録。ほかに長篇 *Swamplandia!* (2011) がある。

Several of us claim to have been the daughters of samurai, but of course there is no way for anyone to **❶**verify that now. **❷**It's a relief, in its way, the new anonymity. **❸**We come here tall and thin, noblewomen from Yamaguchi, **❹**graceful as calligraphy; short
5 and poor, Hida girls with bloody feet, **❺**crow-voiced and vulgar; **❻**entrusted to the Model Mill by our **❼**teary mothers; **❽**rented out by our destitute uncles — but within a day or two the drink **❾**the Recruitment Agent gave us begins to **❿**take effect. And the more our *kaiko*-bodies begin to resemble one another, the more
10 **⓫**frantically each factory girl **⓬**works to reinvent her past. One of the **⓭**consequences of our captivity here in **⓮**Nowhere Mill, and of the darkness that **⓯**pools on the factory floor, and of **⓰**the polar fur that covers our faces, **⓱**blanking us all into sisters, **⓲**is that anybody can be anyone she likes in the past. Some of our lies are quite bold:

---

❶ verify: 〜を立証する、裏付ける

❷ It's a relief, in its way, the new anonymity: in its way は「それなりに」。まず It という仮の主語で「それなりの安堵（a relief）だ」と言ってから、It の中身を具体的に the new anonymity（新たに得た無名性）と説明している。*He's a good man, John.*（いい奴だよ、ジョンは）などと同じ発想。

❸ We come here ...:「私たち」がここにどんな姿で来るかいくつか例が挙げられ、セミコロンで例ごとに区切られている。

❹ graceful as calligraphy: 書道のように優美な

❺ crow-voiced and vulgar: カラスのような声で下品な

❻ entrusted to the Model Mill: 模範工場に（奉公するよう）預けられた。模範工場は明治政府が殖産興業のため設立した当時としては最新設備の官営工場で、世界遺産の群馬県富岡製糸場もそのひとつ。

❼ teary: 涙にくれた

❽ rented out by our destitute uncles: 極貧の（destitute）伯父たちに（金と引き替えに）働きに出された。rent out は普通、物や土地を賃貸することを言う。

❾ the Recruitment Agent: 新人（recruit）募集係、勧誘員

　私たちのうち何人かはサムライの娘だったと称しているけれど、もちろんいまとなってはそんなこと誰にも確かめようがない。もはや名なしの身、まあこれはこれで楽ではある。ここへ来たときは背が高くほっそり痩せた、お習字みたいに優雅な、山口出の貴族の女。背が低く貧しい、足から血の出ている、カラスみたいな声で喋る品のない飛驒の娘。涙ぐむ母親によって模範工場に預けられた。貧窮した伯父に借金の形（かた）にされた……けれど一日か二日で、人材斡旋人（あっせん）に与えられた薬が効いてくる。それぞれの蚕体（かいこからだ）がたがいに似てくればくるほど、工場の娘たちはいっそう狂おしく過去の捏造に励む。この**どこでもない工場**に囚われた身となって、工場の床に溜まる闇の中、私たちの顔を北極風の毛皮が覆って顔がのっぺらぼうになってみんな姉妹になっていく。その結果、誰もが過去において誰でも好きな人間になれるのだ。私たちのつく嘘は、時にはすごく臆面もない嘘。あたしの大伯父さん、黒船

❿ take effect: 効力を生ずる

⓫ frantically: 必死に

⓬ works to reinvent her past: 過去を再創造しようと努める

⓭ consequences of our captivity here: ここに囚われの身であることがもたらす事態。この後の of the darkness, of the polar fur も consequences にかかる。consequence はある行為や事態によって生まれる新しい事態のことで、「波紋」という訳語が適することもある。第 1 巻 p. 26, l. 4 でも "but I warn you of the consequences"（ですが、警告します、何が起きるかわかりませんよ）という形で出てきた。

⓮ Nowhere Mill: ビートルズの "Nowhere Man"（どこにもいない男）に通じる発想。

⓯ pool(s): 水たまりのようにたまっていく

⓰ the polar fur: 北極熊（polar bear）のようなふさふさの毛

⓱ blanking us all into sisters: 直訳は「私たち全員を空白にして、姉妹に変え」。

⓲ is that anybody can be anyone she likes ın the past: この is がやっと ll. 10-11 の主語 One of the consequences を受ける動詞。in the past は she likes だけにかかるのではなく、be anyone she likes にかかる。

Yuna says that her great-uncle has ❶a scrap of sailcloth from the Black Ships. Dai claims that she ❷knelt alongside her samurai father at ❸the Battle of Shiroyama. Nishi ❹fibs that she once ❺stowed away in the imperial caboose ❻from Shimbashi Station to Yokohama, and saw Emperor Meiji eating pink cake. ❼Back in Gifu I had ❽tangly hair like a donkey's tail, a mouth like ❾a small red bean, but I tell the others that I was very beautiful.

"Where are you from?" they ask me.

"The castle in Gifu, perhaps you know it from the famous ❿woodblocks? My ⓫great-grandfather was a warrior."

"Oh! But Kitsune, we thought you said your father was the one who printed the woodblocks? The famous *ukiyo-e* artist, ⓬Utagawa Kuniyoshi . . ."

"Yes. He was, yesterday."

⓭I'll put it bluntly: ⓮we are all becoming reelers. Some kind of hybrid creature, ⓯part *kaiko*, silkworm caterpillar, and part

---

❶ a scrap of sailcloth from ...: 〜から持って来た帆布の切れ端

❷ knelt <kneel: 膝（knee）をつく

❸ the Battle of Shiroyama: 1877 年の西南戦争最後の戦い。「城山」は西郷隆盛が自決した鹿児島城址のある山。

❹ fib(s): 軽い嘘をつく、ほらを吹く

❺ stowed away in the imperial caboose: 天皇の乗る（imperial）列車の車掌車（caboose）に忍び込んだ。stowaway といえば「密航者」。

❻ from Shimbashi Station to Yokohama: Shimbashi も Yokohama もほとんどの英語圏読者にはなじみがないわけだが、Station の一語を入れることで、とにかく駅名だということはわかる。過度に説明的にならずにすんなり内容を伝える工夫。

❼ Back in ...: 「昔〜にいたころは」の意であり、「〜に戻って」ではない。

❽ tangly: もつれた

の帆布の端切れを持ってるのよとユナは言う。あたし城山の戦いでサムライの父さまと並んで膝をついてたのよとダイは主張する。あたし一度、御召列車の車掌車に忍び込んで新橋から横浜まで行って、明治天皇が桃色の焼菓子召し上がるところ見たのよ、とニシは言ってのける。岐阜にいたころ私はロバの尻尾みたいなもじゃもじゃの髪で口は小豆みたいだったけど、あたしとっても綺麗だったのよ、とみんなには言う。

「あんた、どこの出？」みんなは私に訊く。

「岐阜のお城よ、たぶんみんな有名な版画で見て知ってるんじゃない？　あたしの曾お祖父さまは武士だったのよ」

「えー、だってキツネ、あんた、その版画お父さんが作ったんだって言わなかった？　有名な浮世絵師の歌川国芳だって……」

「うん、言ったよ。昨日はそうだったんだよ」

　はっきり言ってしまおう。私たちはみんな、糸を繰る者になりつつある。半分蚕で、半分人間の女の、合いの子の生き物。年上の工員の中には、顔じゅ

---

❾ a ... red bean: 小豆
❿ woodblock(s): 木版画
⓫ great-grandfather: 曾祖父
⓬ Utagawa Kuniyoshi: 今日なお名高い浮世絵師の歌川国芳（1798-1861）。
⓭ I'll put it bluntly: 臆面もない言い方をしてしまおう
⓮ we are all becoming reelers:「私たちはみんな『糸繰り工』になってきている」というこの言い方では、彼女たちに起きている驚くべき事態はまだ明らかでないが、次の文でそれが明らかになる。
⓯ part kaiko, silkworm caterpillar, and part human ...: "hybrid" の内容がpart ... part ... という形で説明される。"silkworm caterpillar" は kaiko という日本語を解さない英語圏読者のために挿入された説明であり、日本語に訳す上では必要ない。

human female. Some of the older workers' faces are already quite covered with a **❶**coarse white fur, but my face and thighs stayed smooth for twenty days. In fact I've only just begun to grow the white hair on my belly. During my first nights and days in the silk-
5 reeling factory I was always shaking. I have never been a hysterical person, and so at first I **❷**misread these tremors as mere mood; I was **❸**in the clutches of a giddy sort of terror, I thought. Then **❹**the roiling feeling became solid. It was the thread: **❺**a color purling invisibly in my belly. Silk. **❻**Yards and yards of thin color would
10 soon be **❼**extracted from me by the Machine.

Today, the Agent **❽**drops off two new recruits, sisters from the Yamagata **❾**Prefecture, **❿**a blue village called Sakegawa, which none of us have visited. They are the daughters of a salmon
15 fisherman and their names are Tooka and Etsuyo. They are twelve and nineteen. Tooka has **⓫**a waist-length braid and baby fat;

---

❶ coarse: 粗い

❷ misread these tremors as mere mood: この震え (tremors) を単なる一時的気分 (mere mood) のせいだと読み誤った

❸ in the clutches of a giddy sort of terror: めまいがするたぐいの (a giddy sort of) 恐怖にとらわれている (in the clutches)

❹ the roiling feeling became solid: roil は OED の定義では "To move in a confused or turbulent manner; to billow" (混乱もしくは騒然としたふうに動く。大きくうねる)。l. 5 の shaking から始まって、tremors、giddy と不安な動きを表わす言葉が並んでいるその続き。それが次では became solid と、一気に不動のイメージに転じる。

❺ a color purling invisibly in my belly: purl は普通小川などが「さらさら流れる」を意味する擬態語的な動詞。腹の中を、色が川のように流れるという異様なイ

152

うもうすっかり粗い白い毛皮に覆われたのもいるけれど、私は顔も太腿も、二十日間滑らかなままだ。まだやっと、お腹に白い毛が生えてきたばかり。この製糸工場に来たばかりのころは、昼も夜もずっと震えていた。それまでヒステリーなんか起こしたこともなかったから、はじめは単に一時の気分だと片付けていた。怯えているせいで頭がクラクラしてるんだ、と。やがて、そのゾワゾワと蠢く感じが固まっていった。それは糸だった——私のお腹の中で、渦を巻いて流れる見えない色。絹糸。何メートル、何十メートルもの細い色がじきに、**機械**によって私から引き出されるのだ。

　今日、斡旋人がまた二人、新人を置いていく。山形の、鮭川という、私たちの誰も行ったことのない青い村から来た姉妹。鮭を取る漁師の娘で、名前はトオカとエツヨ、十二歳と十九歳。トオカはお下げ髪が腰まであって、体は赤ちゃんの脂肪がまだ抜けていない。エツヨは森の雌鹿みたいで首はほっ

　　メージ。

❻ Yards and yards of thin color: thin という語は色に関しては普通「淡い」の意だが、ここは文字通り糸の細さを伝えている。

❼ extract(ed): 〜を抽出する

❽ drops off two new recruits: 新入りを二人置いていく

❾ Prefecture: 県

❿ a blue village called Sakegawa: 山形県北部にある鮭川村。凝ったイメージをくり出すかと思うと、a blue village という意図的にシンプルな形容が意表を突く。

⓫ a waist-length braid and baby fat: 腰よで届くお下げ髪と、子供っぽいふっくらした体つき

Etsuyo ❶looks like a forest doe, with her long neck and ❷watchful brown eyes. We step into the light and Etsuyo ❸swallows her scream. Tooka starts ❹wailing — "Who are you? What's happened to you? What is this place?"

5   Dai crosses the room to them, and despite their terror the Sakegawa sisters are too sleepy and too shocked to ❺recoil from her embrace. They appear to have drunk the tea very recently, because ❻they're quaking on their feet. ❼Etsuyo's eyes cross as if she is about to ❽faint. Dai ❾unrolls two tatami mats in a dark
10 corner, helps them to ❿stretch out. "Sleep a little," she whispers. "Dream."

"Is this the silk-reeling factory?" ⓫slurs Tooka, half-conscious on her ⓬bedroll.

"Oh, yes," Dai says. Her furry face ⓭hovers like a moon above
15 them.

Tooka nods, ⓮satisfied, ⓯as if willing to dismiss all of her terror to ⓰continue believing in the Agent's promises, and shuts her eyes.

---

❶ looks like a forest doe, with ...: 〜があるせいで森の雌鹿みたいに見える

❷ watchful brown eyes: 雌鹿のようと言っているのでこの brown eyes は「茶色い目」でいいだろうが、日本語で言う「黒い目」も英語では brown eye または dark eye などと言う。black eye は「殴られてあざになった目」を意味することが多い。

❸ swallows her scream: 悲鳴を上げそうになるのをこらえる

❹ wail(ing): 泣きわめく。p. 112, l. 6 で出てきた whine は不平不満ゆえに哀れっぽい声を上げる感じだが、wail はもっと深い悲しみ、苦痛ゆえに悲痛な声を上げるイメージ。

❺ recoil from her embrace: 彼女の抱擁に思わず身を引く

❻ they're quaking on their feet: 立ったままひどく震えている。quake は地震 (earthquake) の意味にもなるくらいで、「震え度」はかなり強い。

❼ Etsuyo's eyes cross: エツヨの目が寄り目になる

そり、茶色い目は用心深そうだ。私たちが光の中に歩み出るとエツヨは悲鳴を呑み込む。トオカはわあわあわめき出す——「あんたたち誰？ どうしてそんなになったの？ ここ、何なの？」

ダイが部屋を横切って二人の前に行く。怖がってはいるけれど、姉妹どちらもあまりに眠くあまりにショックを受けているので、抱擁されても縮こまりはしない。お茶を飲んでからまだ間もないのだろう、立っている両足がガタガタ震えている。エツヨの目が寄って、いまにも卒倒しそうだ。ダイが暗い隅に莚を二枚広げてやり、姉妹が手足を伸ばすのに手を貸してやる。「少し眠りなさい」ダイはささやく。「夢を見なさい」

「ここ、製糸工場？」横になってもう半分意識を失ったトオカが呂律の回らぬ舌で訊く。

「ええ、そうよ」ダイが言う。毛に覆われた顔が、二人の上に月みたいに漂う。

トオカが納得して頷く。怯える気持ちはなしにして、やっぱり斡旋人の約束を信じようという気になったのか。彼女は目を閉じる。

❽ faint: 卒倒する
❾ unrolls two tatami mats: 莚を二枚広げる
❿ stretch out: 手足を伸ばして横になる
⓫ slur(s): （寝ぼけたように）不明瞭に言う
⓬ (a) bedroll: 寝具
⓭ hover(s): 浮かぶ
⓮ satisfied:「満足」という訳語がまず思い浮かぶが、「納得」が相応しいことも多い。
⓯ as if willing to dismiss all of her terror to continue believing ...: to 不定詞が二つ並ぶが、willing to do A to do B（B するために A する気がある）という形。
⓰ continue believing in the Agent's promises: believe in は第 1 巻 p. 214, l. 11 の "there's so little for them to believe in now" と同じで、「〜の価値／正しさを信じる」。

Sometimes when the new recruits ❶confide the hopes that brought them to our factory, I have to ❷suppress a bitter laugh. Long before the *kaiko* change turned us into ❸mirror images of one another, we were sisters already, ❹spinning ❺identical dreams in
5 beds thousands of miles apart, ❻fantasizing about gold silks and an "❼imperial vocation." We ❽envisioned our future ❾dowries, our families' miraculous freedom from debt. We ❿thrilled to the same tales of women working in ⓫the grand textile mills, where steel machines from Europe ⓬gleamed in the light of the Meiji
10 sunrise. Our world had changed ⓭so rapidly ⓮in the wake of the Black Ships that the poets could barely ⓯keep pace with ⓰the scenes outside their own windows. Industry, trade, unstoppable growth: ⓱years before the Agent came to find us, our dreams ⓲anticipated his promises.

15   Since my arrival here, my own fantasies have ⓳grown as dark

---

❶ confide: 〜を打ちあける

❷ suppress a bitter laugh: 苦い笑いを押し殺す

❸ mirror images: 鏡像＝瓜二つの姿

❹ spin(ning):（糸を紡ぐように）〜を繰り出す。もちろん蚕が糸を吐くイメージを踏まえている。

❺ identical: 同一の。the same より「同じ度」が高い。

❻ fantasizing <fantasize: 夢想する

❼ imperial vocation: 帝国 (empire) の（ための）使命

❽ envision(ed): 〜を思い描く

❾ dowries <dowry: 結婚持参金

❿ thrilled to ..: 〜を聞いてわくわくした

⓫ the grand textile mills: 堂々たる織物工場。mill は産業革命前の文章では「製粉所」「水車小屋」などだが、以後の文章では「工場」が普通。ウィリアム・ブレイクが 1804 年に書いた詩 "And did those feet in ancient time"（そしてそれらの足は古の時に）の中に、"dark Satanic Mills"（暗い悪魔の工場）と

　時おり、この工場に来る決め手になった希望を新人の子が打ちあけるとき、私は苦い笑いを抑えずにいられない。蚕変化^{かいこへんげ}のせいで私たちがたがいにそっくりになってしまうずっと前から、私たちはすでに姉妹だったのであり、何百マイルも離れた寝床の中でみんな同じ夢を紡ぎ、金の絹糸だの「お国に尽くす務め」だのといった空想を巡らせていたのだ。未来の結婚持参金を、家族の借金の奇跡的消滅を、私たちは思い描いた。ヨーロッパ製の鋼鉄の機械が昇る明治の朝日に照らされて光る、立派な織物工場で働く女の人たちの同じ話を聞いて私たちは胸をときめかせた。黒船が来たせいでこの国は目まぐるしく変わり、詩人たちは自宅の窓の外の風景に追いつくだけでも一苦労だ。産業、貿易、止めようのない成長。斡旋人がやって来る何年も前から、私たちの夢は斡旋人の約束を先取りしていたのだ。

　ここへ来て以来、私の空想は部屋と同じくらい暗くなった。空想の中で私

いう有名なフレーズがある。

⓬ gleamed in the light of the Meiji sunrise: 直訳は「明治の夜明けの光を浴びて輝いた」。gleam は金属的な、キラキラ反射した光のイメージ。

⓭ so rapidly ...: この so に、次の行の that が呼応する。

⓮ in the wake of the Black Ships: in the wake of ... は「～の結果として」の意の成句だが、元々 wake は「船の通った跡」の意なので、黒船について使うのに相応しい。

⓯ keep pace with ...: ～に遅れをとらずに進む

⓰ the scenes outside their own windows: 自分の部屋の窓の外の（世間の）眺め

⓱ years before ...: ～する何年も前から

⓲ anticipate(d): ～を先取りする

⓳ grow(n): 次第に～になる。p. 74, l. 1 の "as it the veins grew too close to the surface of his skin" と同じ。

as the room. **❶**In them I **❷**snip a new girl's thread midair, or **❸**yank all the silk out of her at once, so that she **❹**falls lifelessly forward like a *Bunraku* **❺**puppet. I haven't been able to cry since my first night here — but often I feel **❻**a water pushing at my skull. "Can
5 the thread **❼**migrate to your brain?" I've asked Dai nervously. Silk starts as **❽**a liquid. Right now **❾**I can feel it traveling below my navel, my thread. **❿**Foaming icily along the lining of my stomach. Under the blankets I watch it rise in **⓫**a hard lump. There are twenty workers sleeping on twelve tatami, two rows of us, our
10 heads ten centimeters apart, **⓬**our earlobes curled like snails on adjacent leaves, and though we are always hungry, every one of us has a round belly. Most nights I can barely sleep, **⓭**moaning for dawn and the Machine.

15 Every aspect of our new lives, from working to sleeping, eating

---

❶ In them: in my fantasies

❷ snip a new girl's thread midair: 新入りの娘の体から繰り出された糸を空中でちょん切る。snip は p. 144 真ん中のコマでも、まさに女の子がワンピースを切るときの擬音として出てきた。

❸ yank all the silk out of her at once, so that ...: 絹糸を全部一度に体内から乱暴に引っぱり出し、それで〜。so that は第 2 巻 p. 36, ll. 10-12 の奇妙な家並みを描写した一節 "each one was a few feet lower than the other, so that the long row of them looked like an enormous flight of stairs" と同じ。

❹ falls lifelessly forward: 生気なく前に倒れる

❺ (a) puppet: 操り人形

❻ a water pushing at my skull: 水が内側から頭蓋骨を押すのを。水を数えられるひとかたまり (a water) と捉えるのはやや例外的。

❼ migrate: 移動する

❽ a liquid: 液体

は新人の子の糸を宙で切ったり、その子の絹糸を一気に全部引っ張り出した
りし、その子は文楽の人形みたいにばったり前に倒れる。ここへ来て初めて
の夜以来、泣くこともできずにいるけれど、水が頭蓋を押すのをたびたび感
じる。「糸が脳に移ることってありうる？」私は不安になってダイに訊いて
みた。絹糸は液体として始まる。いまはそれが臍の下あたりを動いているの
がわかる――私の糸が――。胃袋の内側に沿って、氷のように冷たく、泡
を立てて。毛布の下で、それが固い塊になって盛り上がるのを私は見守る。
十二枚の筵の上に二十人の工員が眠っている。二列になって、頭と頭が十セ
ンチしか離れていなくて、隣りあった葉っぱに乗ったカタツムリみたいに耳
たぶが丸まって、みんないつもお腹が空いているけれど、一人残らず腹は丸
い。たいていの夜、私はろくに眠れず、夜明けに焦がれ、**機械**に焦がれてう
めく。

　新しい生活はすべて、仕事から睡眠、食べる、ウンコをする、**機械**の排水

❾ I can feel it traveling below my navel, my thread: 一見するといかにも my navel と my thread が同格のようだがそうではなく、まず it とだけ言ったものを my thread と具体的に言い直している。この小説の出だし、p. 148, ll. 2-3 にあった "It's a relief, in its way, the new anonymity." と同じ。travel は日本語の「旅する」よりも意味が広く、l. 5 の migrate と同じく「移動する」。第3巻 p. 174, ll. 4-5 の "The wind would travel up Bedford Row from the Shannon ..." と同じ。

❿ Foaming icily along the lining: 直訳は「裏地（the lining）を冷たく泡立ちながら進んで」。the lining というと「線」を想像してしまうが、むしろ「面」を想像すべき。

⓫ a hard lump: 固い塊

⓬ our earlobes curled like snails on adjacent leaves: 私たちの耳たぶ（earlobes）が、隣り合っ（adjacent）葉の上のカタツムリ（snails）のように丸まって（curled）。

⓭ moaning for ...: ～に焦がれてうめき

and shitting, bathing when we can get **❶**wastewater from the Machine, is conducted in one brick room. **❷**The far wall has a single oval window, **❸**set high in its center. Too high for us to see much besides **❹**scraps of cloud and **❺**a woodpecker that is like
5 a celebrity to us, **❻**provoking gasps and applause every time he appears. *Kaiko-joko*, we call ourselves. Silkworm-workers. Unlike **❼**regular *joko*, we have no **❽**foreman or men. We are all alone in **❾**the box of this room. Dai says that she's **❿**the dormitory supervisor, but **⓫**that's Dai's game.

10   We were all brought here by the same man, the factory Recruitment Agent. **⓬**A representative, endorsed by Emperor Meiji himself, from **⓭**the new Ministry for the Promotion of Industry.

We were all told slightly different versions of the same story.

Our fathers or **⓮**guardians signed contracts that **⓯**varied only
15 slightly in their terms, **⓰**most promising a five-yen advance for one year of our lives.

---

❶ wastewater:「廃水」という日本語同様、汚染物質・有害物質が入っていそうな響き。

❷ The far wall: 向こう側の壁

❸ set high: 高くに据えられた

❹ scrap(s): 一片、小片

❺ a woodpecker: キツツキ

❻ provoking gasps and applause: 息を呑んだり（gasps）喝采したり（applause）といった反応を引き出して。provoking <provoke: 引き起こす、誘発する（「挑発する」の意味にもしばしば使われるが、ここは違う）

❼ regular *joko*: 普通の女工。細かいことだがこの*joko*もすぐ前の*Kaiko-joko*も、単複同形の複数形と見るべき（a がないので）。

❽ (a) foreman: 職場主任、現場監督

❾ the box of this room: 箱のようなこの部屋。これと同じ of が第 3 巻 p. 90, l.

をもらえるときに体を洗うまで、全部ひとつの煉瓦造りの部屋で営まれる。奥の壁に小さな楕円形の窓がひとつ、真ん中の上の方にある。高すぎて、雲の切れ端と、一羽のキツツキくらいしか私たちには見えない。キツツキは私たちにとって有名人みたいなもので、現われるたびにみんなハッと息を呑んだり喝采を送ったりする。蚕女工<ruby>蚕女工<rt>かいこじょこう</rt></ruby>、と私たちは自分たちのことを呼ぶ。普通の女工とは違って、男の職工長はいない。そもそも男はいない。この箱みたいな部屋には私たちしかいない。あたしが寮長だとダイは言うけれど、それはダイの言い分だ。

　私たちはみんな同じ男にここへ連れて来られた。工場の人材幹旋人。明治天皇からじきじきにお墨付きをいただいて、新設された工部省を代表している。

　私たちはみんな、同じ話をそれぞれ少しずつ違う形で聞かされた。

　私たちの父親や保護者は、条件が少しずつ異なるだけの証文に署名した。たいていの場合、私たちの命一年分と引換えに五円の前払い金が約束された。

5 では "a Bataan Death March of a road trip" という形で出てきた。
- ⑩ the dormitory supervisor: 寮の監督者、舎監
- ⑪ that's Dai's game: それはダイのやり口、手口だ。*What's your game?*（何をたくらんでいるんだ、どういうつもりなんだ。『コンパスローズ英和辞典』）
- ⑫ A representative, endorsed by ...: 公に〜の認定を受けた代理人
- ⑬ the new Ministry for the Promotion of Industry: 新しく作られた工部省（現実には 1870 年設立）
- ⑭ guardian(s): 保護者、後見人
- ⑮ varied only slightly in their terms: 条件（terms）においてわずかに変わっている（varied）だけだった
- ⑯ most promising a five-yen advance: たいてい（の契約書）は五円の前払い金を約束して。五円は明治期の平均的な女工の月収で言うと二、三か月分程度。

The Recruitment Agent travels the countryside to recruit
female workers willing to travel far from ❶their home prefectures
to a new European-style silk-reeling mill. ❷Presumably, ❸he
is out recruiting now. He ❹makes his pitch not to the woman
5 herself but to her father or guardian, or in some few cases, where
single women cannot be ❺procured, her husband. ❻I am here
on behalf of the nation, he begins. ❼In the spirit of *Shokusan-*
Kōgyō. Increase production, encourage industry. We are recruiting
only the most skillful and ❽loyal mill workers, he continues. Not
10 just peasant girls — like your ❾offspring, he might say ❿with his
silver tongue to men in the Gifu and Mie prefectures — but the
⓫well-bred daughters of noblemen. ⓬Samurai and aristocrats.
⓭City-born governors have begged me to ⓮train their daughters
on the Western technologies. Last week, ⓯the Medical General
15 of the Imperial Army sent his nineteen-year-old twins, by train!
Sometimes there is resistance from the father or guardian,
especially among the ⓰hicks, ⓱those stony-faced men from distant

---

❶ their home prefectures: 地元の県

❷ Presumably: おそらく

❸ he is out recruiting now: out はこのように …ing 形と一緒によく使われる。
Mother is out shopping.（母は買い物に行って留守です。『コンパスローズ英
和辞典』）

❹ makes his pitch: pitch は売り込み口上のこと（sales pitch）。

❺ procure(d): 〜を調達する、手に入れる。女衒が娼婦を斡旋する、というとき
にも使う。

❻ I am here on behalf of the nation, he begins: 国を代表してやってまいり
ました、と彼は語り始める。これ以降引用符はないが、斡旋人の勧誘文句がほ
ぼそのまま記される。

❼ In the spirit of *Shokusan-Kōgyō*: 殖産興業の精神に則って（来たのです）。
次の *Increase production, encourage industry*（生産を増やせ、産業を興せ）

　人材斡旋人は田舎を回って、女性労働者を集める。地元の県から遠く離れた、新しい欧州式の製糸場まで行く気のある者たちを、たぶんいまも集めて回っている。口上は本人にではなく父親か保護者に言い、たまに独身の女が確保できない場合は夫に言ったりもする。手前はお国を代表し、殖産興業を推し進める精神でここへ参りました、とまずは切り出す。私どもは、最高の技能を有し忠誠心に篤い工場労働者のみを集めております、と続ける。農家の娘さんはもとより——岐阜や三重の男たち相手には、そちらのお嬢さんのように、と弁舌さわやかに言い足す——育ちのいい貴族のお嬢さんもおられます。サムライ、華族。都会生まれの知事たちからは、うちの娘たちに西洋の科学技術を仕込んでほしいとせがまれます。つい先週も、何と帝国陸軍の軍医総監が、十九歳の双子の娘二人を汽車に乗せて送り出してこられました！　時には父親か保護者が抵抗を示すこともあって、特に田舎ではそういうことが多い。石みたいに表情のない、何世紀も前から変わっていない、い

は「殖産興業」の英語によるパラフレーズ。

❽ loyal: （職務に）忠実な

❾ offspring: 子供、子孫

❿ with his silver tongue: 銀の舌で＝弁舌巧みに（慣用表現）

⓫ well-bred: 育ちのよい

⓬ Samurai and aristocrats: 士族や華族

⓭ City-born governors: 都会生まれの知事たち（のようなお偉方）

⓮ train their daughters on ...: 娘さんたちに〜の訓練をする、〜を身につけさせる

⓯ the Medical General of the Imperial Army:「帝国陸軍軍医総監」は陸軍軍医官の最高位。森鷗外もこの地位にあった。

⓰ hick(s): 田舎者

⓱ those stony-faced men from distant centuries: 何世紀も昔からそのまま出てきたような、石みたいに表情のない男たち

centuries **❶**who still make bean paste, **❷** wade into rice paddies, **❸**brew sake using thousand-year-old methods; but the Agent waves all **❹** qualms away — Ah, you've heard about x-Mill or y-Factory? **❺**No, the French *yatoi* engineers don't drink girls' blood,
5 haha, that is what they call *red wine*. Yes, **❻**there *was* a fire at Aichi Factory, **❼**a little trouble with tuberculosis in Suwa. But our factory is quite different — it is a national secret. Yes, a place that **❽**makes even the French filature in the backwoods of Gunma, with its brick walls and steam engines, look antiquated! **❾**This phantom factory
10 he presents to her father or guardian **❿**with great cheerfulness and urgency, **⓫**for he says we have awoken to dawn, **⓬**the Enlightened Era of the Meiji, and we must all play our role now. Japan's silk is **⓭**her world export. **⓮**The Blight in Europe, the pébrine virus,

---

❶ who still make bean paste ...: 以下、そういう時代遅れの者たちがやっている時代遅れの行為が列挙される。bean paste: 味噌などの、豆をつぶした食品

❷ wade into rice paddies: 水田に入っていく。wade は水の中を歩くことを意味する。

❸ brew sake: 酒を醸造する。sake は /sɑ́ːki/ と読む。

❹ qualm(s): 不安、気がかり

❺ No, the French *yatoi* engineers don't drink girls' blood, haha, that is what they call *red wine*: お雇い外国人が飲む赤ワインを血と勘違いした事例は実際にあった。

❻ there *was* a fire: イタリックで「確かに火事があったことは認める」という意味合い。

❼ a little trouble with tuberculosis in Suwa: 映画『あゝ野麦峠』では、主人公の女工が諏訪地方の工場で結核（tuberculosis）に感染して死ぬ。

❽ makes even the French filature in the backwoods of Gunma ... look antiquated: 群馬の田舎（the backwoods）にあるフランスの（技術を取り入れた）製糸場（filature）ですら時代遅れ（antiquated）に見せてしまう。群馬の田舎の製糸場、とは明らかに富岡製糸場を想起させる。当時の最先端技術を駆使した富岡製糸場すら antiquated に見せてしまう夢の（悪夢の）工場

まだに味噌を作って田んぼに入って働き千年前の方法で酒を造っている男たち。だが斡旋人はそういう懸念をあっさり振り払う。ああ、きっと x 製糸所や y 工場の話をお聞きになったんですね？ いえいえ、フランスのお雇い技術者は娘さんたちの血を飲んだりしません、ハハハ、あれは赤葡萄酒というものです。はい、たしかに愛知の工場では火事がありましたし、諏訪では結核がちょっとした問題になりました。ですが私どもの工場はまるで違います。私どもはお国の誇る秘密なのです。ええ、ここに較べれば、群馬の山奥にフランス人が作った、煉瓦造りで蒸気エンジンの製糸場だってまるっきり時代遅れに見えます！ この幽霊工場を斡旋人は、父親や保護者に、ひたすら明るく、ひたむきに売り込む。我々は目覚め、夜明けを迎えたのです、世は明治の文明開化、誰もが自分の役割を果たさねばなりません。日本の絹は世界に誇る輸出品です。欧州では微粒子病なるものが流行して蚕は一匹残らず死

"Nowhere Mill" をカレン・ラッセルは幻視しているのであり、次のセンテンスではそれが "This phantom factory"（この幽霊工場）と呼ばれている。この禍々しい言い方は斡旋人の言葉ではなく、語り手の言葉。

❾ This phantom factory he presents: 「この幽霊工場を」とまず目的語が来て、「彼は提示する」と主語・動詞が次に来ている。

❿ with great cheerfulness and urgency: 大いなる快活さ（cheerfulness）と熱意（urgency）を込めて

⓫ for he says we have awoken to dawn: なぜなら我々は目覚め、夜明けを迎えたのだ、と彼は言う。for we have awoken to dawn, he says でも同じ。

⓬ the Enlightened Era: 啓蒙の時代、文明開化の世

⓭ her world export: 日本が世界に輸出できる品。このように国、船などは女性代名詞で受けることがある。*France was not prepared for the troubles she would face.* （フランスは来たるべき困難に対して無防備だった。『ロングマン英和辞典』）

⓮ The Blight in Europe, the pébrine virus: blight は農作物の各種伝染病を言うが、ここでは蚕を冒す微粒子病ウイルス（pébrine virus）を指している。微粒子病は正確にはウイルスではなく微生物の寄生で起こり、幕末から明治初期にフランスなどで蔓延した。

has killed every silkworm, forever halted ❶the Westerners' cocoon production. ❷The demand is as vast as the ocean. This is ❸the moment to seize. Silk-reeling is ❹a sacred vocation — ❺she will be reeling for the empire.

5　　The fathers and guardians nearly always sign the contract. Publicly, the *joko*'s family will share a cup of hot tea with the Agent. They celebrate her new career and ❻the five-yen advance against her legally mortgaged future. ❼Privately, an hour or so later, the Agent will ❽share a special toast with the girl herself.
10 The Agent ❾improvises his tearooms: ❿an attic in a forest inn or a locked ⓫changing room in a bathhouse or, in the case of Iku, ⓬an abandoned cowshed.

After sunset, the old blind woman arrives. "⓭The zookeeper,"
15 we call her. She ⓮hauls our food to ⓯the grated door, ⓰unbars the lower panel. We pass her ⓱that day's skeins of reeled silk,

---

❶ the Westerners' cocoon production: 西洋（人）の繭生産

❷ The demand: 需要

❸ the moment to seize: 摑むべき好機

❹ a sacred vocation: 神聖なる任

❺ she will be reeling for the empire: she は「お宅のお嬢さん」。

❻ the five-yen advance against her legally mortgaged future: 合法的に抵当に取られた（legally mortgaged）彼女の未来に対する（against）前払い金五円

❼ Privately: l. 6 の Publicly とはっきり対比されている。

❽ share a special toast: 特別な乾杯（toast）を共にする。「トースト」が「祝杯」の意味になるのは、かつて祝杯にトーストのかけらを入れる慣習があったから。

❾ improvises his tearooms: improvise(s) は「即席で用意する」。tearoom は

166

んでしまい、西洋の繭生産はすっかり絶えてしまいました。需要は海のごとく大きいのです。いまこそ機を捉えねば。絹糸作りこそ神聖な天職です、娘さんはお国のために糸を繰るのです。

父親や保護者はまず間違いなく証文に署名する。表では、一家が斡旋人とともに一杯の熱いお茶を分けあう。娘の新しい人生と、いまや法的に抵当に入った娘の未来に対する五円の前払い金を祝うのだ。そして裏では、およそ一時間後、斡旋人が娘本人と二人で特別な乾杯を行なう。斡旋人が即席の茶室を用意する。森の宿屋の屋根裏、浴場の鍵のかかった更衣室、あるいはイクの場合、使わなくなった牛小屋。

日が沈んだあと、目の見えない年寄りの女が来る。「飼育係」と私たちは呼んでいる。格子のはまった扉まで私たちの食べ物を引きずってきて、下側の扉板の閂(かんぬき)を外す。その日作った絹糸の束を私たちは渡し、相手は長い棒で

普通「喫茶店」を指すが、ここでは女に茶を飲ませるための適当な場所のことで、むしろ文字どおり「茶室」。
❿ an attic: 屋根裏部屋
⓫ (a) changing room: 更衣室
⓬ an abandoned cowshed: 使われなくなった牛小屋
⓭ The zookeeper: 動物園の飼育係
⓮ haul(s): ～を引きずって運ぶ
⓯ the grated door: 格子（grate）のはまった扉
⓰ unbars the lower panel: 下部の（差し入れ口になった）板の閂（bar）を外す
⓱ that day's skeins of reeled silk: その日繰り出した絹糸のかせ（skeins: 糸をゆるい束にしたもの）

and she pushes two sacks of ❶mulberry leaves through the panel with a long stick. The woman never speaks to us, no matter what questions we shout at her. She simply waits, patiently, for our skeins, and ❷so long as they are acceptable in quality and weight,
5 she ❸ slides in our leaves. Tonight she has also slid in a tray of steaming human food for the new recruits. Tooka and Etsuyo get cups of rice and miso soup with floating carrots. ❹Hunks of real ginger are unraveling in the broth, like hair. We all sit on the opposite side of the room and watch them chew ❺with a dewy
10 nostalgia that disgusts me ❻even as I ❼find myself ogling their long white fingers on their chopsticks, ❽the balls of rice. ❾The salt and fat smells of their food make my eyes ache. When we eat the mulberry leaves, we ❿lower our new faces to the floor.

They drink down the soup in silence. "Are we dreaming?" I
15 hear one whisper.

"⓫The tea drugged us!" ⓬the younger sister, Tooka, cries at

---

❶ mulberry leaves: （蚕の餌となる）桑の葉
❷ so long as they are acceptable in quality and weight: 質と重さが許容できる（acceptable）ものである限り。so long as は as long as でも同じ。
❸ slide(s) in ...: 〜を中に滑り込ませる。すぐあとの slid は slide の過去分詞。
❹ Hunks of real ginger are unraveling in the broth: 本物の生姜の塊(Hunks) が汁（broth）の中でほどけている（unraveling）。broth は日本語の「だし汁」と感覚的に近い。
❺ with a dewy nostalgia: 露のような（露のようにしっとりした）郷愁とともに。もちろん chew にではなく watch にかかる。
❻ even as I ...: 私が〜するさなかにも。even as は、述べられている二つの行為（ここでは「うんざりする」と「食い入るように見る」）の同時性を示すとともに、その二つのあいだに何らかの矛盾・対照があることを示すことが多い。*Even as he was speaking a shot rang out.* （話している折しも一発鳴った。『リー

桑の葉を二袋、扉板のこっち側まで押しやる。女は決して私たちと口を利かない。どんな質問をどなり声で投げても、女はただじっと黙って糸の束を待ち、質も重さも合格であれば、桑の葉を押して入れる。今夜は新人のために、人間用の湯気の立つ食べ物が載った盆も一緒に押し入れた。トオカとエツヨが食べる、茶碗に入ったご飯と、人参が浮かぶ味噌汁。汁の中に本物の、髪の毛みたいにほぐれかけた生姜の塊が入っている。私たちはみんな部屋の反対側に座り込んで、二人がもぐもぐ噛むのを、しっとり濡れた懐かしさとともに見守る。箸を持つ二人のほっそり長い白い指や、お米の丸い塊を思わず食い入るように見ながらも、そうやって自分が懐かしく思ってしまうことに私はうんざりする。食べ物の塩と脂の匂いに、私の目が疼く。桑の葉を食べるとき、私たちは新しい自分の顔を床まで下ろす。

　二人は黙って味噌汁を飲み干す。「あたしたち、夢を見てるの?」一人がささやくのが聞こえる。

「お茶に薬が入ってたのよ!」ずっと黙っていた妹のトオカが叫ぶ。そうじゃ

ダーズ英和辞典』)

❼ find myself ogling: 気がつくとじろじろ眺めている（ogling <ogle)

❽ the balls of rice: rice ball といえばおにぎりのことだが、ここでは箸でつまんだ米の塊のことか。

❾ The salt and fat smells: fat は脂。

❿ lower our new faces to the floor: みんな食器もなく、葉を床に置いたまま食べている。

⓫ The tea drugged us!: あのお茶で薬を盛られた!

⓬ the younger sister, Tooka, cries at last: at last や finally に対し「ついに」「とうとう」という日本語はだいぶ違うことも多い。かなり長いあいだ沈黙が続いた末に何か言う、といったときにも使う。ここでも Tooka がずっと黙っていた末にここで叫んだということ。

last. ❶Her gaze darts here and there, as if she's ❷hoping to be contradicted. They traveled nine days by riverboat and ❸oxcart, Etsuyo tells us, wearing ❹blindfolds the entire time. ❺So we could be that far north of Yamagata, or west. Or east, the younger sister
5 says. We collect facts from every new *kaiko-joko* and use them to ❻draw thread maps of Japan on the factory floor. But not even ❼Tsuki the Apt can guess ❽our whereabouts.

Nowhere Mill, we call this place.

Dai crosses the room and speaks soothingly to the sisters; then ❾she leads them right to me. ❿Oh, happy day. I ⓫glare at her
10 through an unchewed mouthful of leaves.

"Kitsune is quite a veteran now," says smiling Dai, leading the ⓬fishy sisters to me, "she will ⓭show you around — "

I hate ⓮this part. But you have to tell ⓯the new ones ⓰what's in
15 store for them. ⓱Minds have been spoiled by the surprise.

" ⓲Will the manager of this factory be coming soon?" Etsuyo

---

❶ Her gaze darts: 視線が矢（dart）のように飛ぶ

❷ hoping to be contradicted:（薬を盛られたという発言を）否定されるのを期待して

❸ oxcart: 牛の引く荷車

❹ blindfold(s): 目隠し

❺ So we could be that far north of Yamagata: だからここは、山形からそれぐらい（that far）北であってもおかしくない。*Is the story that funny?*（その話はそんなにおかしいのか。『コンパスローズ英和辞典』）

❻ draw thread maps: 糸で地図を描く。おそらくここには糸しかないのだから。

❼ Tsuki the Apt:「聡き者ツキ」。apt: 利発な

❽ our whereabouts: 私たちの所在、位置

❾ she leads them right to me: right は例によって軽い強調。

❿ Oh, happy day: ああ、今日はついてる。説明役を押しつけられたことを皮肉に言っている。

ない、と誰かが言ってくれるのを期待するみたいに、そのまなざしがあちこちに飛ぶ。九日間、川を船で下ったり牛に引かれたり、ずっと目隠しされてたのよとエツヨは語る。だからここ、山形のずうっと北かもしれないし、西かもしれないわ。それとも東かも、と妹が言う。新しい蚕女工が来るたびに私たちは情報を集め、それを使って工場の床に日本の糸地図を描く。でも知恵者ツキでさえ、ここがどのあたりなのか見当もつかない。

どこでもない工場、と私たちはこの場所を呼ぶ。

ダイは部屋を横切って姉妹の方に行き、慰めるような声で話しかけ、それから二人をまっすぐ私の前に連れてくる。やれやれ、有難や。まだ噛んでいない葉を口一杯含んだまま、その向こうのダイを私は睨みつける。

「キツネはもう古株なんだよ」笑顔のダイが、魚臭い姉妹を私のところに連れてきながら言う。「あんたたちを案内してくれるよ――」

私はこの手順が嫌いだ。でも新入りが来たら、これから何が控えているか教えてやらないといけない。不意を討たれて、心が壊れてしまったこともあるのだ。

「ここの工場長、もうじき来るんでしょうか?」エツヨが重々しい声で訊く。

⓫ glare at her through an unchewed mouthful of leaves: 口にほおばったが（はみ出して）まだ噛んでいない葉の向こうから、ダイを睨みつける

⓬ fishy:（漁師の娘なので）魚の匂いのする

⓭ show you around: あちこち案内してくれる、ここのことをいろいろ教えてくれる

⓮ this part: 一連の手順の中のこの部分、ということ。

⓯ the new ones: 新入りたち、新人たち

⓰ what's in store for …: 〜を何が待ち構えているか。*He did not know what was in store for him.*（自分に何が起ころうとしているのかわからなかった。『リーダーズ英和辞典』)

⓱ Minds have been spoiled by the surprise:（説明されぬまま実態を見たための）驚きで（新人の）精神が損なわれてしまったことがあるのだ

⓲ Will the manager of this factory be coming soon?: "Will the manager of this factory come soon?" と訊くよりも、ほんの少し「当然来ますよね」というニュアンスが加わる。

asks, in a grave voice. "I think there has been a mistake."

❶"We don't belong here!" Tooka breathes.

There's nowhere else for you now, I say, staring at the floor. ❷ That tea he poured into you back in Sakegawa? The Agent's
5 drink ❸ is remaking your insides. ❹ Your intestines, your secret organs. Soon your stomachs will ❺bloat. ❻ You will manufacture silk in your gut ❼with the same helpless skill that you digest food, exhale. The *kaiko*-change, he calls it. A revolutionary process. Not even Chiyo, who knows ❽sericulture, has ever heard of a tea that
10 turns girls into silkworms. We think the tea may have been created abroad, by French ❾chemists or British engineers. *Yatoi-tea*. ❿Unless it's the Agent's own technology.

I try to smile at them now.

In the cup it was so lovely to look at, wasn't it? An orange ⓫hue,
15 ⓬like something out of the princess's floating world woodblocks.

Etsuyo is shaking. "But we can't ⓭undo it? Surely there's a

---

❶ "We don't belong here!" Tooka breathes: 「私たちはここことは関係ない！」とトオカは押し殺した声で言う。breathe は p. 18, l. 12 の "She breathed a quick prayer that life might be long." と同じ。

❷ That tea he poured into you back in Sakegawa?:「鮭川で、あの人があんたたちの体にお茶注いだでしょ？ あのお茶がね……」という感じ。back in Sakegawa は p. 150, ll. 5-6 の "Back in Gifu I had tangly hair like a donkey's tail" と同じで、鮭川に戻るわけではない。

❸ is remaking your insides: あなたたちの体の内部を作りかえている

❹ Your intestines, your secret organs: 腸や、奥に隠れた臓器

❺ bloat: 膨れ上がる、膨張する

❻ You will manufacture silk in your gut: manufacture は、たとえば *He manufactures a particular brand of TV.*（彼はある特定のブランドのテレ

「手違いがあったと思うんです」

「あたしたちここに来るはずじゃなかったのよ！」トオカが声を押し殺す。

　あんたたちが行くところ、もうほかにないんだよ、と私は床と睨めっこしながら言う。鮭川で、お茶を体に入れられたでしょ？　あの斡旋人の飲み物がね、あんたたちの体の中を作り直してるんだよ。胃や腸や、奥の臓器も。じきにお腹が膨れてくる。食べ物を消化したり、息を吐いたりするのと同じに、自分ではどうしようもない力がはたらいて、はらわたで生糸を作るようになるんだよ。蚕変化（かいこへんげ）って斡旋人は言ってる。革命的な過程なんだ。養蚕（ようさん）に詳しいチヨでさえ、女の子を蚕に変えるお茶なんて聞いたことがない。このお茶は外国で作られたのかもしれないってあたしたちは考えてる。フランスの化学者か、イギリスの技師が作ったんじゃないかって。お雇い茶。それとも斡旋人本人が技術を持ってるのかもしれない。

　私はここで、二人に向かってニッコリ笑おうとする。

　茶碗の中、すごく綺麗だったでしょ？　蜜柑色で、お姫様の浮世絵みたいで。

　エツヨはぶるぶる震えている。「でも、元に戻せないの？　治す方法がきっ

　ビを製造している）というような言い方はできるけれども、人間が gut（はらわた）のみならず体内で作るものについて普通使う言葉ではない。

❼ with the same helpless skill that you digest food, exhale: 食べ物を消化したり息を吐いたりするのと同じ、自分では止めようがない（helpless）能力で。

❽ sericulture: 養蚕業。seric- は「絹の」の意。

❾ chemist(s): 化学者

❿ Unless ...: じゃなけりゃ〜だ

⓫ hue: 色合い、色調

⓬ like something out of the princess's floating world woodblocks: お姫様の浮世絵（floating world）版画（woodblocks）から抜け出してきた何かみたいな。floating world は「浮世」の英訳として定着している。

⓭ undo: 〜を取り消す

cure. A way to reverse it, before it's . . . too late."

❶ *Before we look like you,* she means.

"The only cure is a **❷** temporary one, and **❸** it comes from the Machine. **❹** When your thread begins, you'll understand . . ."

5 It takes thirteen to fourteen hours for the Machine to **❺** empty a *kaiko-joko* of her thread. **❻** The relief of being rid of it is indescribable.

These **❼** seashore girls **❽** know next to nothing about **❾** silkworm cultivation. In the mountains of Chichibu, Chiyo tells them,
10 everyone in her village **❿** was involved. Seventy families worked together **⓫** in a web: planting and watering the mulberry trees, raising the *kaiko* eggs to **⓬** pupa, **⓭** feeding the silkworm caterpillars. **⓮** The art of silk production was very, very inefficient, I tell the sisters. Slow and costly. Until us.

15 I **⓯** try to weed the pride from my voice, but it's difficult. **⓰** In spite of everything, **⓱** I can't help but admire the quantity of silk

---

❶ *Before we look like you,* she means: 本当は（"before it's too late" ではなく）"before we look like you" と言いたいのだ

❷ temporary: 一時的な

❸ it comes from the Machine: cure は機械が与えてくれる。機械が糸を巻き取ってくれれば一時的に楽になれるということ。

❹ When your thread begins: （体から）糸が出はじめれば

❺ empty a *kaiko-joko* of her thread: empty A of B で「A から B を抜き取る」。

❻ The relief of being rid of it is indescribable: 糸を全部取られることの安堵（The relief）は言葉では言い表わせない（indescribable）。rid は get rid of ...（～を始末する、取り除く）の形がよく使われるが、be rid of ...（～から解放されている）という形もある。*It's nice to be rid of him!*（彼がいなくなってせいせいした。『コンパスローズ英和辞典』）

❼ seashore girls: 海辺から来た子たち。ただし実際の鮭川村は内陸にある。

とあるはずよ。流れを逆にするのよ、このままじゃ……手遅れになるから」

このままじゃあんたたちみたいになるからっていうことだ。

「治す方法はひとつだけあるけど、それも一時的に効くだけだよ。**機械**が治してくれるんだよ。あんたたちの糸が始まったらわかるよ……」

機械が蚕女工の糸を空にしてくれるには十三、四時間かかる。全部出してもらったときの解放感は言葉にしようがない。

海辺から来た女の子二人は、蚕の飼育のことなどほとんど何も知らない。チヨが言うには、秩父の山の中では村の全員が関わっていた。七十の家族が、ひとつの網になって一緒に働く。桑の木を植え、水をやり、蚕に餌をやりつつ、卵から繭になるまで育てる。絹糸の生産というのはすごく、すごく能率の悪い作業だったのよ、と私は姉妹に告げる。時間も金もかかる——かかった、私たちが現われるまでは。

声から誇りを抜こうと私は努めるが、それは難しい。何だかんだ言っても、

---

❽ know next to nothing: ほとんど何も知らない

❾ silkworm cultivation: 蚕の飼育、養蚕

❿ was involved:（蚕の飼育に）関わっていた

⓫ in a web:（網の目のような）組織を成して、協力して

⓬ pupa: 蛹。正確には複数であるべきなので pupae か pupas か。

⓭ feeding the silkworm caterpillars: 蚕に餌を与える

⓮ The art of silk production: 絹の生産という技術

⓯ try to weed the pride from my voice: weed は本来は「雑草を抜く」の意。

⓰ In spite of everything:「そうならない理由はいくらでもあるのに」というニュアンス。

⓱ I can't help but admire …: 〜を素晴らしいと思わずにはいられない。can't help but … は p. 36, ll. 4-5 の "Connie couldn't help but let her eyes wander …" と同じ。

that we *kaiko-joko* can produce in a single day. The Agent boasts that he has made us the most productive machines in the empire, surpassing even ❶those steel zithers and cast-iron belchers at Tomioka Model Mill.

5   ❷Eliminated: mechanical famine. Supply problems caused by the cocoons' tiny size and irregular quality.

Eliminated: ❸waste silk.

Eliminated: the cultivation of the *kaiko*. ❹The harvesting of their eggs. The laborious collection and separation of the silk cocoons.
10 We silkworm-girls combine all these processes in the single factory of our bodies. ❺Ceaselessly, even while we dream, we are ❻generating thread. ❼Every droplet of our energy, every moment of our time flows into the silk.

I guide the sisters to the first of the three ❽workbenches. "Here
15 are ❾the basins," I say, "steam heated, quite modern, ❿eh, where we boil the water."

I ⓫plunge my left hand under the boiling water for as long as I

---

❶ those steel zithers and cast-iron belchers at Tomioka Model Mill: 直訳は「富岡模範工場の鋼鉄製チターや、ゲップ（belch）を吐く鋳鉄製機械」。弦がたくさん張られた楽器チターはたしかに製糸機を思わせなくもない。belcherの方は、そういう名の楽器や道具があるわけではないが、製糸機はいかにも鉄から糸が吐き出されるように見えるだろう。

❷ Eliminated: mechanical famine: 蚕女工の登場によって解消された（Eliminated）問題点を列挙している。mechanical famine（機械の飢餓）は機械に投入する原材料が不足することの比喩的な言い方か。

❸ waste silk: 使い物にならない絹（の発生）

❹ The harvesting of their eggs. The laborious collection and separation of the silk cocoons: （蛾の産んだ）卵の回収。手間のかかる（laborious）繭の収集・選別

私たち蚕女工が一日に生産できる絹糸の量を、すごいと思わずにはいられない。君たちを帝国で一番生産的な機械にしたんだよと幹旋人は自慢する。富岡模範工場の鋼鉄チターやゲップを吐く鋳鉄より上なんだ、と幹旋人は言う。

解消——機械の飢餓。繭の小ささと質の不規則さから生じる供給問題。

解消——不良品生糸。

解消——蚕飼育の手間。卵回収の手間。繭を集めて分ける骨の折れる作業。私たち蚕娘は自分の体という単一の工場の中でこれらの過程をすべて結合する。絶え間なく、夢を見ている最中も、私たちは糸を生成している。精力を一滴残らず、時間を一瞬残らず、絹の中に注ぎ込む。

私は姉妹を、三つの作業台の一つ目に連れて行く。「ここに釜がある。蒸気で熱して、すごく現代的なんだよ、ね、ここでお湯を沸かすんだ」

私は煮え湯に左手をつっ込み、我慢できる限りそのままにしておく。じき

❺ Ceaselessly: 休みなく

❻ generating <generate: 〜を生み出す

❼ Every droplet of our energy: 力の最後のひとしずくまで

❽ workbench(es): 作業台

❾ the basin(s): （湯を沸かす）釜

❿ eh: 「ね」「でしょ」に近い。

⓫ plunge: 〜を突っ込む

can bear it. Soon the skin of my fingertips softens and ❶bursts, and
❷fine waggling fibers rise from them. Green thread lifts right out
of my veins. With my right hand I ❸pluck up the thread from my
left fingertips and wrist.

5 "❹See? Easy."

❺A single strand is too fine to reel. So you have to draw several
out, ❻wind six or eight around your finger, rub them together, to
❼get the right denier; when they are thick enough, you ❽feed them
to the Machine.

10 Dai ❾is drawing red thread onto her reeler, watching me
❿approvingly.

"Are we monsters now?" ⓫Tooka wants to know.

I give Dai ⓬a helpless look; ⓭that's a question I won't answer.

Dai considers.

15 In the end she tells the new reelers about the *juhyou*, the
"snow monsters," snow-and-ice-covered trees in Zao Onsen, her

---

❶ burst(s):（指先の皮膚が）破ける、裂ける

❷ fine waggling fibers rise from them: 細い (fine) くねくねした (waggling)
繊維が、盛り上がって出て来る。fine は糸などについて使われる場合、たい
ていは「立派な」ではなく「細い」。l. 6 の "A single strand is too fine to
reel." も同じ。

❸ pluck up: 〜を引っぱり出す。pluck は pull よりも「むしる」「引き抜く」感じ
が強い。

❹ See?: ほらね？　わかる？

❺ A single strand: ただ一筋の糸

❻ wind six or eight around your finger: wind /wáɪnd/ は「巻く」。two or
three, three or four あたりまでは隣りあった数字を言うが、six あたりからは
ひとつ飛ばすのも一般的。*There were maybe ten or twelve people at any
one time.*（常時 10 人かそこら人がいた）

❼ get the right denier: 規定のデニールにする。デニールは繊維の太さの単位で、

に指先の皮膚が柔らかくなって張り裂け、細い、くねくね揺れる繊維がそこから上がってくる。緑の糸が血管から直接持ち上がる。私は右手で、左手の指先と手首から糸をつまみ上げる。

「ね？　簡単なんだよ」

　一筋だけでは繰るのに細すぎる。だから何本か引き出さないといけなくて、六、七本を指に巻きつけて一緒により合わせ、しかるべき太さにする。十分太くなったら、**機械**に送り込むのだ。

　ダイは赤い糸を自分の繰糸機(そうしき)にかけながら、よしよしという顔で私を見ている。

「あたしたち、もう化け物なの？」トオカが訊く。

　やってられない、という顔を私はダイに向ける。この問いに答える気はない。

　ダイが考える。

　結局彼女は、新しい繰り人二人に、樹氷のこと、自分の故郷の蔵王にある

大まかには「太さ」の意だと考えていい。

❽ feed them to ...: ～に送る

❾ is drawing red thread onto her reeler: 赤い糸を引っぱって自分の巻き取り機にかけている。reeler は the Machine の一部である糸の巻き取り装置。p. 180, l. 8 でも同じく「巻き取り機」の意だが、このページの l. 15 では同じ reeler(s) が糸繰り女工を指している。

❿ approvingly: 満足げに、褒めるように

⓫ Tooka wants to know: 第3巻 p. 100, l. 1 の "Charley wanted to know" でも述べたとおり、want to know は「知りたがる」というより、やや強い口調で訊ねる、ということ。

⓬ a helpless look: どうすることもできない、という表情

⓭ that's a question I won't answer: can't ではなく won't なので、答えられない、ということではなく、こんな問いに答える気はない、ということ。

home. "The snow monsters" — Dai smiles, ❶brushing her white whiskers — "are very beautiful. Their ❷disguises make them beautiful. But they are still trees, you see, ❸under all that frost."

5 While the sisters ❹drink in this news, I ❺steer them to the Machine.

The Machine looks like a great steel-and-wood beast with ❻a dozen rotating eyes and steaming mouths — it's twenty meters long and takes up nearly half the room. The central reeler is a huge and ❼ever-spinning O, ❽capped with rows of flashing metal teeth. 10 ❾Pulleys swing our damp thread left to right across it, ❿refining it into finished silk. Tooka shivers and says it looks as if the Machine is smiling at us. *Kaiko-joko* sit at the workbenches that ⓫face the giant wheel, ⓬pulling glowing threads from their own fingers, ⓭stretching threads across their reeling frames ⓮like zither strings. 15 ⓯A stinging music.

⓰No *tebiki* cranks to turn, I show them. Steam power has freed

---

❶ brushing her white whiskers: 白い頬ひげ（whiskers）を撫でながら

❷ disguise(s): 変装

❸ under all that frost: そんなにたくさん霜はあっても、やはり。*What are they doing with all that data?*（そんなにデータがあって、どうするんです？）

❹ drink in this news: drink in は情報などを「吸収する」。

❺ steer: 〜を操る、導く

❻ a dozen: dozen は漠然と「十あまり」を意味することが多い。

❼ ever-spinning O: 永久に回転し続ける「オー」の字

❽ capped with rows of flashing metal teeth: O の字は当然口を連想させ、今度はそこから歯を思い描いている。capped with rows of ... は「何列もの〜がはまった」。

❾ Pulleys swing our damp thread left to right across it: 滑車が（出来立てで）まだ濡れている糸を振り（swing）、それ（reeler）一面（left to right）に広げる

❿ refining it into finished silk: refining <refine は「〜を洗練させる」。

雪と氷に包まれた木々のことを話す。「樹氷はね、雪の化け物っていうんだ」ダイはニッコリ笑って白い頬ひげをさする。「すごく綺麗なんだよ。変装するから綺麗になるんだ。けどそれでもやっぱり、霜の中は木なんだよ」

　この話を呑み込もうとしている姉妹を、私は**機械**の前に連れていく。

　機械は鋼鉄と木で出来た巨大な獣みたいに見える。十ばかりの目がグルグル回って、湯気を吐く口が並び、長さは二十メートルあまり、部屋のほぼ半分を占めている。真ん中にある繰糸機は巨大な、一時(いっとき)も休まず回転しつづける楕円で、ピカピカ光る金属の歯が何列もかぶさっている。滑車が私たちの湿った糸を繰り機の左から右まで振り、完成品の絹糸に仕上げていく。トオカが身震いして、この**機械**あたしたちのことニコニコ笑って見てるみたい、と言う。蚕女工たちは巨大な糸車の前に並んだ作業台に着いて、光を放つ糸を自分の指から引き出し、チターの弦みたいに繰り枠に張る。ズキズキと痛い音楽。

　手引きのクランクなんかないんだよ、と私は姉妹に示す。蒸気の力で、両

⓫ face the giant wheel: 巨大な糸車と向きあっている

⓬ pulling glowing threads from their own fingers: p. 46, ll. 11-12 の "bathed in a glow of slow-pulsed joy" でも述べたとおり、glow は光が内側からほのめき出ているような感じ。

⓭ stretching threads across their reeling frames: 巻き取り枠（reeling frames）に糸をピンと張って

⓮ like zither strings: 製糸の機械をチターに例えるのは、すでに p. 176, l. 3 で富岡製糸場の機械について行なっている。

⓯ A stinging music: 指から出る糸を機械に引かれピンと張られるのは、いかにも痛み（sting）を伴いそうである。

⓰ No tobiki cranko to turn: 手引きのクランクを回す必要もない。むろん tobiki という言葉が英語になっているわけではない。次の "Steam power has freed both our hands" でどうやら手を使うことに関係するらしい、ということが自然とわかるように書かれている。

both our hands.

"**❶**'Freed,' I suppose, isn't quite the right word, is it?" says Iku **❷**drily. **❸**Lotus-colored thread is **❹**flooding out of her left palm and **❺**reeling around her dowel. With her right hand she **❻**adjusts the

5 outflow.

Here is the final miracle, I say: our silk comes out of us in colors. There is no longer any need to **❼**dye it. There is no other silk like it on the world market, boasts the Agent. If you look at it from **❽**the right angle, **❾**a pollen seems to rise up and **❿**swirl into your

10 eyes. Words can't **⓫**exaggerate the joy of this effect.

Nobody has ever guessed her own color correctly — Hoshi **⓬**predicted hers would be **⓭**peach and it was blue; Nishi thought pink, got **⓮**hazel. **⓯**I would have bet my entire five-yen advance that mine would be light gray, like my cat's fur. But then I woke

15 and pushed **⓰**the swollen webbing of my thumb and **⓱**a sprig of green came out. **⓲**On my day zero, **⓳**in the middle of my terror, **⓴**I

---

❶ 'Freed,' I suppose, isn't quite the right word, is it?: not quite で「いまひ とつ〜ではない」。

❷ drily: そっけなく

❸ Lotus-colored: 蓮の花の色をした

❹ flooding out: あふれ出て

❺ reeling around her dowel: 彼女の使う巻き取りピンに巻きついて

❻ adjusts the outflow: 出てくる量を調節する

❼ dye: 〜を染める

❽ the right angle:「直角」の意味になることも多いが、ここでは「しかるべき角度」。

❾ a pollen: 花粉。pollen は普通 a なしで使う。ここは「ある種の花粉」とい う感じか。

❿ swirl: 渦を描く

⓫ exaggerate: 〜を誇張する

⓬ predict(ed): 〜を予言する

手とも自由になったんだよ。

「『自由になった』って、ちょっと違うよね？」イクがそっけなく言う。蓮色(はす)の糸がイクの左の手のひらからあふれ出て、ピンにぐるぐる巻きつく。イ(いろ)クは右手で流れ出る量を調節する。

　これが極めつけの奇跡だよ、と私は言う。あたしたちの絹糸は、色付きで体から出てくるんだ。もう染める必要もない。世界市場どこにもそんな絹はない、と幹旋人も自慢する。ある角度から見れば、花粉が舞い上がって渦巻き目に飛び込んでくるみたいに見える。これを見る嬉しさはどんな言葉でも誇張にならない。

　自分が出す色を正しく推測できた子は一人もいない。あたしのは桜色よってホシは予想したけど青だった。桃色だとニシは思ったけど出てきたのは榛(ハシバミ)色だった。私のはうちで飼ってる猫の毛みたいな薄い灰色だと前払い五円全部賭けてもいいと私は思った。けれど目が覚めて親指の膨らんだ皮膜を押したら出てきたのは緑の小枝だった。まだ来たばかりで、怯えも抜けていなかっ

⓭ peach: 黄色がかったピンク。日本語の「桃色」よりむしろ「肌色」に近いことが多い。

⓮ hazel: ハシバミ（薄茶）色

⓯ I would have bet my entire five-yen advance that …: 〜だという方に、前払い金の五円全部を賭けてもいいと思った

⓰ the swollen webbing of my thumb: 親指の（付け根の）、水かき（web）に似た膨らんだ部分

⓱ a sprig of green: 小枝のような緑色（の糸）

⓲ On my day zero: 「まだ来たばかりだし」というニュアンス。

⓳ in the middle of my terror: 恐怖に包まれたさなかに

⓴ I was surprised into a laugh: 驚きのあまり思わず笑ってしまった。into は「〜して〜させる」という意味合いでよく使われる。*They talked me into doing it.*（彼らに言い含められてやってしまった）

was surprised into a laugh: here was **❶**a translucent green I **❷**swore I'd never seen before anywhere in nature, **❸**and yet I knew it as my own on sight.

"It's as if **❹** the surface is charged with our aura," says Hoshi, 5 **❺**counting syllables on her knuckles for her next haiku.

❻About this I don't tease her. I'm no poet, but **❼**I'd swear to the silks' strange glow. The sisters seem to agree with me; one looks like she's about to faint.

"Courage, sisters!" **❽**sings Hoshi. Hoshi is our **❾**haiku laureate. 10 She came from a school for young noblewomen and pretends to have read every book in the world. We all agree that she is **❿**generally insufferable.

"Our silks are sold in Paris and America — they are worn by Emperor Meiji himself. The Agent tells me we are **⓫**the treasures of 15 the realm." Hoshi's white whiskers extend nearly to her ears now. Hoshi's optimism is **⓬**indefatigable.

---

❶ a translucent green: 半透明の緑色。translucent は、光は通すが透明 (transparent) ではないということ。

❷ swore <swear: 〜を誓う

❸ and yet I knew it as my own on sight: それでも（and yet）一目見て（on sight）それが自分の色だとわかった

❹ the surface is charged with our aura: （糸の）表面が私たちのオーラを帯びている

❺ counting syllables on her knuckles: 指関節で音の数を数えながら。直訳するか、日本化して「指折り数えながら」としてしまうか、迷うところ。また、指にはそれぞれ関節が３つあり、knuckle はそのどれをも指しうるが、指の付け根の関節を指すことが多いように思える。

❻ About this I don't tease her: このこと（糸の色を俳句に詠もうとすること）

た私は、思わず笑ってしまった。こんな透きとおった緑、自然のどこでも絶
対見たことないのに、一目で自分のだとわかったのだ。

「表面にさ、自分の霊気がかかってるみたいなんだよね」とホシが、次の俳
句のために指を折って音を数えながら言う。

　私はそんなホシをからかいはしない。私には俳句なんか作れないし、絹が
不思議な光を放っていることは確かなのだ。姉妹も同感みたいで、一人はい
まにも卒倒しそうだ。

「元気出しなさい、あんたたち！」ホシが歌うように言う。ホシは私たちの
桂冠俳人だ。良家の子女が行く学校を出ていて、世界中の本を全部読んだと
称している。おおむね耐えられない女ということで、私たちの意見は一致し
ている。

「あたしたちの絹はパリやアメリカで売られてるのよ、明治天皇自ら着てい
らっしゃるのよ。あたしたちは国の宝だって斡旋人も言ってるわ」。ホシの
白い頬ひげはもう耳のそばまでのびている。ホシの楽天は飽くことを知らな
い。

について彼女をからかい（tease）はしない
❼ I'd swear to the silks' strange glow: swear to ... は元来は法廷で何かを誓っ
　て言うことだが、たとえば "I'd swear to it." で「誓ってもいい」「絶対間違いない」
　の意になる。
❽ sing(s): 歌うように言う
❾ haiku laureate: 国の行事などに合わせて公的に詩を作る poet laureate（桂
　冠詩人）のもじり。
❿ generally insufferable: たいていの場合耐えがたい
⓫ the treasures of the realm: 国家の宝。realm は今日「領域」の意味で使わ
　れることが多いが（the realm of science: 科学の領域）、元来は「王国」「国土」
　の意。
⓬ indefatigable: 挫けることを知らない

185

"That girl was hairy when she got here," I whisper to the sisters, " ❶if you want to know the truth."

The old blind woman comes again, takes our silks, ❷pushes
5 the leaves in with a stick, and we ❸fall upon them. ❹If you
think we *kaiko-joko* leave even one trampled stem behind, you
❺underestimate the deep, ❻death-thwarting taste of the mulberry.
❼Vital green, as if sunlight ❽is zipping up your spinal column.

In other factories, we've heard, there are foremen and managers
10 and whistles to ❾announce and regulate the breaks. Here the
clocks and whistles are in our bodies. The thread itself is our boss.
There is a fifteen-minute period between the mulberry ❿orgy —
"call it *the evening meal*, please, don't be disgusting," ⓫Dai pleads,
her saliva still gleaming on the floor — ⓬and the regeneration of
15 the thread. During this period, we sit in a circle in the center of
the room, an equal distance from our ⓭bedding and the Machine.

---

❶ if you want to know the truth: 「もしあなたが真実を知りたいのなら」というような感じでは全然なく、「実はさ」程度。"... but I don't feel like going into it, if you want to know the truth."（だけどさ、そういう話、する気にならないんだよね。J. D. Salinger, *The Catcher in the Rye*)

❷ push(es) the leaves in: 葉を押し入れる

❸ fall upon ...: 〜をがつがつ食べはじめる

❹ If you think we ... leave even one trampled stem behind: 踏みにじられた茎一本 (one trampled stem) でさえ私たちが食べ残すと思うなら。leave ... behind: 〜を置き去りにする

❺ underestimate: 〜を過小評価する

❻ death-thwarting: 死さえ阻む。thwart は何かの意志を挫くこと。*Our desire to thwart death is the driving force of human civilization.*（死の裏をかきたいという人間の欲望こそ、文明を突き動かす力だ）

❼ Vital: 生きいきした

「あの子はね、来たときから毛むくじゃらだったんだよ」私は姉妹に耳打ちする。

　目の見えない年寄り女がまた来て、絹糸を受けとり、棒で葉を押し入れ、私たちは食らいつく。踏みつけられた茎一本でも蚕女工が残すと思う人は、桑の葉の深い、死をも挫く味を見くびっている。日の光が背骨を駆け上がっていくみたいな、生々しい緑。

　ほかの工場では職工長や監督がいて笛が鳴って、休憩時間を通知し管理しているのだと聞いた。ここでは時計も笛も私たちの体の中にある。糸それ自体が親方だ。桑の葉喰い——「夕飯と言ってよね、下品な言い方よしてよ」とダイが床に唾液を光らせたまま訴える——と糸の生産再開とのあいだには十五分の間隔が置かれる。この時間、私たちは部屋の真ん中、寝床と**機械**のちょうど中間の位置に輪になって座る。私たちは執拗に、うしろ向きに繰り

❽ is zipping up your spinal column: 脊柱（spinal column）を勢いよく駆け上がっていく
❾ announce and regulate the breaks: 休憩時間を告げ、統制する
❿ orgy: 貪り食うこと。飲めや歌えの、性的にも放埒な集いを連想させる語なので、ダッシュのあとでダイが「そんな下品な（disgusting）言葉を使わないで」とたしなめている。
⓫ Dai pleads: plead は「訴える」。だが「下品な言い方をするな」と諭すダイ自身、"her saliva still gleaming on the floor"（唾液がまだ床で光っている）という有様。
⓬ and the regeneration of the thread: l. 12 の between the mulberry orgy と（between A and B の形で）つながる。regeneration は糸の生成（generation）がふたたび始まるということ。
⓭ bedding: 寝具、寝場所

❶Stubbornly we reel backward: ❷Takayama town. Oyaka village. Toku. Kiyo. Nara. ❸Fudai. Sho. ❹Radishes and pickles. ❺Laurel and camphor smells of Shikoku. Father. Mother. Mount Fuji. ❻The Inland Sea.

5

All Japan ❼is undergoing a transformation—we *kaiko-joko* are not alone ❽in that respect. I watched my grandfather ❾become a sharecropper on his own property. ❿A dependent. He was a young man when the Black Ships came to Edo. He grew ⓫foxtail millet 10 and red buckwheat. ⓬Half his crop he paid in rent; then two-thirds; finally, after two bad harvests, ⓭he owed his entire yield. ⓮That year, our capital moved in a ceremonial, and real, procession from Kyoto to Edo, now Tokyo, ⓯the world shedding names under

❶ Stubbornly we reel backward: 私たちはしつこく、うしろ向きに紡ぐ。過去をふり返りつづけることを言っている。

❷ Takayama town. Oyaka village: Oyaka はおそらく長野県岡谷村（現在は市）。岡谷は諏訪地方の製糸の中心地で、高山から女工が岡谷へ出稼ぎに行くときに通るのが野麦峠。

❸ Fudai: 岩手県普代村とも考えられるが、人名か地名かも判然としない。

❹ Radishes and pickles: radish は一般的には二十日大根だが、ここはむしろ普通の大根を考える方が相応しいかもしれない。

❺ Laurel and camphor smells: 月桂樹と樟脳の匂い。現実の日本に月桂樹が導入されたのは明治 38 年だが。

❻ The Inland Sea: 瀬戸内海

❼ is undergoing a transformation: 変身を遂げつつある。当然、蝶や蛾の変態を想起させる言い方。

❽ in that respect: その点において

❾ become a sharecropper on his own property: 自分の土地（を取られてそこ）の小作人（a sharecropper）になる。sharecropper はオクラホマ農民の苦難を描いた John Steinbeck, *The Grapes of Wrath* (1939) にも出て

出す。高山町。岡谷村。トク。キヨ。奈良。フダイ。ショウ。大根、漬物。四国のアオキと樟（クスノキ）の香り。父親。母親。富士山。瀬戸内海。

　日本中が変身を遂げつつある。私たち蚕女工だけじゃない。私は祖父が自分の土地の小作人になるのを、他人に従属する人間になるのを見た。黒船が来たとき祖父はまだ若者だった。畑では粟（アワ）と蕎麦を作っていた。収穫の半分を小作料として納めた。やがてそれが三分の二になって、とうとう、凶作が二度続いたあと、収穫を全部差し出す破目になった。その年、国の都が京都から江戸に移り、儀礼的かつ本物の行列が移動していき、江戸は東京に変わった。馬車の車輪の下に世は古い名を落としていき、十代の天皇は駕籠（かご）に乗っ

きて、弱い立場の人、というイメージがつきまとう。

❿ A dependent: 他人に依存する者。independent（独立した人間）でないということ。

⓫ foxtail millet and red buckwheat: 粟と蕎麦。red は蕎麦の茎が成熟すると赤くなることから。

⓬ Half his crop he paid in rent: ここも「収穫の半分を」と目的語が先に出ている。paid in rent は「地代として払った」。

⓭ he owed his entire yield: 収穫をまるごと納める義務を負った。……と、日本中が変身を遂げつつある例として挙げられた祖父の生涯は、自作農がどんどん搾取されていく過程にほかならない。

⓮ That year, our capital moved in a ceremonial, and real, procession: 直訳は「この年、首都が儀式的な、かつ本式の行列を成して移転した」。明治元年（1868年）の東京奠都（てんと）のこと。首都移転という行政上の意味合いのほか、後述の通り明治天皇本人が元年とその翌年に京都から大行列を仕立てて、東京と改名された江戸へ行幸した。

⓯ the world shedding names under the carriage wheels:（この行列に象徴されるように）世は馬車の車輪の下に（江戸期の）名前を捨て去り

the carriage wheels, and ❶the teenage emperor in his palanquin traveling over the mountains like an imperial worm.

In the first decade of the Mejii government, my grandfather was forced into ❷bankruptcy by ❸the land tax. ❹In 1873, he joined
5 the farmer's revolt in Chūbu. Along with hundreds of others of ❺the newly bankrupted and dispossessed from Chūbu, Gifu, Aichi, he set fire to ❻the creditor's offices where his debts were recorded. After the rebellion failed, he ❼hanged himself in our barn. The gesture was meaningless. The debt still existed, of course.

10   My father ❽inherited the debts of his father.

There was no dowry for me.

In ❾my twenty-third year, my mother died, and my father turned white, lay flat. ❿Death seeded in him and began to grow tall, like grain, and my brothers carried Father to ⓫the Inaba shrine
15 for ⓬the mountain cure.

It was at precisely this moment that the Recruitment Agent ⓭arrived at our door.

---

❶ the teenage emperor in his palanquin: この年天皇は十六歳。palanquin は
「駕籠」「輿」。
❷ bankruptcy: 破産
❸ the land tax: （明治政府が導入した）地租
❹ In 1873, he joined the farmer's revolt in Chūbu: the farmer's revolt は
「農民一揆」。この年地租が導入された。実際に地租改正反対一揆が起きたのは
1875-77 年の西日本が中心だった。
❺ the newly bankrupted and dispossessed: 新たに破産に追い込まれ財産を
奪われた者たち。newly は「〜したばかりの」と訳すとしっくりくることが多い。
a newly lit streetlamp （灯ったばかりの街灯）
❻ the creditor('s): 債権者
❼ hang(ed) himself: hang の過去・過去分詞は普通 hung だが、このように「首

て芋虫の帝のように山を越えていった。

　明治政府最初の十年のあいだに、私の祖父は地租によって破産に追い込まれた。一八七三年、祖父は中部での農民一揆に加わった。岐阜や愛知の、破産して土地を失ったばかりの数百人と一緒に、自分の負債が記録されている債権者の事務所に火をつけた。一揆が失敗に終わると、自宅の納屋で祖父は首を吊った。それは無意味な意思表示だった。言うまでもなく、借金はそのまま残ったのだ。

　私の父は父親の負債を引き継いだ。

　私に結婚持参金はなかった。

　私が二十三になった年に母が死に、父は髪が白くなって寝込んだ。父の中に死の種が芽生えて穀物のようにぐんぐんのびていき、兄たちは山で治療を受けさせようと父を伊奈波神社に連れていった。

　ちょうどこのとき、人材斡旋人がわが家にやって来たのだ。

を吊る」の意味では hanged。
❽ inherited the debts of his father: inherit は財産や権利などを相続するときに使うのが普通。
❾ my twenty-third year: 私が二十三歳になった年
❿ Death seeded in him and began to grow tall: 直後の like grain がなくとも、死がはっきり植物として、農産物として思い描かれている。
⓫ the Inaba shrine: 伊奈波神社は岐阜市金華山にある神社。
⓬ the mountain cure:（神社のある）山での（お祓いなどの）治療
⓭ arrived at our door: わが家にやって来た、届いた、と言うときのごく一般的な言い方。

The Agent visited after **❶**a thundershower. He had **❷**a parasol from London. I had never seen such a handsome person in my life, man or woman. He had blue **❸**eyelids, **❹**a birth defect, he said, but it had **❺**worked out to his extraordinary advantage. He
5 let me sniff at **❻**his vial of French cologne. It was as if a rumor had **❼**materialized inside the dark interior of our farmhouse. He wore Western dress. He also had — and I **❽**found this incredibly appealing — **❾**mid-ear sideburns and a mustache.

"My father is sick," I told him. I was alone in the house. "He is
10 in the other room, sleeping."

"Well, let's not disturb him." The Agent smiled and stood to go.

"I can read," I said. For years I'd worked as a servant in **❿**the summer retreat of a Kobe family. "I can write my name."

Show me **⓫**the contract, I begged him.

15 And he did. I couldn't run away from the factory and I couldn't die, either, explained the Recruitment Agent — and

---

❶ a thundershower: (短い) 雷雨
❷ a parasol from London: ロンドン製の日傘。parasol は婦人用の日傘の意であり、ここでも場違い感が際立つ。
❸ eyelid(s): 瞼
❹ a birth defect: 先天的奇形
❺ worked out to his extraordinary advantage: 彼にとって非常に有利に働いていた。work out は物事がうまく行く、行かない、というときの「行く」。*Things worked out badly for him.* (事態は彼にとって非常に悪い結果になった)
❻ his vial of French cologne: フランス製コロンの小瓶
❼ materialize(d): 実体化する、実現する。*But that hope never materialized.* (だがその希望は実現せず終わった)

　斡旋人は雷雨のあとに来た。ロンドン製の日傘を持っていた。あんなに顔立ちのいい人間は男でも女でも見たことがなかった。瞼は青く、生まれたときからの欠陥なのだと本人は言っていたが、それがものすごく見栄えをよくしていた。フランス製の香水の小瓶を持っていて、私にも嗅がせてくれた。わが家の農家の暗い屋内に、噂で聞いていたものが実体化したかのようだった。斡旋人は洋服を着ていた。それに——私にはこれがものすごく魅力的に思えた——耳の真ん中まで届くもみあげと口ひげを生やしていた。

「父は病気です」私は斡旋人に言った。家には私しかいなかった。「隣の部屋で寝ています」

「では邪魔するのはよしましょう」。斡旋人はニッコリ笑い、帰ろうと立ち上がった。

「字なら私、読めます」私は言った。神戸のご家族の夏の別荘に何年も奉公に出ていたのだ。「名前も書けます」

　証文を見せて下さい、と斡旋人にせがんだ。

　見せてくれた。私は工場から逃げることも死ぬこともできないと斡旋人は説明した。そしてたぶん私は、少し夢見るような目付きで彼を見ていたのだ

❽ found this incredibly appealing: これを信じがたいほど魅力的だと思った
❾ mid-ear sideburns: 耳の半ばまであるもみあげ
❿ the summer retreat: 避暑地の別荘
⓫ the contract: 契約書

perhaps I looked at him a little dreamily, because I remember that he repeated ❶this injunction in a hard voice, ❷tightening up the grammar: "If you die, your father will pay." ❸He was peering deeply into my face; it was April, and I could see the rain in his
5 mustache. I ❹met his gaze and giggled, ❺embarrassing myself.

"❻Look at you, blinking like ❼a firefly! ❽Only it's very serious—"

He ❾lunged forward and grabbed playfully at my waist, causing my entire face to ❿darken in what I hoped was a womanly
10 blush. The Agent, perhaps fearful that I was choking on a radish, ⓫thumped my back.

"⓬There, there, Kitsune! You will come with me to the model factory? You will reel for the realm, for your emperor? For me, too," he added softly, with a smile.

15　　I nodded, very serious myself now. ⓭He let his fingers brush softly against my knuckles as he drew out the contract.

"Let me bring it to Father," I told the Agent. "Stand back. Stay

---

❶ this injunction: (I couldn't run away from the factory and I couldn't die という) 禁止命令
❷ tightening up the grammar: 文法を引き締めて。つまりもっと簡潔で直接的な言い方で。
❸ He was peering deeply into my face: peer(ing) は p. 94, ll. 7-8 の "He shaded his eyes and peered in at Connie" と同じで、覗き込むように見る感じ。このあと p. 198, l. 16 - p. 199, l. 1 にも "I peered into the cup and saw ..." とある。
❹ met his gaze: 私を見つめる彼を見つめ返した
❺ embarrassing myself: 自分でも恥ずかしくなって
❻ Look at you: 何だその顔は
❼ a firefly: 蛍

と思う。彼がこの禁止命令をもう一度、冷たい声でくり返したことを覚えているから。文法をより簡潔にして、こう言ったのだ——「あなたが死んだら、あなたの父上が弁償するんです」。彼は私の顔をじっと覗き込んでいた。時は四月、口ひげに雨が付いているのが見えた。私は彼と目を合わせてクスクス笑い出してしまい、すごく気まずかった。

「あなたときたら、蛍みたいに目をパチクリさせて！　これはすごく真剣な話なんですよ——」

　彼は一気に飛び出してきて、ふざけて私の腰に摑みかかり、私は顔じゅう色が濃くなった。女らしく赤く染まっているといいけど、と思った。大根が喉に詰まったと恐れたか、斡旋人は私の背中を叩いた。

「ほらほら、キツネ！　私と一緒に、模範工場に来るね？　お国のため、天皇陛下のために糸を繰るね？　私のためにも」。最後の一言は笑顔とともに小声でつけ加えた。

　私は頷いた。いまや私もすごく真剣になっていた。指先で私の手の指関節をそっと掠（かす）めながら、斡旋人は証文を取り出した。

「これ、父のところへ持っていきますね」私は斡旋人に言った。「待ってい

---

❽ Only it's very serious: Only は「まあ普通はそれでいいかもしれないが、ただこれは……だからそうは行かないよ」というニュアンス。
❾ lunged forward: 突進してきた
❿ darken in what I hoped was a womanly blush: 直訳は「女らしい恥じらいの赤面（a womanly blush）と私が期待したものによって顔が赤黒くなる」。
⓫ thump(ed): 〜をどんと叩く
⓬ There, there: なだめたり落ち着かせようとしたりして言う言葉。
⓭ He let his fingers brush softly: 意図的に指で撫でたというよりは、指が何となく触れるのを止めなかった、という含み。

here. His disease is ❶contagious."

The Agent laughed. He said he wasn't used to ❷being bossed by a *joko*. But he waited. ❸Who knows if he believed me?

My father would never have signed the document. He would
5 not have agreed to let me go. He blamed the new government for my grandfather's death. He was suspicious of foreigners. He would have demanded to know, certainly, where the factory was located. But I could work ❹whereas he could not. I saw my father coming home, cured, and finding the five-yen advance. ❺I had
10 never used an ink pen before. In my life as a daughter and a sister, I had never felt so powerful. No woman in Gifu had ever ❻brokered such a deal on her own. KITSUNE TAJIMA, I ❼wrote in the slot for the future worker's name, my heart ❽pounding in my ears. When I returned it, I apologized for my father's ❾unsteady hand.

15　　On our way to ❿the *kaiko*-tea ceremony, I was so excited that ⓫I could barely make my questions about the factory ⓬intelligible. He took me to a summer guesthouse in the woods behind ⓭the Miya

---

❶ contagious: 伝染性の

❷ being bossed: 上役（boss）のように指図されること

❸ Who knows if he believed me?: I have no idea if he believed me or not.

❹ whereas ...: ～であるのに対し。*She likes coffee, whereas her husband likes tea.*（彼女はコーヒーが好きだが、彼女の夫は紅茶が好きだ。『コンパスローズ英和辞典』）

❺ I had never used an ink pen: 筆ではなく、ということ。

❻ brokered such a deal on her own: 自分一人で（ブローカー〔broker〕のように）こんな取引をまとめた

❼ wrote in the slot for ...: ～の欄に書き込んだ

❽ pound(ing):（心臓が）激しく打つ

❾ unsteady hand: 読みにくい筆跡

てください。ここにいてください。父の病気、伝染るんで」

　斡旋人は笑った。女工に指図されるのは慣れてないなあ、と言った。でも待ってくれた。私の言ったことを、信じたのだろうか？

　父は絶対その書類に署名しなかっただろう。私を行かせることに同意しなかっただろう。祖父の死を父は新政府のせいだと言っていた。外国人を疑いの目で見ていた。工場がどこにあるのか、教えろと迫ったにちがいない。でも父は働けないけれど私は働ける。治った父が家に帰ってきて五円の前払い金を目にする姿が見えた。私はインキを付けて書くペンを使ったことなんて一度もなかった。娘として、妹として、これほど自分に力があると感じたことはなかった。岐阜じゅう、こんな取引きを自分でまとめた女などいたためしはない。田島キツネ、と未来の労働者の名前を書く欄に私は書いた。耳の中で心臓がドキドキ鳴っていた。返すときに、父の筆跡がぎくしゃくしていることを詫びた。

　蚕茶の儀式へ向かう途中、心底ワクワクしていたものだから、工場をめぐっていろいろ質問したもののかなり支離滅裂だった。宮川の向こうの森にある

⑩ the *kaiko*-tea ceremony: 蚕になる茶を飲む儀式
⑪ I could barely ...: ろくに〜できなかった
⑫ intelligible: 了解可能な、理解できる
⑬ the Miya River: 宮川は高山市などを流れる神通川の別称。

River, ❶which he told me was owned by a Takayama merchant family and, at the moment, empty.

Something is wrong, I knew then. This knowledge ❷sounded with such clarity that it seemed almost independent of my body, like a bird calling once over the trees. But I ❸proceeded, following the Agent toward a dim ❹staircase. The first room I glimpsed ❺was elegantly furnished, and I felt my spirits lift again, ❻along with my caution. I counted fourteen steps to ❼the first landing, where he opened ❽the door onto a room that ❾reflected none of the downstairs refinement. There was a table with two ❿stools, a bed; otherwise the room was bare. I was surprised to see a large brown ⓫blot on the mattress. One ⓬porcelain teapot. One cup. The Agent lifted the tea with an unreadable expression, ⓭frowning into the pot; as he poured, I thought I heard ⓮a little splash; then he ⓯cursed, excused himself, said he needed a fresh ⓰ingredient. I heard him ⓱continuing up the staircase. I peered into the cup

---

❶ which he told me was owned by ...: (その別荘は) 〜に所有されていると彼は私に言った

❷ sounded with such clarity that it seemed almost independent of my body: あまりにもはっきり (with such clarity) 響いたので、ほとんど自分の体から独立している (independent) ように思えた

❸ proceed(ed): 先へ進む

❹ (a) staircase: 階段。手すりなども含めた全体を言う。

❺ was elegantly furnished: 上品な調度品が置かれていた

❻ along with my caution: 警戒しながらも

❼ the first landing: landing は階段を上り詰めた平面のこと。一階分の階段が一続きで終わっていれば、the first landing が最初の上階ということになる (ここはそうらしい)。そうでなければ「踊り場」になる。

❽ the door onto ...: 〜に入る扉

❾ reflected none of the downstairs refinement: 階下の洗練 (the down-

別荘に幹旋人は私を連れていき、ここはさる高山の商家の持ち物で目下誰もいないのだと言った。

何かおかしい、とそのとき私は悟った。その悟りはおそろしくはっきりと響き、私の体とはほとんど関係ない気がした。まるで木々の向こうで鳥が一度鳴いたみたいだった。けれど私は先へ進み、幹旋人のあとについて薄暗い階段に向かって行った。目に入った最初の部屋には優雅な家具が並び、それを見て、警戒心もあったけれどふたたび元気が湧いてくるのが自分でもわかった。数えながらのぼると二階までは十四段で、幹旋人がそこで扉を開けると、そこに現われた部屋は下の階の洗練とは全然関係なかった。机が一つと丸椅子が二つ、それに寝台。あとは何もない。敷布団に大きな茶色いしみがあるのを見て私は驚いた。磁器の急須が一つ、茶碗が一つ。読みようのない表情とともに、お茶の入った急須を幹旋人は持ち上げて、眉間に皺を寄せて中を覗き込み、それから、注いだときに少し撥ねる音が聞こえたように思え、すると幹旋人は悪態をつき、失礼、と詫びて立ち上がり、中身を淹れ直さないと、と言った。幹旋人が階段をさらにのぼって行くのが聞こえた。茶

stairs refinement）をまったく反映していなかった

❿ stool(s): （背もたれのない）簡素な椅子。たいていの場合は「丸椅子」で済む。

⓫ (a) blot: しみ、汚れ。インクなどで出来た、はっきり形のある一個のしみ、という感じ。

⓬ porcelain: 磁器製の

⓭ frown(ing) into ...: 眉間に皺を寄せて〜を覗き込む。frown は日本語の「眉をひそめる」「顔をしかめる」などのように不快・不賛成を示すわけでは必ずしもなく、ここのように、単に真剣になっている場合にも使う。

⓮ a little splash: 小さく撥ねる音

⓯ cursed, excused himself: 汚い言葉を使い、失礼と詫びて席を立った。excuse oneself は「ちょっと失礼（Excuse me.）」と言って席を立つときに使うが、ここは文字どおり非礼を詫びたという意も入っているように思える。

⓰ (an) ingredient: 成分、材料

⓱ continuing up the staircase: 階段をさらに上がっていく

and saw that there was something alive inside it — **❶**writhing, dying — a fat white *kaiko*. I shuddered but I didn't **❷**fish it out. What sort of tea ceremony was this? Maybe, I thought, the Agent is testing me, to see if I am **❸**squeamish, weak. Something bad
5 was coming — **❹**the stench of a bad and **❺**thickening future was everywhere in that room. The bad thing was right under my nose, **❻**crinkling its little legs at me.

I **❼**pinched my nostrils shut, just as if I were standing in the mud **❽**a heartbeat from jumping into the Miya River. **❾**Without
10 so much as consulting the Agent, I **❿**squinched my eyes shut and gulped.

The other workers cannot believe I did this **⓫**willingly. Apparently, **⓬**one sip of the *kaiko*-tea is so venomous that most bodies **⓭**go into convulsions. **⓮**Only through the Agent's
15 intervention were they able to **⓯**get the tea down. **⓰**It took his hands around their throats.

---

❶ writhing <writhe: のたうつ
❷ fish it out: それをつまみ出す
❸ squeamish: 神経過敏な、怖がりな
❹ the stench: 悪臭
❺ thickening: （だんだん）込み入ってくる、不透明になっていく。thicken は話 などが複雑になっていくことで、"The plot thickens." といえば「話はますま す込み入って参りました」という感じの、ややユーモラスに響く決まり文句。
❻ crinkling its little legs at me: 私に向かって小さな脚をゾワゾワ動かして。 crinkle は「〜を皴寄らせる、縮らせる」。
❼ pinched my nostrils shut: 鼻孔をぎゅっとつまんで閉じた
❽ a heartbeat from ...: 文字どおりには「〜の心臓一拍ぶん前で」。一歩手前ま で来ている、という感じ。
❾ Without so much as ...: 〜さえせずに
❿ squinched my eyes shut and gulped: 目をつむって、ごくんと飲み干した

碗を覗いてみると、中に何か生きているものが見えた。くねくねのたくる、死にかけた、太った白い蚕だった。私はぶるっと身震いしたがそれを取り出しはしなかった。いったいこれはどういうお茶会なのか？　ひょっとして私を試しているのだろうか。私が神経質か、弱いか、見ようとしているのか。何か悪いものがやって来ようとしている。だんだん込み入ってくる未来の悪臭が部屋中に広がっていた。悪いものは私の鼻先にあって、何本もの小さな脚を私に向けてくねらせている。

　宮川に飛び込む一歩手前で泥の中に立っているみたいに、私は鼻をつまんで鼻孔を閉じた。幹旋人に相談もせずに、ぎゅっと目を閉じて呑み込んだ。

　これを私が自分から進んでやったということが、ほかの工具たちには信じられない。どうやら蚕茶は一口だけでもものすごく毒が強く、たいていは体が痙攣してしまうらしい。みんな幹旋人に手を貸してもらってやっと飲める。幹旋人の両手に喉を包まれてようやく飲み込めるのだ。

❶ willingly: 自分の意志で

❷ one sip of the *kaiko*-tea is so venomous …: 蚕茶を一口飲んだだけで、非常に有毒（venomous）なので〜

❸ go into convulsions: 痙攣を起こす。go into … は何か病的な状態に陥ること。*The patient went into a coma.*（患者は昏睡状態になった。『動詞を使いこなすための英和活用辞典』）

❹ Only through the Agent's intervention were they able to …: 幹旋人の介入を通して初めて、彼女らは〜することができた。Only through … から始まるので、were they able to … と倒置になるのが自然。

❺ get the tea down: どうにか茶を飲み込む。*My throat is so sore I can't get anything down.*（のどがひどく痛くて何ものみ込めない。『動詞を使いこなすための英和活用辞典』）

❻ It took his hands around their throats: 直訳は「喉の周りに添えた彼の両手が必要だった」。

I ❶arranged my hands in my lap and sat on ❷the cot. Already I was feeling a little dizzy. I remember smiling ❸with a sweet vacancy at the door when he returned.

"You — drank it."

5   I nodded proudly.

Then I saw pure amazement ❹pass over his face — I passed the test, I thought happily. ❺Only it wasn't that, quite. He began to laugh.

❻"No *joko*," he sputtered, "not one of you, ever — " He was
10 ❼rolling his eyes at the room's corners, as if he ❽regretted that ❾the hilarity of this moment was wasted on me. "No girl has ever gulped a pot of it!"

Already ❿the narcolepsy was ⓫buzzing through me, like a hive of bees ⓬stinging me to sleep. I lay ⓭guiltily on the mat — why
15 couldn't I ⓮sit up? Now the Agent would think I was worthless for

❶ arranged my hands in my lap: 両手をきちんと膝に置いた。lap は knees と違って腰から両膝まででひとつ。
❷ the cot: 簡易ベッド
❸ with a sweet vacancy: 心地よくぼんやりした頭で
❹ pass over his face: 彼の顔をよぎる
❺ Only it wasn't that, quite: ここも p. 182, l. 2 の "'Freed,' I suppose, isn't quite the right word, is it?" と同じで、"not quite"（ちょっと違う）が隠れている。
❻ "No *joko*," he sputtered ...: 先回りして言ってしまうと、No *joko* とまず言い、次に not one of you, ever と言い、最後に No girl (l. 11) と、「誰も〜ない」的な主語を三度言った末に、動詞部分 has ever gulped a pot of it (ll. 11-12) が出てくる。sputter(ed): 唾を飛ばして喋る
❼ rolling his eyes at ...: 〜に向けて（呆れた様子で）目玉を動かして。roll one's eyes はさまざまな気持ちを伝えるしぐさで、『しぐさの英語表現辞典』では「ひどく恐ろしいとき；腹立たしいとき；やれやれお手上げ、まさか、な

　私は両手を膝で揃えて寝台に腰かけた。もうすでに眩暈（めまい）がしてきていた。斡旋人が戻ってきたとき、甘美に虚ろな笑みを扉に向けていたことを覚えている。

「君——飲んだのか」

　誇らしい思いで私は頷いた。

　掛け値なしの驚きが斡旋人の顔に浮かぶのが見えた。合格したんだ、と私は嬉しい気分で思った。でもちょっと違うみたいだった。斡旋人はゲラゲラ笑い出した。

「いままで一人も」唾を飛ばしながら言う。「一人の女工も——」この瞬間の爆笑ぶりの可笑しさが私には伝わらないことを残念がるみたいに、斡旋人は目を白黒させて部屋の四隅を見ている。「急須の中身、丸ごと飲んだ女の子なんていないよ！」

　もうすでに、巣の蜂がいっせいに私を刺して眠らせるみたいに、強い眠気が体を貫いていった。私は疚（やま）しい思いで敷布団に横たわった。どうして座っていられないのか？　これでは斡旋人に、こいつは役に立たないぞと思われ

ど驚き、あきれたとき；少女っぽい媚を示した目つき、など」と詳しく例を挙げている。p. 42, ll. 14–15 では "Connie said no, she wasn't interested, rolling her eyes to let her mother know just what she thought of it." と「やれやれお手上げ」とおぼしき例が出てきた。

❽ regretted that ...: 〜ということを残念に思った

❾ the hilarity of this moment was wasted on me: この瞬間のとてつもない滑稽さ（the hilarity）が私には通じなかった（was wasted）

❿ the narcolepsy: 睡眠発作

⓫ buzzing through me, like a hive of bees: hive あたりまで読んだ段階で、もうすでに蜂のブンブンという羽音が聞こえてきて、それが体内を貫いている感触が読者にも伝わってくる。buzz は本来は蜂などが「ブンブンいう」、a hive は「蜂の巣」。

⓬ stinging me to sleep: sting もやはり「蜂関連」の言葉（「刺す」）。

⓭ guiltily: 後ろめたい気持ちで

⓮ sit up:（上半身だけ）起き上がる

work. I opened my mouth to explain that I was feeling ill but only
❶a smacking sound came out. I held my eyes open **❷**for as long as I
could stand it.

Even then, I was still dreaming of my **❸**prestigious new career
5 as a factory reeler. Under the Meiji government, **❹** the hereditary
classes had been abolished, and I even **❺**let myself imagine that
the Agent might marry me, **❻**pay off my family's debts. As I
watched, the Agent's **❼**genteel expression **❽**underwent a complete
transformation; suddenly it was **❾**as blank as a stump. The last
10 thing I saw, before shutting my eyes, was his face.

I slept for two days and woke on a dirty tatami in this factory with
Dai applauding me; the green thread had **❿**erupted through my
palms in my sleep — **⓫**the metamorphosis unusually **⓬**accelerated.
15 I was lucky, as Chiyo says. Unlike Tooka and Etsuyo and so many
of the others **⓭**I had no limbo period, no **⓮**cramps from my guts

---

❶ a smacking sound: smack one's lips といえば「舌鼓を打つ」。smack とい
う語から聞こえてくる音は「ピチャピチャ」か。

❷ for as long as I could stand it: 我慢の限界まで長く

❸ prestigious: 栄誉ある（名詞形 prestige は「箔」に近い）

❹ the hereditary classes had been abolished: 世襲身分はすでに廃止された。
いわゆる「四民平等」のこと。

❺ let myself imagine that ...: 自分が〜を空想するのを許した、思わず〜を空想
してしまった

❻ pay off ...: 〜を全額支払う

❼ genteel: 上品な。「上品ぶった」と皮肉っぽく使われることも多いがここはそ
うではない。

❽ underwent <undergo: 〜を経る

てしまう。口を開けて、気分が悪いんですと弁解しようとしたが、舌がぴちゃっと鳴る音しか出てこなかった。目を開けていられる限り、精一杯頑張って開けていた。

　そのときもまだ私は、糸繰り工としての栄えある新しい地位を夢見ていたのだ。明治政府の下、世襲の階級制は廃止された。私は想像を膨らませ、斡旋人が結婚してくれるかもしれない、うちの借金を払ってくれるかも、とまで夢想した。と、私が見ている前で、斡旋人の上品な表情が完全に変容した。突然、切り株みたいな無表情に変わったのだ。目を閉じる前、最後に見たのはその顔だった。

　二日のあいだ眠って目が覚めると、この工場の汚い莚の上に私は寝ていて、ダイの喝采を浴びていた。寝ているあいだに緑の糸が両の手のひらから飛び出していた——変身が異様に加速したのだ。チヨも言うけれど私は運がよかった。トオカやエツヨ、その他大勢の子とは違って、中間の地獄状態が私にはなかった。内臓がほどけ、変化することから来る激痛もなかったし、自

❾ as blank as a stump: 切り株のように無表情な。慣用句ではない。
❿ erupt(ed): 噴き出す
⓫ the metamorphosis: 変身、変態
⓬ accelerate(d): 加速する
⓭ I had no limbo period: 私には（普通の人間でも「蚕女工」でもない）どっちつかずの時期がなかった。limbo は地獄にも天国にも行けない魂が住むという辺土。
⓮ cramps from my guts unwinding, changing: 内臓がほぐれ、変わるせいで起きる腹痛。この from は原因を表わす。I was exhausted from the journey.（長旅のせいで疲れ切っていた。『ロングマン英和辞典』）

205

unwinding, changing; no time at all to ❶meditate on what I was becoming — a secret, a ❷furred and fleshy silk factory.

What would Chiyo think of me, if she knew how much I envy ❸her initiation story? ❹That what befell her — her struggle, her
5 screams — I long for? That I would exchange my memory for Chiyo's ❺in a heartbeat? ❻Surely this must be the final, inarguable proof that I am, indeed, a monster.

Many workers here have ❼a proof of their innocence, some physical trace, on the body: ❽scar tissue, ❾a brave spot.
10 A sign of struggle that is ❿ineradicable. Some girls will push their white ⓫fuzz aside to show you: Dai's ⓬pocked hands, Mitsuki's ⓭rope burns around her neck. Gin has ⓮wiggly lines around her mouth, like lightning, where she ⓯was scalded by the tea that she ⓰spat out.

15 And me?

---

❶ meditate on ...: 〜についてあれこれ考える

❷ furred and fleshy: ふさふさ毛が生えた、肉体から成る

❸ her initiation story: 彼女が（蚕の）仲間入りを果たした話。initiation は文化人類学で言う、共同体への仲間入りや成年の儀式。

❹ That what befell her ... I long for?: 省略と倒置が入っている。[What would Chiyo think of me] if she knew that I long for what befell [= happened to] her? 彼女の身に降りかかったことを私が切望していると（知ったらチヨは私のことをどう思うだろう）。ダッシュの中の "her struggle, her screams" は彼女の身に降りかかったことの具体的説明。

❺ in a heartbeat: すぐに、喜んで

❻ Surely this must be the final, inarguable proof that I am, indeed, a monster: これぞ私が、本当に、化け物であることの最終的な (final)、反論しようのない (inarguable) 証拠であるにちがいない。this（これ）とは、これまでの3センテンスで言っていることを私が思ってしまうという事実。

分が何に（一個の秘密に、毛に覆われた肉体の絹工場に）なりつつあるのか考える暇もまったくなかったのだ。

　チヨの変容の物語を私がどれほど妬ましく思っているかを知ったら、本人はどう思うだろう？　彼女の身に起きたことに——その苦闘に、悲鳴に——私が焦がれていると知ったら？　自分の記憶とチヨの記憶を取り替えっこできるとしたら、迷わずそうすると知ったら？　きっとこれこそ究極の、反論の余地なき、私が本当に化け物だということの証拠だ。

　ここにいる工具の多くは、体に何かしら無垢の証し、何らかの身体的痕跡を残している。瘢痕組織、勇敢さを示す一点。抵抗を伝える、消えようのないしるし。白い毛を押しのけて、見せてくれる子もいる。ダイの両手のあばた、ミツキの首の縄の跡。ギンの口の周りには稲妻みたいなくねくねの線が何本かあって、これは茶を吐き出したときの火傷の名残り。

　で、私は？

---

❼ a proof of their innocence: 罪がないことの証拠。これだけでは何のことかわかりにくいが、このあとを読めば、主人公と違って蚕になることに抵抗した証拠のことだとわかる。つまり innocence とは a monster ではないということ。

❽ scar tissue: 瘢痕組織。盛り上がった古傷の跡。

❾ a brave spot: brave と spot という二語はそれほど頻繁に結びつくわけではないが、ここでは「勇気を物語る一点、しるし」といった意味であることは文脈から明らか。

❿ ineradicable: 消すことのできない

⓫ fuzz: 産毛、綿毛

⓬ pocked: あばたの跡のある

⓭ rope burns: 縄でこすれた傷

⓮ wiggly lines: くねくね曲がった線

⓯ was scalded by ...: 〜で火傷した

⓰ spat out: 〜を吐き出した

There was a moment, at the bottom of the stairwell, and a door that I ❶could easily have opened back into the woods of Gifu. I alone, it seems, out of twenty-two workers, signed my own contract.

5   "Why did you drink it, Kitsune?"

I shrug.

"I was thirsty," I say.

❷Roosters begin to crow outside the walls of Nowhere Mill at five
10 a.m. They make a sound like ❸gargled light, very beautiful, which I picture as Dai's red and Gin's orange and Yoshi's pink thread singing on the world's largest reeler. Dawn. I've been lying awake in the dark for hours.

"Kitsune, you never sleep. ❹I hear the way you breathe," Dai
15 says.

"I sleep a little."

"❺What stops you?" Dai rubs her belly sadly. "Too much thread?"

---

❶ could easily have opened back into the woods of Gifu: 容易に（その扉を）
開けて、岐阜の森へ戻れた（だがそうしなかった）
❷ Rooster(s): 雄鶏
❸ gargled light: 直訳は「うがいされた光」。
❹ I hear the way you breathe: あんたの呼吸の仕方が聞こえる（だから眠って
いないとわかる）
❺ What stops you?: 何があんた（の眠り）を止めているのか

　階段の下での一瞬があったし、そうしようと思えば容易に開けて岐阜の森の中に戻れた扉があった。どうやら二十二人の工具のうち、自分で証文に署名したのは私だけらしい。
「なぜ飲んだの、キツネ？」
　私は肩をすくめる。
「喉が渇いてたから」と私は言う。

　午前五時、**どこでもない工場**の壁の外で雄鶏が鳴き出す。光をうがいしているみたいな音で、すごく綺麗で、私はその音を、ダイの赤とギンの橙とヨシの桃色の糸が世界一大きい繰り機で歌っている光景として思い浮かべる。夜明け。私は暗い中で何時間も眠らずに横になっていた。
「キツネ、あんた全然寝ないんだね。息の仕方でわかるよ」とダイが言う。
「少しは寝るよ」
「なんで寝ないの？」ダイは悲しげにお腹をさする。「糸が多すぎるから？」

"Up here." I knock on my head. "I can't stop ❶reliving it: the Agent walking through our fields under his parasol, in the rain . . ."

"You should sleep," says Dai, peering into my ❷eyeball. "Yellowish. You don't look well."

5   ❸Midmorning, there is ❹a malfunction. ❺Some hitch in the Machine causes my reeler to spin backward, pulling the thread from my fingers so quickly that ❻I am jerked onto my knees; then ❼I'm dragged along the floor toward the Machine's central wheel ❽like an enormous, flopping fish. The room fills with my ❾howls.

10 ❿With surprising calm, I become aware that my right arm ⓫is on the point of being wrenched from its socket. I lift my chin and begin, ⓬with a naturalness that belongs entirely to my terror, to ⓭swivel my head around and ⓮bite blindly at the air; at last I snap the threads with my *kaiko*-jaws and ⓯fall sideways. Under my

15 wrist, ⓰more thread kinks and scrags. There is ⓱a terrible stinging in my hands and my head. I ⓲let my eyes close: for some reason

---

❶ reliving <relive: 〜をふたたび生きる

❷ eyeball: 眼球、目玉

❸ Midmorning: 日の出と正午の中間ごろに

❹ a malfunction: 不調、誤作動

❺ Some hitch: 何かの不具合

❻ I am jerked onto my knees: ぐいっと引っぱられて（前のめりに）膝をつく

❼ I'm dragged along the floor: 床をずるずる引きずられる。jerk、drag、どちらも生々しい（おそらくは痛みを伴った）動きが伝わってくる動詞。

❽ like an enormous, flopping fish:「巨大なじたばたする (flopping) 魚みたい」なのは the Machine's central wheel ではなく「私」。

❾ howl(s):（遠吠えのような）わめき声

❿ With surprising calm:（自分でも）驚くほど冷静に

⓫ is on the point of being wrenched from its socket: 付け根からもぎ取ら

「ここだよ」。私は自分の頭をこんこん叩く。「生き直すのをやめられないんだよ。斡旋人が雨の中で日傘を差してうちの畑を歩いてきて……」

「眠らなきゃ駄目だよ」ダイは言って私の目玉を覗き込む。「黄色っぽい。あんた具合悪そうだよ」

　午前なかばに、動作不良が起きる。**機械**がどこかおかしくなって、私の繰り機が逆向きにくるくる回って、指からものすごい速さで糸を引き出し、私は体ごと引っ張られてがくんと膝をつく。それから床をずるずる引きずられて、バタバタ暴れる巨大な魚みたいに、**機械**の真ん中の糸車の方に引っぱられていく。部屋中に私の吠え声が響きわたる。驚くほど落ち着いた気持ちで、右腕がいまにももげそうになっていることを私は自覚する。あごを上げて、ひとえに恐怖心から生まれる自然さで、首を旋回させて空気を闇雲に嚙みはじめる。やっとどうにか、蚕あごで糸の束を嚙み切り、ばったり横向きに倒れる。手首の下で、糸がもっとねじれ、締めつける。両手と頭がズキズキ痛む。私は目を閉じる。と、なぜか、母親の杉簞笥（たんす）の下のすきまの、緑色の水

れる寸前だ

❶❷ with a naturalness that belongs entirely to my terror: 直訳は「完全に恐怖心に属す自然さで」。

❶❸ swivel my head around: 頭をぐるっと回す。a swivel chair といえば「回転椅子」。

❶❹ bite blindly at the air: 無闇やたらと空気を嚙む

❶❺ fall sideways: 横に倒れる

❶❻ more thread kinks and scrags: 直訳は「もっと多くの糸が、ねじれ、締める」。いずれもこの文脈では（特に scrag は）やや特殊な動詞。

❶❼ a terrible stinging: 刺すようなひどい痛み

❶❽ let my eyes close: 目が自然に閉じるに任せる

I see ❶the space beneath my mother's cedar chest, where ❷the moonlight lay in green splashes on our floor. I used to hide there as a child and sleep so ❸soundly that no one in our one-room house could ever find me. No such luck today: hands ❹latch onto
5 my shoulders. Voices are calling my name — "Kitsune! Are you awake? Are you okay?"

"I'm just ❺clumsy," I laugh nervously. But then I look down at my hand. Short threads ❻extrude from the ❼bruised skin of my knuckles. They are the wrong color. Not my green. Ash.
10 Suddenly I feel ❽short of breath again.

It gets worse when I look up. The silk that I reeled this morning is bright green. But the more recent thread drying on the bottom of my reeler is black. ❾Black as the sea, as the forest at night, says Hoshi ❿euphemistically. She is ⓫too courteous to make the more
15 sinister comparisons.

I ⓬swallow a cry. Am I sick? It occurs to me that five or six of these black threads dragged my entire weight. It had felt as though

---

❶ the space beneath my mother's cedar chest: 杉の簞笥にふつう脚はないと思うので、下のすきまはやや想像しづらいが……。
❷ the moonlight lay in green splashes: 月の光が、緑の撥ね（green splashes）となって横たわっていた
❸ soundly: ぐっすりと
❹ latch onto my shoulders: 私の肩を（掛け金（latch）みたいに）しっかり摑む
❺ clumsy: 不器用な、ドジな
❻ extrude: 飛び出ている。intrude（押し入る、侵入する）ほど頻繁には使われない。
❼ bruised: 打撲傷のある、あざになった
❽ short of breath: 息が切れて
❾ Black as the sea, as the forest at night: p. 204, l. 9 の "as blank as a

が撥ねたみたいに月の光が床に広がっているところが見える。私は小さいころよくそこにもぐり込んで横になり、あまりにもぐっすり眠ったので、一部屋しかない我が家の誰一人、どうしても私のことを見つけられなかったものだ。今日はそうは行かない。いくつもの手が肩に摑みかかる。いくつもの声が私の名を呼んでいる。「キツネ、起きてるの？　大丈夫？」

「ちょっとヘマやっただけ」私はぎこちなく笑う。でもそれから、手を見てみる。指関節の、打ち傷の残った皮膚から、短い糸の束が飛び出ている。それは間違った色だ。私の緑じゃない。灰の色。

突然、また息が切れてくる。

顔を上げるともっとひどくなる。けさ私が繰り出した生糸は明るい緑色だ。でも繰り機の底でいま乾燥しつつあるもっとあとの糸は黒だ。海のように、夜の森のように黒い、とホシが綺麗ごとめかして言う。もっと禍々（まがまが）しい喩（たと）え方をするには、彼女は礼儀正しすぎるのだ。

私は叫び声を呑み込む。私は病気なのか？　この黒い糸五、六本で私の全体重を引っ張ったのだということに私は思いあたる。糸が切れるより先に、

---

stump” ほど奇抜ではないが、さりとて慣用句というわけでもない。

⑩ euphemistically: 婉曲に、遠回しに

⑪ too courteous to make the more sinister comparisons: もっと不吉な喩え方をするには礼儀正しすぎる

⑫ swallow a cry: 悲鳴をこらえる。swallow は p. 154, ll. 2-3 に “Etsuyo swallows her scream” の形で既出。

my bones would **❶**snap in two before my thread did.

"Oh no!" **❷** gasp Tooka and Etsuyo. **❸** Not exactly sensitive, these sisters from Sakegawa. "Oh, poor Kitsune! Is that going to happen to us, too?"

5　　"**❹**Anything you want to tell us?" Dai **❺**prods. "About how you are feeling?"

"**❻**I feel about as well as you all look today," I **❼**growl.

"I'm not worried," says Dai in a too-friendly way, **❽** clapping my shoulder. "Kitsune just needs sleep."

10　　But everybody is staring at **❾**the spot midway up the reel where the green silk **❿**shades into black.

⓫My next mornings are spent **⓬**splashing through the hot water basin, looking for fresh fibers. I pull out yards of the greenish-black

15　thread. **⓭**Soiled silk. **⓮**Hideous. Useless for **⓯**kimonos. I sit and reel **⓰**for my sixteen hours, until the Machine gets the last bit out of me **⓱**with a shudder.

---

❶ snap in two: 「プツンと切れる」の意の慣用句。

❷ gasp Tooka and Etsuyo: gasp は辞書ではまず最初に「喘ぐ」という訳語が当てられていることも多いが、当てはまらないことも多い。「ハッと息を呑む」「息も切れぎれに喋る」「喘ぐ」といったあたりの訳語でおおむねカバーできるか。ここは「ハッと息を呑む」。p. 160, l. 5 の名詞形が出てきた "provoking gasps and applause" もやはり「ハッと呑む息」。

❸ Not exactly ...: どうもあまり〜とは言いがたい

❹ Anything you want to tell us?: Is there anything you want to tell us?

❺ prod(s): 促す。文字どおりつつくわけではない。

❻ I feel about as well as you all look: 直訳は「あんたたちがみんな元気に見える (look well) のと同じくらい元気な気分だ」。

❼ growl: 不機嫌に言う。犬が歯を剝くイメージ。

こっちの骨が真っ二つに折れてしまうと思えたくらいだ。

「わぁ大変！」トオカとエツヨが息を呑む。鮭川出のこの姉妹、いまひとつ繊細とは言いかねる。「キツネったら、気の毒！　あたしたちもそのうち、こうなっちゃうの？」

「何かあたしたちに言いたいこと、ある？」ダイが突っつく。「いまの気分について？」

「気分って言ったって、今日のあんたたちの見た目と変わらないよ」私は歯を剥く。

「あたし、心配なんかしてないよ」ダイがやけに親しげに言い、私の肩をぽんと叩く。「キツネはね、眠りが必要なだけ」

　でもみんな、糸巻の真ん中あたりの、絹の緑色が黒に変わるところに見とれている。

　それから数日、朝はお湯の入った釜の中でバシャバシャ指を動かし、新しい繊維を探して過ごす。緑っぽい黒の糸を私は何メートルも引っぱり出す。汚れた生糸。見るからに醜い。着物になんか使えない。私は座って糸を繰り出しつづけ、十六時間やったところで**機械**は最後の一本を私から引き出し、ぶるっと振動する。

---

❽ clap(ping): 〜を軽く叩く

❾ the spot midway up the reel: 糸巻きの真ん中あたりの一点

❿ shades into black: 徐々に暗くなって黒に変わる

⓫ My next mornings: それに続く数日の朝

⓬ splashing through the hot water basin: 湯の入った釜の中で手をばしゃばしゃ動かしていき

⓭ Soiled: しみのついた、汚れた

⓮ Hideous: 醜い、おぞましい

⓯ kimono(s): kimono はすっかり英語になっているのでイタリックにはしない。ただし普通は着物風の部屋着やガウンを指す。

⓰ for my sixteen hours: （私が糸を出し切るのに）必要な十六時間のあいだ

⓱ with a shudder: shudder はいかにも「ぶるっ」という感触が伝わってくる語。

215

My thread is green three days out of seven. After that, **❶**I'm lucky to get two green outflows in a row. This transformation happens to me alone. None of the other workers report a change in their colors. **❷**It must be my own illness then, not *kaiko*-evolution.
5 If we had a foreman here, he would **❸**quarantine me. **❹**He might destroy me, **❺**the way silkworms infected with the blight are burned up in **❻**Katamura.

And in Gifu? Perhaps my father has died at the base of **❼**Mount Inaba. Or has he made a full recovery, journeyed home with my
10 brothers, and cried out with joyful astonishment to find my five-yen advance? **❽**Let it be that, I pray. **❾**My afterlife will be whatever he chooses to do with that money.

❿ Today marks the forty-second day since we last saw the Agent.
15 In the past he has **⓫**reliably surprised us with visits, once or twice per month. Factory **⓬**inspections, he calls them, **⓭**scribbling notes

---

❶ I'm lucky to get two green outflows in a row: I'm lucky if I get two … in a row ということ。outflow(s): 流出物。p. 182, ll. 4-5, "With her right hand she adjusts the outflow" の形で既出。in a row: 続けて

❷ It must be my own illness then, not *kaiko*-evolution: then は「だとすれば」「ならば」。

❸ quarantine: 〜を隔離する

❹ He might destroy me: destroy はこのように「〜を殺す／駆除する」の意になることがある。先回りすれば p. 238, ll. 8-9 でも "they destroy the silkworm larvae in vinegary solutions." という形で出てくる。

❺ the way silkworms infected …: the way / silkworms / infected with the blight / are burned up と切る。「微粒子病（the blight）に感染した蚕が焼き払われるのと同じに」。blight は p. 164, l. 13 - P. 166, l. 1 に既出（"The Blight in Europe … has killed every silkworm)。

　私の糸は七日のうち三日は緑だ。そのあとはもう、二日続けて緑が出てきたら儲けもの、という感じになってくる。この変身は私にしか起きない。ほかの工具は誰一人、色の変化など報告しない。だから私の病気のせいにちがいない、蚕進化なんかじゃない。ここに職工長がいたら隔離されるところだろう。伝染病にかかった蚕を片村（かたむら）で焼却するように、始末されるかもしれない。

　それで、岐阜では？　もしかすると父は稲葉山のふもとで死んだのか。それともすっかり回復して、兄たちと一緒に家に帰ってきて、私の五円の前払い金を見てびっくり仰天大喜びしたか？　だとしたらどんなにいいだろう。父がその金をどうするにせよ、それが私の来世になるのだ。

　私たちが斡旋人を最後に見てから、今日で四十二日になる。これまではずっと、月に一、二度は不意に訪ねてきて、私たちを慌てさせたものだった。工場視察、と斡旋人はこの訪問を呼び、私たちの変身の進行具合についてあれこれメモを取っていく。体重と体型の変化、生産される絹糸の質。こんなに

❻ Katamura: 片村。かつて岐阜県武儀郡（むぎ）にあった。
❼ Mount Inaba: 稲葉山は伊奈波神社のある金華山の別称。
❽ Let it be that: どうかそうでありますように
❾ My afterlife will be whatever he chooses to do with that money: 直訳は「私の来世とは、何であれ、父がその金をどうするか決める、その内容なのだ」。afterlife は「晩年」の意味にもなりうるが普通は死後の生を言う。「私」は父たちにとってはもはや死んだ身であり、その「死後の生」がどうなるかは、父が「五円の前払い金」をどう活かすか（あるいは無駄にするか）次第だということ。
❿ Today marks …: 今日は〜にあたる
⓫ reliably: 決まって、欠かさずに
⓬ inspection(s): 視察、監査
⓭ scribbling notes: メモを走り書きして

217

about the progress of our transformations, the changes in our weight and shape, the quality of our silk production. He's never **❶**stayed away so long before. **❷**The thought of the Agent, either coming or not coming, makes me want to retch. **❸**Water sloshes in
5 my head. I lie on the mat with my eyes shut tight and **❹**watch the orange tea splash into my cup . . .

"**❺**I hear you in there, Kitsune. I know what you're doing. You didn't sleep."

Dai's voice. I keep my eyes shut.

10 "Kitsune, stop thinking about it. You are making yourself sick."

"Dai, **❻**I can't."

Today my stomach is so full of thread that I'm not sure I'll be able to stand. I'm afraid that it will all be black. Some of us are now forced to crawl on our hands and knees to the Machine, **❼**toppled
15 by our ungainly bellies. I can smell the basins heating. A thick, **❽**greasy steam fills the room. I **❾**peek up at Dai's face, then **❿**let my eyes flutter shut again.

---

❶ stay(ed) away: 来ない、寄りつかない
❷ The thought of the Agent ... makes me want to retch: 斡旋人のことを考えると、吐きそうになる。retch は吐きそうなしぐさをすること。
❸ Water sloshes in my head: slosh は液体が揺れて音が立つこと。バシャバシャ、ピチャピチャといった音が聞こえてくる言葉。
❹ watch the orange tea splash into my cup: これは p. 198, l. 14 に既出の出来事（"I thought I heard a little splash"）。splash は一回ピシャッと撥ねる感じ。
❺ I hear you in there, Kitsune: 第3巻 p. 80, l. 4 でも "I been in here all day" という形で出てきたとおり、here / there が in と一緒に使われるのは口語では全然珍しくない。このあと p. 220, ll. 1-2 にも "In here we're dead already" という言い方が出てくる。

長く来なかったことは一度もない。斡旋人のことを考えると、来るにせよ来ないにせよ、私は吐き気がしてくる。頭の中で水がピチャピチャ撥ねる。私は莚に横になり、目をぎゅっと閉じて、蜜柑色のお茶が茶碗に注がれて撥ねるのを見つめる……

「あんたの立てる音聞こえるよ、キツネ。あんたが何してるか知ってるよ。眠らなかったんだね」

ダイの声。私は目を閉じたままでいる。

「キツネ、そのこと考えるのやめなよ。体悪くしちゃうよ」

「ダイ、やめられないんだよ」

今日、私のお腹にはものすごくたくさん糸があって、立ち上がれるかどうかもわからない。全部黒い糸じゃないかと思う。何人かはもう、**機械**まで両手両膝ついて這っていかないといけない。ぶざまに大きな腹のせいで、ひっくり返ってしまうのだ。釜の湯が沸く匂いがする。むっと濃密な、脂っぽい湯気が部屋中に広がる。私はこっそり顔を上げてダイの顔を覗き込み、それからぴくぴくと瞼の揺れる目をふたたび閉じる。

---

❻ I can't: I can't stop

❼ toppled by our ungainly bellies: 不格好に大きい腹のせいで、つんのめってしまうので。topple は上・頭の部分が重すぎて、ぐらついたり倒れたりしてしまうイメージ。

❽ greasy: 脂の多い。食べ物が「脂っこい」というときによく使う。

❾ peek up: こっそり覗き込むように目を上げる

❿ let my eyes flutter shut: 瞼がぴくぴくして閉じるのに任せる

"Smell that?" I say, **❶**more nastily than I intend to. "In here we're dead already. At least on the stairwell I can breathe forest air."

"**❷**Unwinding one cocoon for an eternity," she **❸**snarls. "As if
5 you had only a single memory. Reeling in the wrong direction."

Dai looks ready to **❹**slap me. She's angrier than I've ever seen her. Dai is **❺**the Big Mother but she's also a samurai's daughter, and sometimes that combination **❻**gives rise to **❼**a ferocious kind of caring. She's tender with the little ones, but if an older *joko*
10 **❽**plummets into a mood or ill health, she'll scream at us until our ears split. **❾**Furious, I suppose, at her inability to **❿**defend us from ourselves.

"The others also suffered in their pasts," she says. "But we sleep, we get up, we go to work, some crawl forward if there is no
15 other way . . ."

"I'm not like the others," I insist, hating **⓫**the baleful note in my voice but **⓬**desperate to make Dai understand this. **⓭**Is Dai blind

---

❶ more nastily than I intend to: 自分で意図した以上に意地悪く

❷ Unwinding one cocoon for an eternity: You are unwinding ... ということ。
「いつまでも同じ一個の繭をほどいてるんだね」。

❸ snarl(s): p. 214, l. 7 の growl ("'I feel about as well as you all look today,' I growl") と同じく犬や狼を連想させる声の出し方だが、growl がうなり声中心だとすれば、snarl は歯を剥き出すのが中心というイメージ。

❹ slap: 〜をひっぱたく

❺ the Big Mother: お母さん役

❻ gives rise to ...: 〜を生み出す、〜につながる

❼ a ferocious kind of caring: 世話をする (care) ことはするのだが、そのやり方が非常に獰猛 (ferocious) だということ。

❽ plummet(s) into a mood: 急にふさぎ込む。plummet は plunge 以上に急速

「あの匂い、わかる？」と私は言う。思ったより意地悪な口調になってしまう。「ここであたしたち、もう死んでるんだよね。少なくともあの階段なら、森の空気が吸える」

「ひとつの繭を永遠にほどいている」ダイが歯を剝く。「記憶がたったひとつしかないわけじゃあるまいし。繰り出す向きがあべこべなんだよ」

　いまにも私をひっぱたきそうな剣幕だ。こんなに怒っているダイは初めて見る。ダイこそ母の中の母だが、と同時にサムライの娘でもあり、時おりこの二つが組み合わさって、世話焼きは世話焼きなんだけどものすごく荒っぽくなる。年下の子には優しいのに、いい年した女工がいきなり落ち込んだり具合が悪くなったりすると、こっちの耳が裂けるまでどなりつける。私たちを護（まも）ってやれないことが――私たち自身から護ってやれないことが――たまらなく腹立たしいのだろう。

「誰だって、過去に苦しんだんだよ」ダイは言う。「だけどみんな眠る。起きる。仕事に行く。ほかにやりようがなけりゃ這ってでも進んで……」

「あたし、みんなとは違う」私は言い張る。自分の声にこもった悪意の響きが我ながら嫌になるけれど、この点はどうしてもダイにわかってほしい。ま

に墜ちていく響き。a mood は bad などがなくても原則「悪い気分」。

❾ Furious: 激怒して

❿ defend us from ourselves: 「私たちを私たち自身から守ってやる」が直訳で、自滅的なふるまいから私たちを救うということ。

⓫ the baleful note: 悪意のこもった口調

⓬ desperate to ...: 〜しようと必死で

⓭ Is Dai blind to the contrast?: the contrast は、直後に述べられるとおり、私とほかの連中との対照的な違い。

to the contrast? **❶**Can she not see that the innocent recruits — the ones who **❷**were signed over to the Agent by their fathers and their brothers — produce pure colors, **❸**in radiant hues? **❹**Whereas my thread looks rotten, greeny-black.

5   " **❺**Sleep can't wipe me clean like them. I chose this fate. I can't blame a greedy uncle, a **❻**gullible father. I drank the tea of my own free will."

"Your free will," says Dai, so slowly that I'm sure **❼**she's about to mock me; then her eyes widen with something like joy. "Ah! So:

10 **❽** use that to stop drinking it at night, in your memory. Use your will to stop thinking about the Agent."

❾Dai is smiling down at me **❿**like she's won the argument.

"Oh, yes, very simple!" I laugh angrily. "I'll just stop. Why didn't I think of that? **⓫** Say, here's one for you, Dai," **⓬**I snap.

15 " **⓭**Stop reeling for the Agent at your workbench. Stop making the thread in your gut. Try that, I'm sure you'll feel better."

---

❶ Can she not see that ...?: Can't she see that ...? と意味的にはほぼ同じだが、もう少しゆっくり、じっくり問うている感じ。

❷ were signed over: 署名されて売り渡された

❸ in radiant hues: 輝く色合いの

❹ Whereas: それに対し。p. 196, l. 8 に既出 ("But I could work whereas he could not")。

❺ Sleep can't wipe me clean like them: 直訳は「眠りは私のことを、彼女たちを綺麗に拭いてくれるみたいに拭いてはくれない」。

❻ gullible: だまされやすい、お人好しの

❼ she's about to mock me: いまにも私をあざけろうとしている

❽ use that to stop drinking it: that は your free will、it は the tea you drank in Gifu。

るっきり正反対なのに、ダイの目には入らないのだろうか？　無邪気な新米たち、父親や兄たちが署名して斡旋人に引き渡された子たちは純粋な色を、まばゆい色あいを生み出すことが見えないのか？　私の糸は腐ったみたいに見える緑っぽい黒。

「眠ったってあたし、あの子たちみたいに綺麗に戻ったりしないよ。自分でこの運命、選んだんだから。強欲な伯父だの、いいカモの父親だのを責めることもできない。自分の自由意志でお茶を飲んだんだもの」

「あんたの自由意志」とダイが言う。ものすごくゆっくり言うから、きっとからかう気なんだと私は覚悟する。それから、ダイの目が、喜びのようなものをたたえて大きく広がる。「そうだよ！　だからさ、自由意志使って、夜に記憶の中で飲むのをやめればいいんだよ。意志を使って、斡旋人のこと考えるのをやめるんだよ」

　ダイはニコニコ笑って、議論に勝ったという顔で私を見下ろしている。

「うんそうだよね、すごく簡単だよね！」私は怒りを込めて笑う。「あたし、ただやめる。なんでいままで思いつかなかったんだろう？　ねえダイ、あんたはこうすればいい」私は吐き捨てるように言う。「作業台で、斡旋人のために糸を繰り出す、それをやめるんだよ。はらわたで糸を作るのをやめるんだ。やってみなよ、きっといい気持ちよ」

---

❾ Dai is smiling down at me: ダイは起きていて「私」は寝ているから当然 smile down する（見下ろして微笑む）ことになるわけだが、いくぶん「見下す」という響きも混じっているように思える。

❿ like she's won ...: as if she's won ...

⓫ Say, here's one for you: ねえ、あんたにこんなのがあるよ

⓬ I snap: snap は何かをきつい口調で言うこと。*"What do you want?" Mike snapped.*（「何の用なんだよ」とマイクは食ってかかった。『ロングマン英和辞典』）

⓭ Stop reeling for the Agent: そっちがあたしに過去をふり返るのをやめると言うなら、あんたは糸を繰り出すのをやめたらどうだ、という理屈。

❶Then we are shouting at each other, our first true fight; Dai doesn't understand that ❷this memory ❸reassembles itself in me mechanically, just as the thread swells in our new bodies. It's nothing I control. I see the Agent arrive; my hand trembling; ❹the
5 ink lacing my name across the contract. ❺My regret: ❻I know I'll never get to the bottom of it. I'll never escape either place, Nowhere Mill or Gifu. Every night, the cup refills in my mind.

"❼Go reel for the empire, Dai. Make more silk for him to sell. ❽Go throw the little girls another party! ❾Make believe we're not
10 slaves here."

Dai ❿storms off, and I feel ⓫a mean little pleasure.

For two days we don't speak, until I worry that we never will again. But on the second night, ⓬Dai finds me. She ⓭leans in and whispers that ⓮she has accepted my challenge. At first I am so

---

❶ Then we are shouting at each other ...: Then we shout at each other ... ではなく進行形になっているのは、気づいたらもうそういう (どなり合っている) 事態が進行しているという含み。

❷ this memory: 依然として、岐阜で自分の意志でお茶 (と虫) を飲んだ記憶のことを言っている。

❸ reassembles itself in me mechanically: 直訳は「私の脳内で機械的に再製造される」。

❹ the ink lacing my name: インクが私の名前をレースのように飾る

❺ My regret: regret は「後悔」というよりも「悔しさ」。

❻ I know I'll never get to the bottom of it: get to the bottom of ... は「〜の真相を究める、〜をきちんと理解する」の意の成句。

❼ Go reel for the empire, Dai: 今度は p. 222, ll. 14-15 の "Stop reeling for the Agent at your workbench" 云々とは反対のことを言っているが、怒り、反感は一貫している。

❽ Go throw the little girls another party: 女の子たちのためにまたパーティ開いてあげなよ。Go throw は go and throw の略で、go は「〜しに行きなよ」というよりは「いいから〜しなよ」という感じ。パーティを「開く」の意味で

224

それから私たちはたがいにどなり合っている。私たちの初めての本物の喧嘩だ。ダイにどうしてもわからないのは、この記憶が私の中で、消えてもまた機械的に――この新しい体の中で糸が膨らんでいくのとまったく同じに――再生成されてしまうということだ。私が制御してることじゃないのだ。斡旋人がやって来るのが見える。震える私の手。証文の上に私の名前を編んでいくインキ。悔しいのは、絶対に核心までたどり着けないとわかっていること。**どこでもない工場**、岐阜、私は決してどちらからも逃げられないだろう。毎晩、頭の中の茶碗にひとりでに茶が満ちる。

「お国のために糸繰りに行きなよ、ダイ。斡旋人がもっと売れるよう生糸作りなよ。あの子たちのためにまたお楽しみ会開いてやりなよ！　あたしたちがここで奴隷じゃないってふりしなよ」

　ダイはすごい剣幕で立ち去り、私はささやかな意地の悪い快感を味わう。

　二日間、私たちは口を利かない。もう二度と口を利かないんじゃないか、と私は心配になってくる。でも二日目の夜、ダイの方からやって来る。ダイ

---

throw を使うのは give と同じくらい普通。

❾ Make believe ...: ～だっていうふりをしなよ。make believe と動詞が二つ並んで「～というふりをする」の意になる。*I tried to make believe she was happy, but I knew deep down it wasn't true.*（彼女は幸せなのだというふりを私はしようとしたが、心の底でそれは嘘だとわかっていた。*Longman Dictionary of Contemporary English*）

❿ storms off: 怒って歩き去る

⓫ a mean little pleasure: 意地の悪い、ささやかな喜び。言うまでもなく、形容詞の mean（意地悪な、卑劣な）は「～を意味する」という動詞とはまったく別。

⓬ Dai finds me: 第 2 巻 p. 190, l. 3 の "Emmanuel found a window seat" について、「見つける」というほど「探す」行為が伴っているわけではなく単に「窓側の席が空いていたので座った」という程度、と書いたとおり、これも「ダイの方から寄ってくる」というくらいの意味。

⓭ leans in: 身を寄せる、前に傾く

⓮ she has accepted my challenge: この challenge は「挑戦」（つまり、戦いを挑む）というよりは「挑発」（できるものならやってみろ、とけしかける）の意。

happy to hear her voice that I only laugh, take her hand. "What challenge? What are you talking about?"

"I thought about what you said," she tells me. She talks about ❶her samurai father's last stand, ❷ the Satsuma Rebellion. In the
5 countryside, she says, there are peasant armies who protest "❸the blood tax," refuse to ❹ sow new crops. I nod with my eyes shut, ❺watching my grandfather's hat floating through our fields in Gifu.

"And you're right, Kitsune — we have to stop reeling. If we
10 don't, he'll get every year of our futures. He'll get our last breaths. The silk belongs to us, *we* make it. We can use that ❻ to bargain with the Agent."

The following morning, Dai announces that she won't move from her mat.

15 "I'm on strike," she says. "No more reeling."

By the second day, her belly ❼has grown so bloated with thread

---

❶ her samurai father's last stand: last stand は「最後の抵抗」。敗れて悲劇的な死を遂げたことを示唆する。アメリカでは先住民と戦って戦死したカスター将軍 (1839-76) の Custer's Last Stand がまず思い浮かぶ (言うまでもなく、かつてほどその死は「悲劇的」とは捉えられなくなっているが)。

❷ the Satsuma Rebellion: p. 150, l. 3 で the Battle of Shiroyama が言及された西南戦争 (1877) のこと。

❸ the blood tax: 血税。1872 年、明治政府の発表した徴兵告諭にこの言葉が使われていた。これに反対して 1873-74 年に起きたのが血税一揆。「生き血を抜き取られる」と農民たちが勘違いしたことも一揆の一因と言われるが、真偽の程は定かでない。

❹ sow new crops: 新しい作物の種を蒔く

❺ watching my grandfather's hat floating through our fields in Gifu: p.

は身を乗り出し、あんたの挑発受けることにした、と言う。はじめはとにかくダイの声を聞けたことが嬉しくて、私はただ笑ってダイの手を握る。「挑発って？　何の話？」

「あんたに言われたこと、考えたんだよ」ダイは言う。サムライだった父親の最後の反抗、西南戦争のことをダイは語る。「血税」に抗議して種蒔きを拒んだ農民軍が田舎にいるんだとダイは言った。私はうなずいて目を閉じ、岐阜のわが家の畑の上をお祖父さんの帽子がひらひら漂っていくのを見守る。

「で、キツネ、あんたの言うとおりだよ。あたしたちは糸を繰るのをやめなくちゃいけない。やめなかったら、あたしたちの未来の一年一年、すべてあいつに取られてしまう。最後の一息まで取られてしまう。生糸はあたしたちのものだよ、あたしたちが作るんだから。それを使って斡旋人と交渉すればいいんだ」

　翌朝、莚から動かないとダイは宣言する。

「ストライキ中だよ」ダイは言う。「もう糸は繰らない」

　二日目になると、腹が糸でものすごく膨らんでくるので、お願いだから仕

190, ll. 4-8 にこの祖父に関し "he joined the farmer's revolt in Chūbu ... After the rebellion failed, he hanged himself in our barn" という記述があった。宙を漂うその帽子は空しい死の象徴か。

❻ to bargain with the Agent: 斡旋人と交渉するために

❼ has grown so bloated with ...: 〜ですさまじく膨れ上がって

that we are begging her to work. The mulberry leaves arrive, and she refuses to eat them.

"**❶**No more room for that." She smiles.

Dai's face is so swollen that she can't open one eye. She lies
5 with her arms crossed over her chest, her belly **❷**heaving.

By the fourth day, I can barely look at her.

"You'll die," I whisper.

She nods **❸**resolutely.

"I'm escaping. He might still stop me. But I'll do my best."

10 **❹**We send a note for the Agent with the blind woman. "Please tell him to come."

"Join me," Dai begs us, and **❺**our eyes dull and lower, **❻** we sway. For five days, Dai doesn't reel. She never eats. Some of us, I'm sure, **❼** don't mind the extra fistful of leaves. (A tiny voice I can't
15 **❽**gag begins to **❾**babble in the background: **❿***If x-many others strike, Kitsune, there will be x-much more food for you . . .*)

---

❶ No more room for that: 言うまでもなく room は「部屋」ではなく「余地」。

❷ heaving <heave: 波打つように上下する

❸ resolutely: 決然として

❹ We send a note for the Agent with the blind woman: 盲目の女に託して、斡旋人に短い手紙を送る

❺ our eyes dull and lower: 私たちの目がどんより濁って下を向く。dull も lower も動詞。

❻ we sway: sway は「気持ちが揺れる」といった意味でも使われるが、ここはおそらく文字どおり、木々が風で揺れるように、彼女たちの体がそわそわ動くことを言っている。

❼ don't mind the extra fistful of leaves: (ダイが食べなかった) 一摑み余分の葉をもらうことを気にしない (むしろ喜んでいる)。do not mind は「有難く

事して、と私たちはダイに訴える。桑の葉が届くが、ダイはそれを食べるのも拒む。

「もうそんなもの入れる余地、ない」。ダイはニッコリ笑う。

　顔がものすごく膨れ上がって、片目が開かなくなる。胸の上で両手を組んで横たわり、腹が上下に揺れている。

　四日目、私はもうほとんどダイを見ることもできない。

「あんた、死ぬよ」私はささやく。

　ダイはきっぱりうなずく。

「あたし、逃げる。あいつがそれも止めようとするかもしれない。でもとにかく全力を尽くす」

　盲目の女に託して、私たちは斡旋人宛の手紙を送る。「来いってあの人に伝えてちょうだい」

「一緒にやろうよ」ダイは私たちに訴え、みんなの目が曇って下を向き体がそわそわ動く。五日のあいだ、ダイは糸を繰らない。何も食べない。私たちの中には、桑の葉がひと摑み分増えてありがたいと思っている子もいるにちがいない。（背景で、抑えようのない小さな声がペチャクチャ喋り出す。**ねえキツネ、もしあとx人がストライキしたら、あんたの食べ物x分だけ増えるよ……**）

いただく」の意味で使われる。*"Would you like some beer?" "Don't mind if I do."*（「ビールはいかがです」「ではいただきましょうか」）

❽ gag：（さるぐつわ（gag）をはめるように）〜を黙らせる、抑える

❾ babble in the background：（心の）奥の方でペチャクチャ言う

❿ *If x-many others strike* …：もしあとx人がストをしたら……

❶Guiltily, I ❷set her portion aside, pushing the leaves into a little triangle. ❸*There*, I think. The flag of Dai's resistance. Something flashes on ❹one — a real silkworm. ❺Inching along in its wet and stupid oblivion. My stomach ❻flips to see ❼all the little
5 holes its hunger has punched into the green leaf.

During our break, I bring Dai my blanket. I try to squeeze some of the water from ❽ the leaf-velvet onto her tongue, which she refuses. She doesn't make a sound, but I ❾hiss — her belly
❿is grotesquely distended and stippled with lumps, like ⓫a sow's
10 pregnant with a litter of ten piglets. Her excess thread ⓬is packed in knots. ⓭Strangling Dai from within. Perhaps the Agent can ⓮call on a Western veterinarian, I find myself thinking. Whatever is happening to her seems ⓯beyond the ken of Emperor Meiji's own doctors.

15   ⓰"Start reeling again!" I gasp. "Dai, please."

---

❶ Guiltily: 後ろめたい気持ちで。p. 202, ll. 14-15 に "I lay guiltily on the mat — why couldn't I sit up?" の形で既出。

❷ set her portion aside: 彼女の分をよける

❸ *There*: これでよし

❹ one: one of the leaves

❺ Inching along in its wet and stupid oblivion: 直訳は「その濡れた、愚かな、何も考えない状態 (oblivion) でじわじわ進んでいきながら」。oblivion は「忘却」でなく「無意識状態」「人事不省」といった意味になることも多い。*drink oneself into oblivion*（前後不覚になるまで飲む。『コンパスローズ英和辞典』）

❻ flip(s): ひっくり返る

❼ all the little holes its hunger has punched into the green leaf: 直訳は「蚕の空腹が、その緑の葉に空けたすべての小さな穴」。蚕が葉を食べて空けた穴が、切符に鋏 (punch) を入れた穴のように見えるということ。

❽ the leaf-velvet: イメージを尊重して「葉のベルベット」と訳したいが、さすがに「ベルベットのような葉」とするしかないか。

疾しい思いで、私はダイの分を取り分け、葉っぱを小さな三角形に押し固める。これでいい、と私は思う。ダイの抵抗を示す旗。一枚の葉の上で何かがキラッと光る。本物の蚕が一匹いるのだ。何も考えぬ濡れた愚かな身で、一寸一寸進んでいる。その空腹が緑の葉に空けた無数の穴を見て、私の胃がひっくり返る。

休憩時間に、私はダイに自分の毛布を持っていってやる。ビロードみたいな葉から水を絞り出して舌に垂らしてやろうとするが、ダイはそれも拒む。ダイは何の音も立てないが、私は怒りの息を漏らす。ダイの腹は奇怪に膨らんで、あちこち塊がプツプツ突き出し、仔豚が十匹中にいる雌豚のお腹みたいだ。過剰な糸がいくつも固まって詰まっているのだ。内側からダイを絞め殺そうとしている。斡旋人が西洋人の獣医を呼んでくれるんじゃないか、と私はふと思う。ダイの身に何が起きているかわからないけれど、それは明治天皇の下で働くお医者たちの知識の範囲外だという気がする。

「糸繰り、またやりなよ！」私は息も切れぎれに言う。「ダイ、お願い」

---

❾ hiss: 怒って押し殺した声を出すこと。蛇の出すシューッという音にも使うので、蛇のような悪意を示唆することもあるが、ここはそうではない。

❿ is grotesquely distended and stippled with lumps: グロテスクに膨れ上がり（distended）、あちこちこぶ（lumps）が点在している（stippled）

⓫ a sow's pregnant with a litter of ten piglets: a sow's のあとに belly が隠れている。「十匹の仔豚をはらんだ雌豚のお腹」。pregnant with …: 〜をはらんで。a litter: 一度にはらんだ子の集団。piglet(s): 仔豚。ちなみに「雌豚」の意味では sow は /sáʊ/ と発音する。

⓬ is packed in knots: こぶ状に詰まっている

⓭ Strangling <strangle: 〜を窒息させる

⓮ call on a Western veterinarian: 西洋人の獣医に助けを求める

⓯ beyond the ken of …: 〜の知識の範囲外にある、〜には理解できない

⓰ "Start reeling again!" I gasp: p. 214, l. 2 の "'Oh no!' gasp Tooka and Etsuyo." は gasp が「ハッと息を呑む」の意で使われている例として挙げたが、ここでは「息も切れぎれに喋る」の一例。

"It looks worse than it is. It's easy enough to stop. **❶**You'll see for yourself, I hope."

Her skin **❷**has an unhealthy translucence. Her eyes are standing out in her **❸**shrunken face, as if **❹**every breath costs her. Soon **❺**I
5 will be able to see the very thoughts in her skull, **❻** the way red thread fans into veiny view under her skin. **❼** Dai gives me her bravest smile. "Get some rest, Kitsune. **❽**Stop poisoning yourself on the stairwell of Gifu. If I can stop reeling, surely you can, too."

10 When she dies, all the silk **❾**is still stubbornly housed in her belly, "stolen from the factory," **❿**as the Agent alleges. "**⓫**This girl died a thief."

Three days after her death, he finally shows up. He **⓬**strides over to Dai and touches her belly with **⓭**a stick. When a few of us

---

❶ You'll see for yourself: あんたも自分でやってみればわかる

❷ has an unhealthy translucence: 不健康な半透明性がある。p. 184, ll. 1-2 には "here was a translucent green I swore I'd never seen before ..." とあった。

❸ shrunken: 縮んだ

❹ every breath costs her: 直訳は「すべての息が彼女に代償を払わせる」。cost は単に金銭の話にとどまらず「〜に犠牲を負わせる」「〜を苦しめる」の意になる。*The scandal cost Nicholson dearly.*（そのスキャンダルはニコルソンにとって大きな痛手となった。*Longman Dictionary of Contemporary English*）

❺ I will be able to see the very thoughts in her skull: 頭蓋骨（her skull）の中の思考そのもの（the very thoughts）が見えるだろう

❻ the way red thread fans into veiny view under her skin: 赤い糸が、ダイの肌の下で（under her skin）、扇形に広がり（fans）血管のような眺めに（into veiny view）なるのと同じように。the way ... だけで in the same way ... の意になる。

❼ Dai gives me her bravest smile: p. 34, l. 15 - p. 36, l. 1 の her friend

「これ、見た目ほどひどくないんだよ。やめるの、すごく簡単だよ。あんた
もやるよね、やってみればわかるよ」

ダイの肌は不健康に透きとおっている。しぼんだ顔から目が飛び出し、一
息一息が辛そうだ。じきに頭蓋骨の中の考えまで見えるようになるだろう。
赤い糸がダイの肌の下で血管みたいに扇形に広がるのが見えるのと同じよう
に。ダイはいつにも増して強気の笑みを私に向ける。「少し休みなよ、キツネ。
岐阜の階段のこと考えるのやめなよ、体に毒だよ。あたしが糸繰りやめられ
るんだから、あんただってきっとやめられるよ」

ダイが死ぬとき、生糸は全部まだ執拗にお腹の中に収まっている。「工場
の物を盗んだ」と斡旋人は詰る。「この子は泥棒として死んだんだ」

ダイが死んだ三日後に斡旋人はやっと現われたのだった。大股でダイのと
ころに歩いていって、棒きれで腹に触る。何人かが斡旋人の脚にしがみつこ

---

pulled her face up into a brave, droll look の brave については、少し上か
ら目線的に訳せば「健気」になると書いたが、ここでは不適だろう。「気丈」あ
たりか。とにかく brave は「勇敢」ではしっくり来ないことが多い。

❽ Stop poisoning yourself on the stairwell of Gifu: 直訳は「岐阜の階段で自
分に毒を盛るのはよせ」。飲んだ茶（と蚕）のことではなく、過去の記憶にいつ
までも囚われていることを言っている。

❾ is still stubbornly housed: 頑固に収まったままでいる

❿ as the Agent alleges: allege には根拠を示さずに何かを事実だと言う、と
いう含みがある。*US election: Trump alleges 'fraud' in speech without
offering evidence*（米大統領選　トランプ、演説で証拠を示さず「不正」を主張。
BBC ニュースのキャプション）

⓫ This girl died a thief: 文法的に言うと、die はしばしばこのように名詞句を補
語にとる。*He died a pauper.*（彼は無一文で死んだ）

⓬ strides over: のしのしと大股でやって来る

⓭ a stick: ロンドン製のパラソルを持っている斡旋人だからステッキを持ってい
てもおかしくないが、ここは his stick ではなく a stick なので、ただの棒。

❶grab for his legs, he ❷makes a face and kicks us off.

"❸Perhaps we can still ❹salvage some of it," he ❺grumbles, rolling her into his sack.

5 A great ❻sadness settles over our whole group and doesn't ❼lift. ❽What the Agent carried off with Dai was everything we had left: Chiyo's clouds and mountains, my farmhouse in Gifu, Etsuyo's fiancé. It's clear to us now that we can never leave this room — we can never be away from the Machine for more than five days.

10 Unless we live here, where the Machine can ❾extract the thread from our bodies at speeds no human hand could match, the silk will ❿build and build and kill us in the end. Dai's experiment has taught us that.

⓫You never hear a peep in here about the New Year anymore.

15

I'm eating, I'm reeling, but I, too, appear to be dying. ⓬Thread

---

❶ grab for ...: ～につかみかかる

❷ makes a face: 顔をしかめる。第3巻 p. 146, ll. 1-2 でも "Charley made a face back at him as if to say, Am I right or wrong?" という形で出てきた。

❸ Perhaps we can ...:「たぶん～できるだろう」という訳し方は当たらない。「ま、～できるかもな」という感じ。

❹ salvage some of it: 一部を回収する

❺ grumble(s): 不満そうに言う

❻ sadness settles over our whole group: 悲しみが私たち全員を包む。settle over ... はある種の気分や雰囲気が全体を包む、というときに使う。*An uneasy silence settled over the room.*（ぎこちない沈黙が部屋を襲った。『ロングマン英和辞典』）

❼ lift: なくなる、晴れる。霧などが晴れるときに使う。

❽ What the Agent carried off with Dai was everything we had left: 斡旋人がダイと一緒に運び去ったものは、私たちに残されていたすべてだった。最

うとすると、顔をしかめ蹴飛ばして追い払う。

「まあ一部は回収できるかな」とブツブツ言いながら斡旋人はダイの体を転がして袋に入れる。

　私たちみんなの胸に大きな悲しみが降り立ち、いっこうに去らない。斡旋人がダイと一緒に持っていったのは、私たちに残っていたすべてだったのだ。チヨの雲と山、私の岐阜の農家、エツヨの許嫁（いいなずけ）。私たちが二度とこの部屋を出られないことはもう明らかだ。**機械**から五日以上、私たちは離れていられない。ここに住んで、人間の手ではありえない速さで**機械**に体から糸を引き出してもらわない限り、生糸がどんどんどんどんたまっていって、ついには私たちを殺すのだ。ダイの実験がそのことを教えてくれた。

　もうここでは、お正月がどうこうなんて話は一言も聞かない。

　私は食べている、糸を繰り出している、でも私も死にかけているみたいだ。

後の we had left のところは過去完了のように見えるがそうではない。*"We were the lucky ones, we had something left."*（私たちは幸運でした、まだ何かが残っていたのですから）などと同じ構造。

❾ extract: ～を抜き取る。p. 152, ll. 9-10 に *"Yards and yards of thin color would soon be extracted from me by the Machine"* の形で既出。

❿ build: たまる、増える。build は緊張などが「高まる」というときにもよく使う。*Tension began to build as they argued more frequently.*（口論が頻繁になっていくにつれて緊張関係も増していった。*Longman Dictionary of Contemporary English*）

⓫ You never hear a peep: not a peep で「一言もない」の意。*Not another peep!*（もう一言も〔文句を〕言うな〔聞きたくない〕。『リーダーズ英和辞典』）。普通なら正月の帰省の話が出るところだがそれもない、ということ。

⓬ Thread almost totally black. The denier too uneven for ...: Thread と denier の後にそれぞれ is を補う。

almost totally black. ❶The denier ❷too uneven for any market. In my mind I talk to Dai about it, and she is very ❸reassuring: "It's going to be fine, Kitsune. Only, please, you have to stop —"

Stop thinking about it. This was Dai's final ❹entreaty to me.

5 I close my eyes. I watch my hand signing my father's name again. I am at the bottom of a stairwell in Gifu. The first time I ❺made this ascent I felt weightless, but now ❻the wood groans under my feet. Just as a single cocoon contains a thousand yards of silk, I can ❼unreel a thousand miles from my memory of ❽this one 10 misstep.

Still, I'm not convinced that you were right, Dai — that it's such a bad thing, ❾a useless enterprise, to ❿reel and reel out my memory at night. Some part of me, the human part of me, is kept alive by this, I think. ⓫Like water flushing a wound, ⓬to prevent 15 it from closing. I am a lucky one, like Chiyo says. I made a terrible mistake. In Gifu, in my ⓭raggedy clothes, I had an ⓮unreckonable power. I didn't know that at the time. But when I return to the

❶ The denier: p.178, l. 8 の "get the right denier" について述べたとおり、ひとまず「太さ」と考えてさしつかえない。
❷ too uneven for any market: むらがありすぎて（too uneven）どこの市場にも出せない
❸ reassuring: 安心させてくれる、元気づけてくれる
❹ entreaty: 嘆願
❺ made this ascent: ここをのぼった
❻ the wood groans:（階段の）板が軋む。groan の原意は「うめく」であり、すぐ前の weightless が示す「軽さ」といかにも対照的な「重さ」を示唆する。
❼ unreel:（繭から糸を取るように）〜を引き出す
❽ this one misstep: このたったひとつの歩み違い。misstep はべつに「歩み」が絡まなくても比喩的に「誤り」の意になるが、ここではまさに階段をのぼったことが誤りだったわけで、文字どおりの意味で misstep ということになる。

糸はほとんど真っ黒。太さもあまりに不揃いで売り物にならない。頭の中で私はダイにそのことを話す。ダイはすごく励ましてくれる。「大丈夫だよ、キツネ、何とかなるよ。たださ、頼むから、もうやめないと──」

あのことを考えるのをやめろ。それがダイが私に言った最後の頼みだった。

私は目を閉じる。自分の手がふたたび父の名を署名するのを私は見守る。岐阜の階段の下に私はいる。ここを初めてのぼったときは体の重みがないみたいな気がしたけれど、いまは足下で板がギシギシ軋む。一個の繭の中に千メートルもの絹糸が入っているのと同じで、このたった一歩の誤りの記憶を、私は何千キロも繰り出すことができる。

それでも、ねえダイ、あんたの言ったとおりだという確信があたしには持てない。夜に記憶をズルズル繰り出すのがそんなに悪いことなのか、やっても仕方ないことなのか。私の中のある部分、人間である部分は、これによって生かされているのだと思う。傷に浴びせる水みたいに、閉じてしまうことを防いでいる。チヨの言うとおり、私は運がいい。私はひどい間違いをやらかした。岐阜で、ボロボロの服で、私は測りようのない力を持った。その時はそのことがわかっていなかった。でもいま階段に戻っていくと、いろんな

---

❾ a useless enterprise: a bad thing の言い換え。無駄な企て、徒労。

❿ reel and reel out: "reel out" という形はここで初めて出てくるが、糸を（ここでは、記憶という糸を）体から紡ぎ「出す」のだから、out がついてくるのはごく自然。

⓫ Like water flushing a wound: 傷を洗う水のように。flush は水洗トイレの水を「流す」に当たる言葉で、水を勢いよく出すことをいう。

⓬ to prevent it from closing: 傷がふさがるのを防ぐために。傷がふさがってしまって、後悔も感じなくなったら、そのときこそ本当に人間ではなくなってしまうということか。

⓭ raggedy: ボロの、みすぼらしい

⓮ unreckonable: 計算できないほどの、計り知れない

stairwell now, ❶I can feel them webbing around me: ❷my choices, their infinite variety, ❸ spiraling out of my hands, my invisible thread. Regret is ❹a pilgrimage back to the place where I was free to choose. It's become my ❺sanctuary here in Nowhere Mill. ❻A
5 threshold ❼where I still exist.

One morning, two weeks after Dai's strike, I start talking to Chiyo about ❽ her family's cottage business in Chichibu. Chiyo complains about the smells in her dry ❾attic, where they ❿destroy the silkworm larvae in vinegary solutions. Why do they do that?
10 I want to know. I've never heard ⓫this part before. Oh, to stop them from ⓬undergoing the transformation, Chiyo says. First, the silkworms stop eating. Then they ⓭spin their cocoons. ⓮Once inside, they molt several times. They grow wings and teeth. If the caterpillars are allowed to ⓯evolve, they change into moths. Then
15 these moths ⓰bite through the silk and fly off, ruining it for the

❶ I can feel them webbing around me: 自分の周りに them（その内容はこの後コロンのあとで具体的に語られる）が蜘蛛の巣（web）のように張られていくイメージ。

❷ my choices: 私の選択肢。選びとったものではなく、選びえたさまざまな可能性。

❸ spiraling out of my hands: 両手から渦を巻いて出てきて。さまざまな可能性と、いま体から出てくる糸とが、想像の中で重ねあわされていることは、その次の my invisible thread という一言を待たずとも明らか。

❹ a pilgrimage back to ...: 〜へ戻る巡礼の旅

❺ (a) sanctuary: 聖域、避難所

❻ A threshold: それを越えたら何かが大きく変わる「閾」の意で使われるが、元は文字どおり戸口の「敷居」のこと。

❼ where I still exist: その sanctuary、その threshold では自分がまだ「存在している」と彼女は言う。こうして語れることが示すとおり、いまももちろん「存在」はしているわけだが、人間世界にとってはもはや失われた、ということか。

❽ her family's cottage business: 彼女の一家の家内工業（cottage industry）。

ものが私の周りで蜘蛛の巣みたいに張りめぐらされていくのがわかる。私に選べた道、その無数の選択肢が私の手からくるくる流れ出る。私の見えない糸が。後悔とは私が自由に選べた場所まで戻る巡礼の旅。それがこの**どこでもない工場**での私の安息所になっている。私がまだ生きている、その敷居。

　ある朝、ダイのストライキの二週間後、私はチヨと、秩父のチヨの実家でやっていた家内工業の話を始める。チヨは乾いた屋根裏部屋の臭いのことを愚痴る。屋根裏で蚕の蛹を酢の溶液に入れて殺すのだ。何でそんなことするわけ？　そんな話、初めて聞いたよ。そう私が言うとチヨは、変態を止めるためだよ、と答える。蚕はまず食べなくなるんだ。そうして、繭を紡ぎはじめる。繭で体を包むと、何回か脱皮する。翅と歯が生えてくる。幼虫をそのまま成長させれば、蛾に変わる。で、この蛾が絹糸を食い破って飛び去って、

---

❾ (an) attic: 屋根裏部屋

❿ destroy the silkworm larvae in vinegary solutions: 酢の溶液（vinegary solutions）に漬けて（蛹になった）幼虫（larvae）を殺す。ただし実際の製糸業では繭を煮沸するか乾燥させるかして蛹を殺すのが普通。また、繭を煮るとたしかに強い異臭がするという。

⓫ this part: 絹を作る全行程のうちのこの部分、ということ。

⓬ undergo(ing) the transformation: 変態を遂げる（つまり蛾になる）

⓭ spin their cocoons:（糸を吐いて）繭を紡ぐ

⓮ Once inside, they molt several times: いったん（繭の）中に入ると数回脱皮する。実際には脱皮を全て終えてから繭を作るので、繭の中で脱皮するのは蛹になる際の一回だけである。また正確に言えば（というか、現実の蚕について言えば）蛾には歯はなく、繭から出るときは口から酵素を出して糸を溶かす。

⓯ evolve: 普通は「進化する」の意味だが、ここでは「形が変化する、変態する」の意。

⓰ bite through the silk: 絹糸を食い破る

market.

Teeth and wings, wings and teeth, **❶**I keep hearing all day under the whine of the cables.

That night, I try an experiment. I **❷**let myself think the black
5 thoughts all evening. Great wheels inside me turn backward **❸**at fantastic, groaning velocities. What I focus on is my shadow in the stairwell, **❹**falling slantwise behind me, like silk. I see **❺**the ink spilling onto the contract, my name bloating monstrously.

And when dawn comes, and I **❻**slug my way over to the
10 workbench and **❼**plunge my hands into **❽**the boiling vat, I see that the experiment was a success. My new threads are stronger and blacker than ever; silk **❾**of some nameless variety we have never **❿**belly-spun before. I **⓫**crank them out of my wrist and onto the dowel. **⓬**There's not a fleck of green left, not a single **⓭**frayed
15 strand. "Moonless," says Hoshi, **⓮**shrinking from them. **⓯**Opaque.

---

❶ I keep hearing all day under the whine of the cables: 一日中ワイヤーの うなり声の中でも（頭の中で）聞こえる。whine は p. 112, ll. 5-7 で "Behind my ears, my mother, to stop my whining, has dabbed the stingiest bit of her gardenia perfume" とあったように、人間の声について使うと不平不満のこもった哀れっぽい声というイメージで、それに通じる、キーンと甲高い音がここでは連想される。

❷ let myself think the black thoughts: どす黒い思いに、思う存分ふけってみる

❸ at fantastic, groaning velocities: すさまじい、うなるような（groaning）音が立つほどの高速（velocities）で

❹ falling slantwise behind me: 私の背後で斜めに差している

❺ the ink spilling onto the contract, my name bloating monstrously: これは証文に署名したときのリアルな回想ではなく、グロテスクな妄想が膨らんでいる。spill(ing): こぼれる。bloating monstrously: 怪物（monster）のように膨れ上がって

❻ slug my way over to …: （苦労して）進み、～までたどり着く。slug の元の

240

売り物を駄目にしてしまうんだよ。

歯と翅、翅と歯、と私には一日中、ワイヤーのうなりに混じって聞こえている。

その夜、私は実験を行なう。一晩中、暗い思いに耽（ふけ）るのを自分に許すのだ。私の中の大きな糸車が、ぐるぐる反対回りに、ものすごい速さで、うめくような音を立てながら回る。階段にいる自分の影に私は集中する。影は絹糸みたいに私のうしろに斜めにのびている。インキが証文の上にこぼれ、私の名前がおぞましく膨れ上がるのが見える。

そして夜明けが訪れると、私は作業台まで這っていき、ぐつぐつ煮えている大釜に両手を突っ込み、実験が成功したことを見てとる。新しい糸はいままで以上に丈夫で黒い。私たちの腹からこれまで紡ぎ出されたことのない、名を持たない種類の絹糸。私はそれを手首から巻き出し、糸巻棒に掛ける。一点の緑も残っていないし、一筋のほつれもない。「月が出ていない」とホシは戦いてあとずさりながら言う。光沢もない。**どこでもない工場**の真夜中

意は「ナメクジ」。

❼ plunge: 〜を突っ込む。p. 176, l. 17 - p. 178, l. 1, "I plunge my left hand under the boiling water for as long as I can bear it" の形で既出。

❽ the boiling vat: 煮え立つ大桶。vat はいままで basin と言っていたものと同じ。

❾ of some nameless variety: 何かまだ名前のついていない種類の

❿ belly-spun <belly-spin:「腹（belly）から紡ぎ出す（spin）」という意味の造語。

⓫ crank them out of my wrist and onto the dowel: 糸を手首からくるくる巻き出し（crank them out）、糸巻き用ピン（dowel）にかける。crank は日本語の「クランク」を回すことをイメージすればいい。

⓬ There's not a fleck of green left: 緑色は少しも残っていない。fleck は「斑点、小片」。

⓭ frayed strand: ほつれた撚り糸

⓮ shrinking from them: shrink は「縮み上がる、ひるむ」。動作以上に、ゾッとしてまさに「引いている」感じが伝わってくる。

⓯ Opaque: 不透明な

Midnight at Nowhere Mill ❶pales in comparison. Looking down into the basin, I feel a wild excitement. I made it that color. So ❷I'm no mere carrier, no diseased *kaiko* — I can ❸ channel these dyes from my mind into the tough new fiber. I can change my thread's

5 denier, control its production. ❹ Seized by a second inspiration, I begin to unreel ❺at speeds I would have just yesterday thought laughably impossible. Not even Yuna can produce as much thread in an hour. I ignore ❻ the whispers that pool around me on the workbench:

10 "Kitsune's ❼fishing too deep — look at her finger ❽slits!"

"They look like ❾gills." Etsuyo shudders.

"Someone should stop her. She's ❿fishing right down to the bone."

"What is she making?"

15 "What are you making?"

"What are you going to do with all that, Kitsune?" Tooka asks nervously.

---

❶ pales in comparison: 直訳は「較べれば青ざめる」。*All other worries pale into insignificance beside the fear of a nuclear accident.* (どんな心配事も原発事故の恐怖に比べればささいなものとなる。『コンパスローズ英和辞典』)

❷ I'm no mere carrier: carrier は文字どおり「運ぶ者」。

❸ channel these dyes from my mind into the tough new fiber: 直訳は「これらの染料を、心の中から、丈夫な新しい繊維の中へ注ぎ込む」。

❹ Seized by a second inspiration: またひとつ霊感に憑かれて

❺ at speeds I would have just yesterday thought laughably impossible: つい昨日には笑ってしまうほどありえない (laughably impossible) と思ったであろう速さで

❻ the whispers that pool around me: (水がたまるように) 私の周りで高まっていくささやき声

の暗さも、これに較べれば劣る。私は釜を見下ろし、荒々しい興奮を感じる。私がこの色を作ったのだ。だから私は単なる運び手ではない、病んだ蚕でもない——私の頭から、丈夫な新しい繊維へと、これらの染料が移動する経路に私はなれるのだ。糸の太さも変えられるし、その生産を管理できる。ふたたび霊感に導かれ、つい昨日だったら笑ってしまうほど不可能に思えたにちがいない速さで、私は糸を繰り出しはじめる。ユナだって一時間でこれほどの糸を生み出せはしない。作業台にいる私の周りで水たまりみたいにたまってくるヒソヒソ声を私は無視する。

「キツネったら、深く探りすぎだよ——あの指の切れ込み、見なよ！」

「鰓みたいだね」。エツヨがぶるっと身震いする。

「誰かが止めてあげなきゃ。骨のところまで探ってるよ」

「何作ってるのかな？」

「キツネ、あんた何作ってるの？」

「そんなに糸出してどうするの、キツネ？」トオカが落ちつかない声で訊く。

「そんなのわかんない。どうなるか見てみるだけ」

---

❼ fish(ing): 探る、掘る。p. 200, l. 2 では fish を他動詞として "I shuddered but I didn't fish it out." とあった。

❽ slit(s): （細い）裂け目

❾ gills: 鰓（通例複数）

❿ fishing right down to the bone: まさに骨まで達するほど深く掘っている

"Oh, who knows? I'll **❶**just see what it comes to."

But I *do* know. **❷** Without my giving a thought to what step comes next, my hands begin to fly.

❸ The weaving **❹** comes so naturally to me that I am barely
5 aware I am doing it, humming as if in a dream. **❺**But this weaving is instinctual. **❻** What takes effort, what requires a special kind of concentration, is **❼**generating **❽**the right density of the thread. To do so, I have to **❾** keep forging my father's name in my mind, climbing those stairs, **❿**watching my mistake unfurl. I have to
10 drink the **⓫**toxic tea and feel it burn my throat, lie flat on the cot while my organs are remade by the Agent for the factory, thinking only, *Yes, I chose this.* When these memories **⓬**send the fierce regret spiraling through me, I focus on my heartbeat, my **⓭** throbbing palms. **⓮**Fibers stiffen inside my fingers. Grow strong, **⓯**I direct
15 the thread. Go black. **⓰**Lengthen. Stick. And then, when I return to the vats, what I've produced is **⓱**exactly the necessary denier

---

❶ just see what it comes to: どうなるのか見てみる、とにかくやってみる

❷ Without my giving a thought to what step comes next, my hands begin to fly: 次にどんな手順（step）が来るか、私がわざわざ考えるまでもなく、手が飛び回りはじめる

❸ The weaving: 織ること、編むこと。何を織り、編むのかはこれから明らかにされる。

❹ comes so naturally to me: come naturally to ... で「～には自然に、楽にできる」の意の成句。*Teaching seemed to come naturally to her.*（教えるのは彼女にとってたやすいことのようだった。『ロングマン英和辞典』）

❺ But this weaving is instinctual: But は「だがそもそも」という感じ。instinctual: 本能的な

❻ What takes effort: つまり、instinctual でないこと。

❼ generating <generate: ～を生成させる。p. 176, ll. 11-12 に "Ceaselessly, even while we dream, we are generating thread" の形で既出。

でも実はわかっている。次がどういう段階になるのか考えもせずに、私の手が飛ぶように動き出す。

　編む営みは何の違和感もなくできるので、自分でもほとんど意識せず、夢の中にいるみたいに鼻歌を歌いながらやっている。こうして編むのは本能でやれる。意志の力が要るのは、特別な種類の集中が必要なのは、正しい密度の糸を生成させることだ。そうするために、頭の中で何度も父の名を偽って書き、あの階段をのぼり、自分の過ちの波紋が広がっていくのを見守らないといけない。毒入りのお茶を飲んで喉が焼けるのを感じ、寝台に横になって内臓が斡旋人によって工場向けに作り直されるに任せ、そうだよ、あたしはこれを選んだんだ、とひたすら考えつづけないといけない。こうした記憶に押し出されて、烈しい後悔がぐるぐる螺旋状に回って体をつき抜けると、私は心臓の鼓動と、ズキズキ痛む手のひらに気持ちを集中する。繊維が指の内側でこわばる。丈夫になるんだよ、と私は糸に命じる。黒くなれ。長くなれ。くっつけ。それから釜に戻っていくと、私が生み出した糸はまさしく必要な

---

❽ the right density: しかるべき密度

❾ keep forging my father's name: 直訳は「父の名前を偽造しつづける」。

❿ watching my mistake unfurl: 自分の過ちが展開していくのを見守る

⓫ toxic: 毒性の

⓬ send the fierce regret spiraling through me: 激しい後悔を送り出し、それが私の中を渦巻いて通り抜ける。send はこのように send … 〜ing という形をよく取る。*The alarm sent everyone rushing out of the room.*（警報を聞いてみな部屋から飛び出した。『コンパスローズ英和辞典』）

⓭ throb(bing): ずきずき疼く

⓮ Fibers stiffen: 繊維が硬くなる

⓯ I direct the thread: direct は「〜に命じる」。

⓰ Lengthen. Stick: 長くなれ。くっつけ

⓱ exactly the necessary denier and darkness: まさに必要な太さと黒さ。日本語の「黒」はかなりの場合 dark で言い表わされる。dark-eyed（黒い目の）

and darkness. I sit at the workbench, at **❶**my ordinary station. And I am so happy to discover that I can do all this myself: the silk-generation, the separation, the dyeing, the reeling. **❷**Out of the same intuition, I discover that I know how to **❸**alter the Machine.

5 "Help me, Tsuki," I say, because I want her to watch what I am doing. I begin to explain, but she is already **❹**disassembling my reeler. "I know, Kitsune," she says, "I see what you have in mind." Words seem to be unnecessary now between me and Tsuki — we **❺**beam thoughts soundlessly across the room. Perhaps speech will 10 be **❻**the next superfluity in Nowhere Mill. Another step we *kaiko*-girls can skip.

Together we adjust **❼**the feeder gears, **❽**so that the black thread travels in a loop; **❾**after getting wrung out and doubled on the Machine's great wheel, it shuttles back to my hands. I **❿**add fresh 15 fibers, **⓫**drape the long skein over my knees. It is going to be as tall as a man, six feet at least.

Many girls continue feeding the Machine as if nothing unusual is happening. Others, like Tsuki, are watching to see what my

---

❶ my ordinary station: いつもの場所、自分の席

❷ Out of the same intuition: 同じ直感によって。p. 242, l. 5 で inspiration と言っていたものと同じ。

❸ alter: 〜を変える、〜に変更を加える

❹ disassembling <disassemble: 〜を分解する

❺ beam thoughts soundlessly:（ビーム＝光線のように）音もなく思考を放つ

❻ the next superfluity: 次に必要でなくなるもの

❼ the feeder gears: 糸の供給装置の歯車

❽ so that the black thread travels in a loop: その結果、黒い糸は輪を描いて動く

❾ after getting wrung out and doubled on the Machine's great wheel: 絞

太さであり必要な黒さだ。私は作業台に、いつもの位置に座る。絹糸の生成、分離、染色、繰り出し、こうしたいっさいを自分一人でできるとわかって本当に嬉しい。同じ直感から、**機械**をどうしたら変えられるかもわかることに私は気づく。「手伝って、ツキ」と私は言う。私がやっていることをツキに見てほしいからだ。私は説明しかけるが、ツキはもうすでに私の繰り機を解体しはじめている。「わかってるよキツネ、あんたが何考えてるか」。いまや私とツキとのあいだで、言葉は要らないみたいだ。私たちは音もなく部屋のこっちとあっちで思いを送りあう。たぶん**どこでもない工場**で次に不要になるのは言葉だろう。私たち蚕娘がなしで済ませられる、もうひとつの手順。

　私たちは二人で送り機の歯車を調節し、黒い糸が輪を描くようにする。絞り出された糸が、もう一度**機械**の大きな車に巻かれて二重になって、私の両手に戻ってくるのだ。私は新しい繊維を追加し、細長い糸束を両膝の上に垂らす。男一人分の背丈、最低六尺にはなるはず。

　何も異様なことなんか起きていないみたいに、相変わらずただ**機械**に糸を送りつづける子もたくさんいる。ツキのように、私の指が何をやっているか

り出されたあと、**機械**の大きな車で二重に巻かれて。wrung <wring: 〜を絞る
❿ add fresh fibers: 新たな繊維を足す
⓫ drape the long skein over my knees: 長い糸束を膝に掛ける。drape は布や服をふわっと膝や肩に掛ける感じ。skein は p. 166, l. 16 に "We pass her that day's skeins of reeled silk" の形で既出、大まかには「糸の束」と考えればいい。

fingers are doing. For the past several months, every time I've
❶reminisced about the Agent coming to Gifu, ❷bile has risen in
my throat. ❸It seems to be composed of every bitterness: grief and
rage, the ❹acid regrets. ❺But then, in the middle of my weaving,
5 obeying a ❻queer impulse, ❼I spit some onto my hand. This bile
❽glues my fingers to my fur. Another of nature's wonders. So even
❾the nausea of regret ❿can be converted to use. I grin to Dai in
my head. With ⓫this dill-colored glue, I am at last able to rub ⓬a
sealant over my new thread and complete my work.

10   It takes me ten hours to spin the black cocoon.

   The first girls who see it take one look and run back to the
tatami.

   The second girls ⓭are cautiously admiring.

   Hoshi ⓮waddles over ⓯with her bellyful of blue silk and
15 screams.

   I am halfway up the southern wall of Nowhere Mill before I
realize what I am doing; then I'm parallel to the woodpecker's
window. ⓰The gluey thread collected on my palms sticks me

---

❶ reminisced about ...: 〜のことを回想した

❷ bile has risen: 胆汁が上がってきた

❸ It seems to be composed of every bitterness: あらゆる苦い感情で構成さ
れているように思える

❹ acid regrets: acid と regrets はそれほど親和性が高い組み合わせではないが、
acid は「酸性の」「胃酸過多の」といった意味なので、胆汁から自然につながる。

❺ But then: ところがやがて

❻ queer: 奇妙な

❼ I spit some onto my hand: some は some bile。

❽ glues my fingers to my fur: 私の指を毛皮に糊付けする

❾ the nausea of regret: 後悔から生じる吐き気

見守っている子もいる。この何か月か、斡旋人が岐阜に来たことを思い起こすたびに、胆汁が喉にこみ上げてきた。悲しみと怒り、酸のような後悔、あらゆる苦々しさで出来ているように思える胆汁だ。けれどやがて、編んでいる最中、ふっと湧いてきた妙な衝動に従って、私は胆汁をペッと手に吐く。この胆汁が糊になって、指が毛皮にくっつく。これもまた自然の驚異。後悔の生む嫌な感じさえ、有効に転用できるのだ。私は頭の中でダイに向かってニヤッと笑う。この黄色っぽい糊でもって、とうとう新しい糸に防水処理を施し仕事が完成する。

　黒い繭を紡ぐのに十時間かかる。

　真っ先に見た女の子たちは、一目見て莚に駆け戻る。

　次に見た子たちは恐るおそる、ほれぼれと眺める。

　青い絹糸を腹一杯に溜めてよたよたやって来たホシが、悲鳴を上げる。

　どこでもない工場の南側の壁を半分上がったところで、やっと私は自分が何をやっているかに気づく。やがて私はキツツキの窓と平行な位置まで来る。手のひらにたまった、糊みたいにべたべたした糸のおかげでガラスに貼りつ

---

❿ can be converted to use: 直訳は「利用へと転じうる」。うるさいことを言えばこの use は名詞 /júːs/。

⓫ this dill-colored glue: dill は料理に使われるディルのこと（黄緑色）。

⓬ a sealant: 密閉剤、防水剤

⓭ are cautiously admiring: 用心しながらも感嘆して見ている

⓮ waddles over: よたよたと歩いて来る。waddle はアヒルがよちよち歩くイメージ。

⓯ with her bellyful of blue silk: 青い絹を腹一杯詰め込んだまま

⓰ The gluey thread collected on my palms: 私の手のひらに集まった、糊みたいに粘り気のある糸

to the glass. For the first time I can see outside: from this angle, nothing but clouds and sky, a blue eternity. *We will have wings soon*, I think, and ten feet below me I hear Tsuki ❶laugh out loud. Using my thread and the homemade glue, I attach the cocoon to
5 a wooden ❷beam; soon, I am floating in circles over the Machine, ❸suspended by my own line. "Come down!" Hoshi yells, but she's the only one. I ❹secure the cocoon and then I ❺let myself fall, all my weight supported by one thread. Now the cocoon sways over the Machine, a ❻furled black flag, ❼creaking slightly. I think of my
10 grandfather hanging by the thick rope from our barn door.

More black thread ❽spasms down my arms.

"Kitsune, please. You'll make the Agent angry! You shouldn't waste your silk that way — pretty soon they'll stop bringing you the leaves! ❾Don't forget the trade, it's silk for leaves, Kitsune.
15 What happens when he stops feeding us?"

But in the end I convince all of the workers to join me. ❿Instinct obviates the need for a lesson — swiftly the others discover that they, too, can change their thread from within, drawing strength

---

❶ laugh out loud: ゲラゲラ笑い出す

❷ (a) beam: 梁。p. 246, ll. 8-9 の "we *beam* thoughts soundlessly" とは無関係。

❸ suspended by my own line: 自分の糸でぶら下がって

❹ secure:（梁に）〜を固定する

❺ let myself fall:（手を離して）落ちるに任せる

❻ furled: 畳まれた、巻き上げられた

❼ creak(ing): 軋む

❽ spasms down my arms: 痙攣するように、（糸が）両腕を伝って下りてくる

❾ Don't forget the trade, it's silk for leaves: 交換条件(the trade)を忘れちゃいけない、silk と leaves が引き換えなんだ

いていられる。これで初めて、外が見える。この角度からは雲と空だけ、青い永遠。あ・た・し・た・ち・じ・き・に・翅・を・持・つ・ん・だ、と私は思い、三メートルくらい下でツキがゲラゲラ笑うのが聞こえる。自分の糸と自家製の糊を使って、私は繭を木の梁に貼りつける。じきに私は**機械**の上に浮かび、自分自身の糸で垂れ下がってくるくる回っている。「降りといで！」ホシがわめくが、わめくのはホシだけ。私は繭をしっかり固定してから、体が落ちていくに任せる。全体重が一本の糸で支えられている。そしていま繭は**機械**の上で揺れている、巻かれた黒い旗のごとく、かすかにギシギシ音を立てて。うちの納屋の扉から太い縄で首を吊った祖父を私は思う。

　さらにまた黒い糸が、痙攣のように腕を下りてくる。

「キツネ、お願い。斡旋人を怒らせちゃうよ！　そんなふうに生糸を無駄にしちゃ駄目だ、じきに葉っぱも持ってきてもらえなくなるよ！　交換条件を忘れちゃいけないよ、生糸と葉っぱと引き換えなんだよ、キツネ。あたしたち、食べさせてもらえなくなったらどうなるのさ？」

　だが結局、工員たち全員が納得して私の仲間に加わる。本能が働いて、わざわざ教える必要もない——みんなたちまち、自分も内側から糸を変えられることを発見するのだ、自らの記憶の色、記憶の季節から力を引き出して。

❿ Instinct obviates the need for a lesson: 直訳は「本能が講釈の必要を除去する」。

from the colors and seasons of their memories. **❶**Before we can begin to weave our cocoons, however, we first agree to work night and day to reel the ordinary silk, doubling our production, **❷**stockpiling the surplus skeins. Then we **❸**seize control of
5 the machinery of Nowhere Mill. We spend the next six days **❹**dismantling and reassembling the Machine, using its gears and reels to speed the production of our own **❺**shimmering cocoons. Each dusk, we continue to deliver the regular number of skeins to the zookeeper, to avoid **❻**arousing the Agent's suspicions. When
10 we are ready for the next stage of our revolution, **❼**only then will we invite him to tour our factory floor.

Silkworm moths **❽**develop long ivory wings, says Chiyo, **❾**bronzed with ancient designs. Do they have **❿**antennae, mouths? I ask her. Can they see? Who knows what the world will look
15 like to us if our strike succeeds? I believe we will **⓫**emerge from it entirely new creatures. In truth there is no model for what will happen to us next. **⓬**We'll have to wait and learn what we've

---

❶ Before we can begin to weave our cocoons, however …: 超基本的なことを確認すると、同じ「しかし」の意でも、but なら文頭に来るところ、however であればこのように文中に来ることが多い。

❷ stockpiling the surplus skeins: (斡旋人に渡すための) 余分な糸の束 (skeins) を蓄えて

❸ seize control of …: 〜の支配権を握る。革命、クーデターなどの話でよく見かける表現。

❹ dismantling and reassembling …: 〜を解体し、組み立て直して

❺ shimmer(ing): ちらちら光る。淡い光がわずかに揺れているイメージ。

❻ arousing <arouse: (疑念などを) 引き起こす

❼ only then will we …: そのとき初めて私たちは〜するだろう。only then があると、そのあとは (少なくとも書き言葉では) 倒置になるのが自然。*Only then did he see his mistake.* (そのとき初めて彼は自分の誤りに気がつい

ただし、繭を編めるようになる前に、昼も夜も働いて普通の絹糸も繰り出すことに私たちは合意する。生産を倍にして、余分の糸束を貯めておくのだ。それから私たちは、**どこでもない工場**の機械系統を掌握する。その後六日を費やして**機械**を解体して組み立て直し、その歯車とリールを使って、私たち自身の光ゆらめく繭の生産速度を速める。毎日夕暮れ時に、斡旋人に疑念を持たれぬよう、いつもどおりの数の糸束を飼育係に渡しつづける。変革の次の段階に進む体制が整ったら、私たちはいよいよ斡旋人に、工場内を見に来るよう誘う。

　蚕の蛾は長い象牙色の翅を生やすんだよ、<ruby>古<rt>いにしえ</rt></ruby>の模様が光る翅を、とチヨが言う。触角はあるの、口は？　と私は訊く。物は見えるの？　ストライキが成功したら私たちにとって世界はどんなふうに見えるんだろう？　きっと私たちはまったく新しい生き物になって現われるのだと思う。実際、次に私たちの身に起きることには何の手本もない。外に出るとき、自分たちが何者に

た）p. 200, ll. 14-15 に出てきた "Only through the Agent's intervention *were they able* to get the tea down" の倒置と同じ。

❽ develop: （羽根などを）生やす

❾ bronzed with ancient designs: いにしえの紋様（ancient designs）で、青銅のような光沢を帯びた（bronzed）

❿ antennae: 触角。antenna の複数形で、発音は /ænténi:/。

⓫ emerge from it entirely new creatures: それ（ストライキ）から、まったく新しい生き物となって出てくる。entirely new creatures は文法的に言えば emerge の補語であり、from it が間に入っているので正しく響く。from it がなければ emerge *as* entirely new creatures の方が自然か。

⓬ We'll have to wait and learn ...: wait and learn は、非常によく使われるフレーズ wait and see （様子を見る）と発想は同じ。

become when we get out.

❶The old blind woman really is blind, we decide. She ❷squints directly at the ❸wrecked and rerouted Machine and ❹waits with
5 her arms extended for one of us to deposit the skeins. Instead, Hoshi pushes a letter ❺through the grate.

    ❻"We don't have any silk today."

    "Bring this to the Agent."

    "Go. Tell. Him."

10   As usual, the old woman says nothing. The mulberry sacks ❼sit on the wagon. After a moment she ❽claps to show us that her hands are empty, kicks the wagon away. Signals: no silk, no food. Her face is ❾slack. On our side of the grate, I hear girls ❿smacking their jaws, swallowing ⓫saliva. Fresh forest smells rise off the
15 sacks. But we won't beg, will we? We won't ⓬turn back. Dai lived without food for five days. Our faces press against the grate. Several of our longest whiskers tickle the zookeeper's ⓭withered

---

❶ The old blind woman really is blind, we decide: really is blind は is really blind より強調度が高い。decide は「判断する」と訳すのが適切な場合も多い。

❷ squint(s): 目をすぼめる（眩しいから、よく見ようと、等の理由で）

❸ wrecked and rerouted: めちゃくちゃにされ、（糸の）経路を変えられた (rerouted=re-routed)。

❹ waits with her arms extended …: waits / with her arms extended / for one of us / to deposit the skeins と切る。deposit: 〜を置く、下ろす

❺ through the grate: 格子のすきまから

❻ "We don't have any silk today": 以下科白は三つともホシが（あるいは誰かほかの蚕女工が）老女に言った言葉。

❼ sit on the wagon: sit は「置かれたままになっている」というニュアンス。

なっているか、なってみるまでわからない。

　盲目の老婆は本当に盲目なのだ、と私たちは判断する。老婆はすぼめた目をまっすぐ、破壊され経路をすっかり組み直された**機械**に向け、両手を差し出し、私たちのうちの一人が糸束を置くのを待つ。ホシが代わりに、一通の手紙を格子の向こうに押し出す。
「今日は生糸はない」
「これを斡旋人に渡して」
「行って。伝えて。斡旋人に」
　いつものとおり、老婆は何も言わない。桑の袋は荷車に載っている。少ししてから、老婆はぱんと手を叩いて何も持っていないことを示し、荷車を蹴って向こうへやる。生糸がなければ食べ物もなし、という意思表示。老婆の顔はだらんと緩んでいる。格子のこっち側で女の子たちがあごを鳴らし、唾を飲み込んでいるのが聞こえる。瑞々しい森の匂いが桑の袋から立ちのぼる。だけどあたしたち、頭下げて頼み込んだりしないよね？　もうあたしたちあとへは引かないよ。ダイは食べ物なしで五日生きた。私たちの顔が格子に押しつけられる。一番長い頬ひげが何本か、飼育係の萎びた頬をくすぐる。と

⑧ clap(s): 手を（ぱんと）叩く。p. 214, ll. 8-9 では "'I'm not worried,' says Dai in a too-friendly way, clapping my shoulder." とあった。
⑨ slack: 緩んだ、気の抜けた
⑩ smacking their jaws: smack one's lips なら「舌鼓を打つ」、lick one's lips [chops] なら「舌なめずりする」だが、ここは、lips が jaws になっているので、やや人間ではない感じ。
⑪ saliva: 唾液
⑫ turn back: 後戻りする
⑬ withered: 萎びた

cheeks; at last, **❶**a dark cloud passes over her face. She **❷**barks with surprise, **❸**swats the air. Her **❹**wrinkles tighten into a grimace of fear. She backs away from our voices, **❺**her fist closed around our **❻**invitation to the Agent.

5   "NO SILK," repeats Tsaiko slowly.

The Agent comes **❼**the very next night.

"Hello?"

He **❽**raps at our grated door with a stick, but he remains in the
10 threshold. For a moment I am sure that he won't come in.

"They're gone, they're gone," I **❾**wail, rocking.

"What!"

The grate slides open and he steps onto the factory floor, into our shadows.

15   "Yes, they've all escaped, every one of them, all your *kaiko-joko*
—"

Now my sisters **❿**drop down on their threads. They fall from

---

❶ a dark cloud passes over her face: ようやくただ事ではないと気づいて表情が変わる様子。pass over（(表情などが) よぎる）は p. 202, l. 6 に "Then I saw pure amazement pass over his face" の形で既出。

❷ bark(s): 普通はもちろん犬に使われる動詞。

❸ swat(s) the air: swat は蠅を叩く動作などがまず思いつく動詞。

❹ wrinkles tighten into a grimace of fear: 直訳は「皺が縮まって、恐怖のしかめ面になる」。

❺ her fist closed around ...: こぶしは〜を握って閉じられて

❻ (an) invitation: 招待状

❼ the very next night: すぐ翌日の夜に

❽ rap(s): コツコツ叩く

❾ wail, rocking: wail は p. 154, ll. 2-3 に "Etsuyo swallows her scream.

うとう、飼育係の顔に暗い雲がかかる。飼育係は驚いて吠え、空気をぴしゃっと叩く。皺がすぼまって、恐怖に歪んだ顔が現われる。私たちの声から飼育係はあとずさり、斡旋人に宛てた私たちの招待状をぎゅっと握る。

「**絹はない**」ツァイコがゆっくりくり返す。

斡旋人はさっそく次の夜にやって来る。

「今晩は」

格子扉を斡旋人は棒でこんこん叩くが、敷居のところにとどまっている。一瞬、斡旋人は入ってこないと私は確信する。

「みんないなくなった、いなくなった」私は体を揺らしながら泣き叫ぶ。

「何だと！」

格子が横に滑って開き、斡旋人は工場の床に、私たちの影の中に、足を踏み入れる。

「そうよ、みんな逃げたのよ、一人残らず、あなたの蚕女工みんな──」

そしていま私の姉妹たちが自分の糸で降りてくる。ひゅうひゅう鳴る絹糸

Tooka starts wailing" の形で既出。悲しそうにわめくこと。rock(ing) は体を揺らすこと。

❿ drop down on their threads: 糸にぶら下がって落ちる

the ceiling **❶**on whistling lines of silk, swinging into the light, and
I feel as though I am dreaming — **❷**it is a dreamlike repetition of
our initiation, when the Agent dropped the infecting *kaiko* into the
orange tea. **❸**Watching his eyes widen and his mouth stretch into
5　a scream, I too am shocked. We have no mirrors here in Nowhere
Mill, and I've spent the past few months convinced that we were
❹still identifiable as girls, women — no **❺**beauty queens, certainly,
❻ shaggy and white and **❼**misshapen, but at least half human;
❽it's only now, watching the Agent's reaction, that I realize **❾**what
10　we've become in his absence. I see us **❿**as he must: white faces,
with **⓫**sunken noses that look partially erased. **⓬**Eyes insect-huge.
Spines and elbows **⓭**incubating lace for wings. My **⓮**muscles tense,
and then I am **⓯**airborne, **⓰**launching myself onto the Agent's
back — for a second **⓱**I get a thrilling sense of what true flight
15　will feel like, **⓲**once we complete our transformation. I **⓳**alight on

---

❶ on whistling lines: ひゅうっと（笛のように）鳴る糸にぶら下がって

❷ it is a dreamlike repetition of our initiation: initiation は p. 206, ll. 3-5
で "What would Chiyo think of me, if she knew how much I envy her
initiation story? That what befell her — her struggle, her screams —
I long for?" という形で出てきた。そこでの「私」は initiation をしなかった（苦
しんでやっと茶を飲んだのではなく、あっさり自発的に飲んでしまった）身と
して自分をほかの蚕女工たちと差異化していたが、ここでは our initiation と
いう言い方から一体感が伝わってくる。

❸ Watching his eyes widen and his mouth stretch into a scream: 目が見
開かれ口が広がり叫びになるという描写から、ムンクの「叫び」が思い浮かぶ。

❹ still identifiable as ...: いまだ〜だとわかる

❺ beauty queen(s): 美人コンテストの優勝者

❻ shaggy: もじゃもじゃの

❼ misshapen: 奇形の

❽ it's only now 〔...〕 that I realize ...: いま初めて〜だと私にはわかる

につながった体が天井から落ちてきて、みんな光の中に一気に入ってきて、私は夢を見ているような気分になる——それは私たちの入門儀式の、夢のような反復だ、私たちを感染させる蚕を、斡旋人が蜜柑色のお茶の中にぽとんと落としたときの。斡旋人の目が見開かれ、口が一杯に広がって悲鳴となるのを見て、私も愕然とする。ここどこでもない工場に鏡はないから、この数か月私は、自分たちがまだ女の子に、女に見えると信じて過ごしてきた。まあとびきりの美女というわけじゃないし、毛深くて真っ白で体もいびつだろうけど、少なくとも半分は人間に見えるだろうと。それがいま、斡旋人の反応を見て初めて、彼が来なかったあいだに自分たちが何物になったかを私は悟る。斡旋人が見ているにちがいない自分たちの姿を私は見る。白い顔、鼻は沈んで半ば消し去られたみたいに見える。目は昆虫並みに巨大。背骨と肘はいずれ翅になる透かし模様を培養している。私の筋肉に力が入り、それから私は宙に浮かんで、斡旋人の背中に飛び乗る——一瞬のあいだ、私たちが変身を終えて本当に飛ぶようになったらどんなふうかを予感して私はゾクゾ

❾ what we've become in his absence: 彼の不在中に私たちが何になったか

❿ as he must: as he must see us ということ。彼が私たちをどう見ているにちがいないか、その内容はコロンのあとに記されている：white faces, with sunken noses ... から Spines and elbows incubating lace for wings まで。

⓫ sunken noses that look partially erased: 一部消されたようなくぼんだ鼻

⓬ Eyes insect-huge: 昆虫の（複眼の）ように巨大な目

⓭ incubating lace for wings: 直訳は「羽根とするためにレースを孵化・培養して」。

⓮ muscles tense: 筋肉に力がこもる（tense は動詞）

⓯ airborne: 空中に浮かんで

⓰ launching myself onto ...: ～に飛びついて

⓱ I get a thrilling sense of what true flight will feel like: 真の飛行（true flight）はどんな感じがするかが感じられてゾクゾクする

⓲ once ...: ひとたび～したら

⓳ alight on ...: ～に舞い降りる

his shoulders and hook my legs around him. The Agent ❶grunts beneath my weight, ❷staggers forward.

"These wings of ours are invisible to you," I say directly into the Agent's ear. I ❸clasp my hands around his neck, ❹lean into the
5 whisper. "And in fact you will never see them, since they exist only in our future, where you are dead and we are living, flying."

I then turn the Agent's head ❺so that he can admire our silk. For the past week every worker has used the altered Machine to spin her own cocoon — they hang from the far wall, ❻coral and
10 emerald and blue, ❼ordered by hue, like a rainbow. While ❽the rest of Japan changes outside the walls of Nowhere Mill, we'll hang side by side, hidden ❾against the bricks. Paralyzed inside our silk, but spinning faster and faster. Passing into our next phase. Then, we'll escape. (Inside his cocoon, the Agent will ❿turn blue
15 and suffocate.)

"And look," I say, ⓫counting down the wall: twenty-one workers, and twenty-two cocoons. When he sees the black ⓬sac, I

---

❶ grunts beneath my weight: 私の体の重さのせいでうめき声を上げる。grunt は元来、豚が鳴く声を指す。

❷ staggers forward: 前のめりによろめく

❸ clasp my hands around ...: 両手で〜を握りしめる

❹ lean into the whisper: 前屈みになってささやく

❺ so that he can admire our silk: 彼が私たちの絹糸をほれぼれと見られるように。so that 〜 can ... (〜が……できるように) はこの精読教室では頻出 (p. 42, l. 12, "and washed her hair so that it could dry all day long" など)。admire は「賞賛する」という訳語は当たらないことが多い (賞賛の言葉を口にする、という意味ではない)。ここのように「ほれぼれと眺める」か、「敬服する、崇拝する」が相応しいことが多い。

❻ coral: 珊瑚色の

クする。私は幹旋人の肩に降り立ち、両脚をその体に巻きつける。幹旋人は私の重みにうなり声を漏らし、よたよたと前に出る。

「このあたしたちの翅、あんたには見えない」と私は幹旋人の耳に口を寄せて言う。両手を彼の首にしっかり巻きつけ、身を乗り出してささやく。「それどころかあんたには絶対見えない、なぜならその翅は、あたしたちの未来にしか存在しないから、あんたが死んであたしたちが生きて、飛んでいる未来にしか」

　それから私は、私たちの絹糸を存分に眺められるよう幹旋人の首を回す。この一週間ずっと、工員全員が、改造した**機械**を使って自分の繭を紡いできた。それが奥の壁から下がっている——珊瑚色、エメラルド色、青色、と虹みたいに色合いに従って並べられている。**どこでもない工場**の壁の外で日本全体が変わっていくあいだ、私たちは煉瓦の壁際に隠れ、並んで垂れ下がっているのだ。自分の生糸の中で体は麻痺していても、紡ぐ速さはなおぐんぐん増していく。次の過程に入っていく。それから、みんなで逃げるのだ（幹旋人は彼の繭の中で青色に変わり窒息するだろう）。

「そして、ほら」と私は壁に沿って数えていきながら言う。二十一人の工員、二十二個の繭。黒い嚢を目にした幹旋人の首がこわばるのが、私にはわかる。

---

❼ ordered by hue: 色合いの順に並べられて

❽ the rest of Japan: the rest はそれ自体（ここでは彼女たち自身）を除くほかすべて、ということだが、単純に「〜全体」と訳してしまうのが適切なことが多い。*She went in, and the rest of us waited outside.*（彼女は中に入り、みんなは外で待った）

❾ against the bricks: 煉瓦の壁際で

❿ turn blue and suffocate: 青くなって、窒息する

⓫ counting down the wall: 壁に沿って数えて。counting / down the wall と切る。

⓬ (a) sac: 嚢（袋状の器官）。つまり繭のこと。

feel his neck ❶stiffen. "We have ❷spun one for you." ❸I smile down
at him. The Agent is ❹stumbling around beneath me, ❺babbling
❻something that I admit I make no great effort to understand.
The glue sticks my knees to his shoulders. Several of us ❼busy
ourselves with ❽getting the gag in place, and this is ❾accomplished
before the Agent can scream once. Gin and Nishi ❿bring down the
cast-iron grate behind him.

The slender Agent is heavier than he looks. It takes four of us
to ⓫stuff him into the socklike cocoon. I smile at the Agent and
instruct the others to ⓬leave his eyes for last, thinking that he will
⓭be very impressed to see our skill at reeling up close. Behind me,
⓮even as this attack is under way, the other *kaiko-joko* are ⓯climbing
into their cocoons. Already there are girls half swallowed by them,
winding silk threads over their knees, ⓰sealing the outermost layer
with glue.

---

❶ stiffen:（ぎくりとして）こわばる

❷ spun: spin の過去分詞。p. 240, l. 13 に "belly-spun" の形で既出。

❸ I smile down at him: 基本的には「彼の方を見下ろしてニッコリ笑う」の
意だが、p. 222, l. 12 の "Dai is smiling down at me like she's won the
argument." 以上に「見下す」という意味が隠れていると思える。

❹ stumbling around: よろよろと動き回っている

❺ babbling <babble:（愚にもつかないことを）べらべら喋る。p. 228, ll.
14-15 に "A tiny voice I can't gag begins to babble" の形で既出。

❻ something that I admit I make no great effort to understand: I admit
が挿入的に入っているので、わかりにくければまず I admit を抜いて考えると
よい。

❼ busy ourselves with ...: せっせと〜する。busy は動詞。

❽ getting the gag in place: 猿ぐつわをしっかりはめようと。in place: in the
correct position（しかるべき位置に）の意の成句。*The furniture was not
in place.*（家具類は本来の位置になかった。『コンパスローズ英和辞典』）

「あんたの分、紡いだんだよ」。私はニッコリ笑って彼を見下ろす。私の下で幹旋人はよたよた動き回り、何やら口走っているがそれを理解しようという努力を自分がさしてしていないことを私は白状しよう。糊が私の膝を彼の肩にくっつける。私たちの何人かがてきぱき動いて猿ぐつわをしっかり固定し、幹旋人が悲鳴ひとつ上げる間もなく作業は完遂する。ギンとニシが彼のうしろで鋳鉄の格子をがしゃんと下ろす。

　ほっそりした幹旋人は見た目よりも重い。四人がかりでやっと靴下みたいな繭の中に彼を押し込む。私は幹旋人に向かってニッコリ笑い、目は最後まで埋もれさせぬようみんなに指示する。私たちが糸を繰り出す技術を、間近に見たらきっとすごく感心すると思うから。私の背後で、この襲撃が進行しているさなかにも、蚕女工たちは自分の繭の中にもぐり込んでいく。もうすでにほとんど呑み込まれている女の子たちもいて、絹糸を膝の上に巻きつけ、一番外の層を糊で封じている。

---

❾ accomplish(ed): 〜を成し遂げる

❿ bring down the cast-iron grate: 鋳鉄製の格子戸を下ろす。bring down は重い戸をガシャンと下ろすイメージ。

⓫ stuff him into the socklike cocoon: 彼を靴下のような（socklike）繭の中に詰め込む（stuff）

⓬ leave his eyes for last: 目の部分は最後まで（塞がずに）取っておく

⓭ be very impressed to see ... up close: すぐ近くで（up close）〜を見て大いに感心する。impress は「印象」よりもまずは「感銘」「感心」といった日本語が思い浮かぶべき。*I'm impressed!*（それはすごいね）

⓮ even as this attack is under way: この襲撃が進行するさなかにも。even as は p. 168, ll. 9-11 に "a dewy nostalgia that disgusts me even as I find myself ogling their long white fingers ..." の形で既出。

⓯ climbing into their cocoons: 繭にもぐり込んで。climb は in, out, into などを伴うと、「登る」というより「這って入る／出る」という意味が強くなる。

⓰ sealing the outermost layer with glue: 一番外側の層を糊で塗り固めて

Now our methods **❶**regress a bit, get a little old-fashioned. I reel the last of the black cocoon by hand. Several *kaiko-joko* have to **❷**hold the Agent steady **❸**so that I can orbit him with the thread. I spin around his chin and his cheekbones, his lips. **❹**To get over his
5 mustache requires several revolutions. Bits of my white fur **❺**drift down and disappear into his nostrils. His eyes are huge and black and **❻**void of any recognition. I whisper my name to him, to see if I can **❼**jostle my old self loose from his memory: Kitsune Tajima, of Gifu Prefecture.
10   Nothing.

So then I continue reeling upward, naming the workers of Nowhere Mill all the while: "Nishi. Yoshi. Yuna. Uki. Etsuyo. Gin. Hoshi. Raku. Chiyoko. Mitsuko. Tsaiko. Tooka. **❽**Dai.

"Kitsune," I repeat, closing the circle. **❾**The last thing I see
15 before shutting his eyes is the reflection of my shining new face.

---

❶ regress: 退化する

❷ hold the Agent steady: 斡旋人をしっかり押さえる

❸ so that I can orbit him with the thread: (衛星の軌道 (orbit) のように) 糸を彼にぐるぐる巻き付けられるように。so that 〜 can ... は p. 260, l. 7 の "I then turn the Agent's head so that he can admire our silk." などと同じ。

❹ To get over his mustache requires several revolutions: 彼の口ひげを巻いて覆う作業は、何回りか (several revolutions) を要する。

❺ drift down and disappear into his nostrils: 漂って落ち、彼の鼻孔 (his nostrils) の中に消える

❻ void of any recognition: 直訳は「いかなる認識もそこにはなく」。void of ...: 〜を完全に欠いて。*Her face was void of all expression.* (彼女の顔には表情がまったくなかった)

　ここで私たちの方法は少し退化し、いくぶん古風になる。黒い繭の最後を、私は手で繰り出す。私が斡旋人を糸でぐるぐる巻きできるよう、蚕女工何人かで彼を押さえていないといけない。私は糸を紡ぎ出し、彼のあご、頬骨、唇に巻きつける。口ひげを覆うには何周か回さないといけない。私の白い毛皮の切れ端がふわふわ落ちて、彼の鼻孔の中に消える。彼の目は巨大で黒く、何も認識していない。彼の記憶の中から、かつての私を揺り出せるかと、自分の名前を私は斡旋人に向かってささやく——田島キツネ、岐阜県出身。

　何も起こらない。

　だから私は上向きに繰り出しつづける、その間ずっと**どこでもない工場**の工具たちの名を口にしながら——「ニシ。ヨシ。ユナ。ウキ。エツヨ。ギン。ホシ。ラク。チヨコ。ミツコ。ツァイコ。トオカ。ダイ」。

「キツネ」と私はもう一度言って輪を閉じる。彼の目を閉ざす前、私が最後に見るのは、キラキラ光る私の新しい顔の鏡像だ。

❼ jostle my old self loose from his memory: 彼の記憶を揺さぶって (jostle)、その中から、昔の私（my old self）を揺さぶり出す。loose はいろいろな動詞と一緒に使われて補語になる。*Don't let your dog loose on the beach.*（ビーチで犬を放してはいけない。*Longman Dictionary of Contemporary English*）

❽ Dai: Dai のあとに ” が抜けていると思うのは誤り。次の段落も同じ話者である場合はクォーテーションの閉じる側（”）を書かないのがルール。

❾ The last thing I see before shutting his eyes is ...: 封じ込められ息の根を止められるのは斡旋人なのに、あたかも「私」にとってここで何かが終わるようにも感じられる書き方。

ちなみに

　対訳では the Agent は一貫して「斡旋人」と訳したが、たとえば a free agent といえば、自分の自由意志を行使できる人物を指す。agent という言葉の陰には「主体」が隠れている。だとすればこの物語は、蚕女工たちが、既存の（要するに男性の）主体に叛逆し、主体を獲得する——自らの agent となる——話と見ていいかもしれない。インタビューなどで作者ラッセルは、作品を政治的メッセージに還元してしまわないよう慎重に言葉を選んでいるけれども。

授業後の雑談

　性差を考えるための 6 短篇、いかがだったでしょうか。まあもちろん作家は特定の現実的社会的問題を読者に考えさせるためだけに小説を書くわけではないので、作品自体を味わってもらえればそれでいいのですが。

　ケイト・ショパンの短篇 "The Story of an Hour" には、夫を亡くしたと思った妻が "There would be no one to live for during those coming years" と考えるのか、"There would be no one to live for *her* during ..."（斜字体引用者）と考えるのか、テクストが確定できない箇所があります（p. 16）。註でも述べたとおり、これによって「自由」のテーマが前面に出るか、「抑圧」のテーマが出るか、それなりの違いが生じます。

　これで思い出すのは、ケイト・ショパンと同じく、19 − 20 世紀の変わり目に作家として活動しフェミニズムの興隆とともに再発見された Charlotte Perkins Gilman（1860-1935）の代表作 "The Yellow Wallpaper"（1892）の結末近くで唐突に現われる Jane（"I've got out at last," said I, "in spite of you and Jane!"）とは誰かという問題です。抑圧的な夫の妹（または姉）のことか？　語り手の女性が壁紙の中に見る「囚われた女」か？はたまた語り手自身のことか？

　どちらの問題も、作者に何か特殊な意図があったとかいうことではなく、要するに作者が存命中は作品があまり丁寧に読まれなかったことの証しだと思います。

　ジョイス・キャロル・オーツの "Where Are You Going, Where Have

You Been?" は、1985 年に Joyce Chopra 監督によって映画化されています。おおむね原作に忠実に作られていますが、結末がいわば、原作の終わる先まで描いているところが面白い。そもそも（まあ英語圏の標準からすれば）普通の長さの短篇が 91 分の長篇映画として成立したのは、原作にない要素をいろいろ加えているからで、一番大事なのが、原作よりずっと膨らませてあるコニーと母親の関係です。映画を観てから原作を見直してみると、たしかに p. 42, ll. 5-7 の "a sense that they were tugging and struggling over something of little value to either of them" というあたりなど、母と娘の葛藤（とその向こうにあるかもしれない和解）の物語が隠れているように思えます。

　ひとつトリヴィアをつけ加えれば、原作ではきわめて影の薄い（Arnold Friend との対比においてその影の薄さが意味を帯びてもくる）父親は、映画ではいささか素っ頓狂なキャラクターに仕立てられ、元ザ・バンドのドラマー Levon Helm が演じています。

　次の Edward P. Jones, "The First Day" では、まさに母と娘の物語が核に据えられています。男性作家が書いた、（"the last present my father gave her before he disappeared into memory" とだけ語られる父を別とすれば）男が一人も出てこない小説という点でなかなか異色ですが、皆さんは読んでいるあいだ、これが男性の書いたものだということをどれくらい意識されたでしょうか。そもそも意識すべきだと思われるでしょうか。

　その次の Megan Kelso, "The Squirrel Mother" も、"When her husband left she had to do everything" と言及されるのみの夫を除けば、母親と子供 3 匹（性別不明）がいるだけのリスの物語と、男は一人も出てこない人間の物語が組みあわさった作品です。いかにもほのぼのとした展開を予想させる絵のタッチとは裏腹に、リスの話も人間の話もそれぞれ別の意味で衝撃的な展開で終わります。でも「終わります」という言い方はたぶん不適切です。どちらの物語も、紙の上では終わった時点で、読者の心の中で

本当に始まるたぐいの物語だと思うからです —— 読者が登場リス・登場人物の身になってみることによって。

　カレン・ラッセルが日本では松田青子さんという理想の訳者を得ていますが、両者の相性を暗に示すと思える逸話があります。松田さんが 2014 年にラッセル第一短篇集の邦訳『狼少女たちの聖ルーシー寮』を出版された際に合同でイベントをやったのですが、そのなかで、松田さんご自身の作品「マーガレットは植える」（『スタッキング可能』）を書くとき、学生のころから好きだったスチュアート・ダイベック（第 2 巻に登場しました）の「僕たちはしなかった」（Stuart Dybek, "We Didn't," in *I Sailed with Magellan*）のリズムを念頭に置いて書いたと伺いました。そうしたもろもろをスチュアートに伝えたら、「『ニューヨーカー』のウェブサイトで、他人の書いた短篇を作家が選んで朗読するという企画があって、カレン・ラッセルがこれに誘われたとき、彼女は『僕たちはしなかった』を選んだんだ」と返事が来ました。

2021 年 7 月

柴田元幸

編訳註者

柴田元幸（しばた もとゆき）

翻訳家、東京大学名誉教授。東京都生まれ。ポール・オースター、レベッカ・ブラウン、スティーヴン・ミルハウザー、スチュアート・ダイベック、スティーヴ・エリクソンなど、現代アメリカ文学を数多く翻訳。2010 年、トマス・ピンチョン『メイスン＆ディクスン』（新潮社）で日本翻訳文化賞を受賞。翻訳に、『ハックルベリー・フィンの冒けん』（研究社）、ジョゼフ・コンラッド『ロード・ジム』（河出文庫）、エリック・マコーマック『雲』（東京創元社）、スティーヴン・ミルハウザー『ホーム・ラン』（白水社）、マシュー・シャープ『戦時の愛』（スイッチパブリッシング）など多数。編訳書に、『「ハックルベリー・フィンの冒けん」をめぐる冒けん』、レアード・ハント『英文創作教室　Writing Your Own Stories』（研究社）など。文芸誌『MONKEY』、および英語文芸誌 MONKEY 責任編集。2017 年、早稲田大学坪内逍遙大賞を受賞。

編集協力

滝野沢友理・高橋由香理・今井亮一・福間恵・三宅由夏・鈴木愛美・青木比登美

組版・レイアウト

古正佳緒里・山本太平

社内協力

三谷裕・高見沢紀子・三島知子・鈴木美和・松本千晶・星野龍

英文精読教室

第 4 巻

性差を考える

● 2021 年 8 月 31 日　初版発行 ●

● 編訳註者 ●

しばた もとゆき
柴田元幸

Copyright © 2021 by Motoyuki Shibata

発行者　●　吉田尚志

発行所　●　株式会社　研究社

〒 102-8152　東京都千代田区富士見 2-11-3

電話　営業 03-3288-7777（代）　編集 03-3288-7711（代）

振替　00150-9-26710

https://www.kenkyusha.co.jp/

KENKYUSHA

装丁　●　久保和正

組版・レイアウト　●　渾天堂

印刷所　●　研究社印刷株式会社

ISBN 978-4-327-09904-6 C1082　Printed in Japan

柴田元幸〔編・訳・註〕

英語の小説を原文で読んで「わかる」楽しさは格別!

英文精読教室 全6巻

第1巻
物語を楽しむ

A5判 並製 258頁
ISBN 978-4-327-09901-5 C1082

第2巻
他人になってみる

A5判 並製 246頁
ISBN 978-4-327-09902-2 C1082

第3巻
口語を聴く

A5判 並製 206頁
ISBN 978-4-327-09903-9 C1082

〈続刊予定〉 第5巻 怪奇に浸る　第6巻 ユーモアを味わう